Fuerteventura

Zeit für das Beste

Highlights – Geheimtipps – Wohlfühladressen

»Ich verbrachte viel Zeit im Freien. Auf meinem Balkon. Mit Meerblick. Manchmal will das Meer nicht wissen, wo es aufhört und wo der Himmel beginnt«.

Martin Walser

Fuerteventura

Zeit für das Beste

Rolf Goetz
Hans Zaglitsch

BRUCKMANN

Vorangehende Doppelseite: Dic Halbinsel Jandia
Oben: Die Küste von La Pared
Mitte: Hibiskus darf in keinem Hotelgarten fehlen.
Unten: Valles de Ortega gibt sich mit seiner Windmühle betont ländlich.

INHALTSVERZEICHNIS

WESTKÜSTE

HALBINSEL JANDIA

AUSFLÜGE

FUERTEVENTURA VON A BIS Z

Oben: Am Kieselstrand von Los Molinos
Mitte: Fuerteventuras Strände sind ein El Dorado für Wind- und Kitesurfer.
Unten: Auf dem Rücken von Dromedaren durch Lanzarotes Nationalpark Timanfaya.

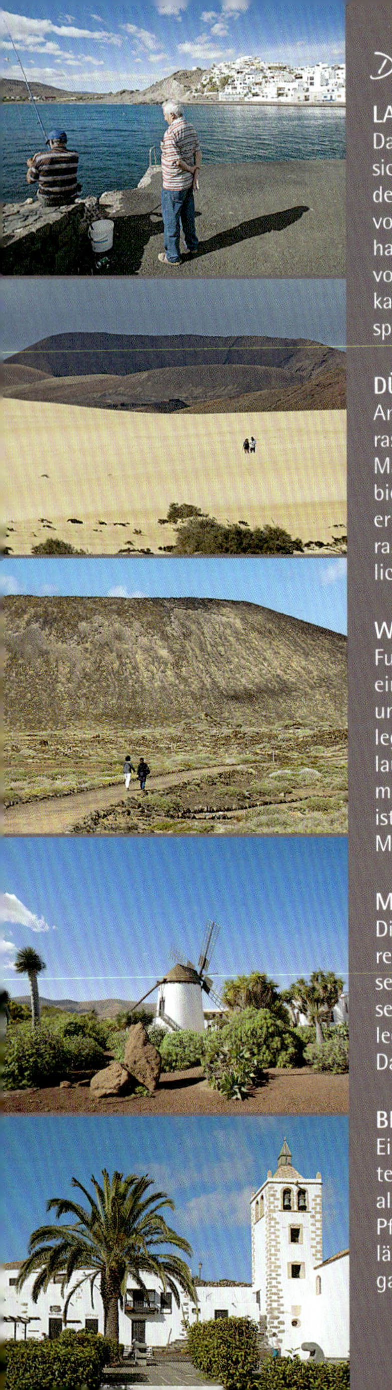

DIE TOP TEN

LAS PLAYITAS (S. 60)

Das kleine Fischerdorf an der Ostküste schmiegt sich pittoresk an den Hang, schmale Gassen werden von weißen Häuserkuben mit Blumenkübeln vor den Haustüren gesäumt, auf der Promenade haben die Fischlokale ihre Stühle draußen stehen, von wo man den Anglern auf der Mole zuschauen kann – kurzum ein Idyll, wie aus dem Ferienprospekt!

DÜNEN VON CORRALEJO (S. 76)

An dem grandiosen Dünenstrand an Fuerteventuras Nordküste treffen Meer und Wüste zusammen. Man kann das als Naturreservat ausgewiesene Gebiet mit seinen haushohen Wanderdünen zu Fuß erkunden und spart sich so eine Reise in die Sahara. Früh morgens wird die Landschaft vom Sonnenlicht spektakulär in Szene gesetzt.

WANDERN AUF LOBOS (S. 84)

Fuerteventuras kleine Nachbarinsel ist schon nach einer 20-minütigen Bootsfahrt erreicht. Lobos ist unbewohnt und autofrei, auf einem schön angelegten Rundweg lässt sich die Insel bequem umlaufen, vom Leuchtturm an der Nordspitze kann man bis nach Lanzarote schauen, noch imposanter ist die Aussicht vom Gipfel des Vulkankraters der Montaña Caldera.

MOLINO DE ANTIGUA (S. 130)

Die Windmühle von Antigua wurde originalgetreu restauriert, drumherum gibt es verschiedene Museen, darunter das 2014 eröffnete Ziegenkäsemuseum. Für grüne Farbtupfer sorgt ein schön angelegter botanischer Garten mit haushohen Kakteen, Dattelpalmen und endemischen Sukkulenten.

BETANCURIA (S. 136)

Ein Bummel durch die alte Inselhauptstadt gestaltet sich wie eine Zeitreise in die spanische Kolonialzeit. Vom einstigen Glanz künden die großartige Pfarrkirche und hübsch herausgeputzte Adelspaläste, für das leibliche Wohl sorgen etliche Landgasthöfe.

AJUY (S. 172)
Das Fischerdorf an der Westküste ist ein beliebtes Ausflugsziel, man kann von dem schwarzen Lavastrand zu in der Steilküste versteckten Meereshöhlen und einem natürlichen Felsentor spazieren und es sich danach im »Goldkäfig« bei Fisch mit Runzelkartoffeln gut gehen lassen.

OASIS PARK (S. 184)
Der einzige Freizeitpark der Insel bietet eine gelungene Mischung aus Zoo und botanischem Garten, die Hauptattraktion sind Shows mit Seelöwen und Greifvögeln. Wer will, kann auf dem Rücken eines Dromedars durch die Gegend schaukeln.

PLAYAS DE SOTAVENTO (S. 214)
Fuerteventuras Strände sind Weltklasse! Mit der Beste erstreckt sich entlang dem kilometerlangen Strandrevier von Sotavento, zu dem unter anderem die Strände an der Costa Calma und das Surfermekka Playa Barca gehören. Ein 20 Kilometer langer goldgelber Streifen mit feinem Sand und reichlich Wind, typisch Fuerte eben ...

PLAYA DE COFETE (S. 222)
Ein Strandparadies! Die haushohen Brecher an der Nordküste von Jandía lassen in der Regel keinen Badebetrieb zu. Ausflügler suchen hier Schutz in aus Steinen aufgeschichteten Strandburgen und beobachten aus sicherer Distanz die ungestüm heranrollenden Brecher, oder sie wandern an dem völlig unverbauten Sandstrand zur Felsinsel El Islote, an der handtellergroße Klippenkrabben beobachtet werden können.

NATIONALPARK TIMANFAYA (S. 234)
In den Feuerbergen der Nachbarinsel Lanzarote fühlt man sich wie auf dem Mond. Hunderttausende bestaunen alljährlich die ausgebrannte Kraterlandschaft. Im Besucherzentrum wird die noch dicht unter dem Boden schlummernde Erdhitze demonstriert, auf einer Bustour kann die vor knapp drei Jahrhunderten von einer sechsjährigen Eruptionsserie verwüstete Region erkundet werden.

Oben: Kitesurfen ist auch für Zuschauer attraktiv.
Mitte: Wellenreiter vor der Punta del Tigre auf der Halbinsel Jandía
Unten: Lässt sich keinen Leckerbissen entgehen – handzahmes Atlashörnchen am Strand von Jandía.

Vamos a la playa!

Fuerteventura ist die kanarische Strandinsel schlechthin, keine andere der sechs großen Schwestern kann es in dieser Hinsicht mit ihr aufnehmen. Überraschend ist allerdings, dass sie als Badeinsel relativ spät »entdeckt« wurde. Während an den Stränden von Teneriffa und Gran Canaria bereits in den 1960er-Jahren eine Art Goldgräberstimmung einsetzte, nahm der Tourismus auf Fuerteventura erst 20 bis 30 Jahre später so richtig Fahrt auf.

Zuerst kamen die Cluburlauber und Windsurfer, bald all jene, die auf der Suche nach einsamen und weitläufigen Strandrevieren waren. Für viele Feriengäste nicht uninteressant: Die Insel auf dem Breitengrad der Sahara ist lediglich 110 Kilometer von der afrikanischen Küste entfernt und dennoch ein Stück Europa. Als Mitglied der Eurozone zahlt man mit der gleichen Währung und auf der Halbinsel Jandía, seit Jahren schon eine Hochburg deutscher Touristen, kann man sich vielerorts in der eigenen Sprache verständlich machen und bekommt in den Strandbars nicht selten die gleiche Biermarke wie von zu Hause gewohnt.

Strände fast ohne Ende

Irgendwo hören die langen Sandstrände natürlich auch auf Fuerteventura auf, doch man muss schon weit laufen. Vor allem auf der Halbinsel Jandía kann stundenlang barfuß am Spülsaum entlang spaziert werden, bis schließlich der Sandstrand in Steilküste übergeht, die mitunter wie aus dem Tuschkasten modelliert, nachhaltige Landschaftserlebnisse garantiert. Wer möchte, fängt an der Promenade in Morro Jable an und wandert über die Playas von Butihondo und Es-

Steckbrief Fuerteventura

Lage: Fuerteventura ist die südöstlichste der Kanarischen Inseln. Die Entfernung zum spanischen Festland beträgt rund 1100 km. Bis zur afrikanischen Küste sind es ca. 110 km, zur Nachbarinsel Lanzarote 11 km. Die Insel ist vulkanischen Ursprungs, der letzte Vulkanausbruch liegt rund 7000 Jahre zurück.

Fläche: 1660 km²; Fuerteventura ist nach Teneriffa die zweitgrößte Insel des Archipels.

Ausdehnung: Länge 98 km, größte Breite 28 km, schmalste Stelle 5 km.

Küstenlänge: ca. 305 km, davon etwa 55 km Sandstrände.

Höchste Erhebung: Pico de la Zarza (807 m). Der höchste Berg, auch Pico de Jandia genannt, liegt im Süden auf der Halbinsel Jandía.

Hauptstadt: Puerto del Rosario mit 36 000 Einwohnern.

Einwohner: 104 000 (Kanaren gesamt 2,1 Mio.).

Bevölkerungsdichte: 62 Einwohner pro km² (im Vergleich: Deutschland 226/km²).

Sprache: Amtssprache ist Spanisch; in den Touristenorten wird vielfach Deutsch und Englisch gesprochen.

Religion: Mehr als 90 % der Einwohner sind römisch-katholisch.

Flagge: 

Währung: Euro

Zeitzone: MEZ minus 1 Std. (ganzjährig)

Verwaltung: Fuerteventura ist innerhalb Spaniens Teil der Autonomen Region Kanarische Inseln, die Insel gehört zusammen mit Lanzarote zur Provinz Las Palmas de Gran Canaria. Die westlichen Inseln La Palma, La Gomera und El Hierro sind der Provinz Santa Cruz de Tenerife unterstellt.

Gemeinden: Auf Fuerteventura gibt es sechs Gemeinden mit eigenem Rathaus: Puerto del Rosario, Antigua, Betancuria, La Oliva, Pájara und Tuineje.

Tourismus: Der Fremdenverkehr ist der mit Abstand wichtigste Wirtschaftszweig, jährlich besuchen rund 1,6 Millionen Touristen die Insel, die meisten davon kommen aus Deutschland, England und vom spanischen Festland.

Naturschutz: 2009 wurde aufgrund seiner vielfältigen Landschaften, Ökosysteme und Unterwasserwelten Fuerteventura zum UNESCO-Biosphärenreservat erklärt. Darüber hinaus gibt es mehrere Naturschutzgebiete, die größten davon sind der Naturpark Jandía und der Naturpark Betancuria, auch die Wanderdünen von Corralejo sind geschützt, komplett unter Schutz steht die kleine Nachbarinsel Lobos.

AUTORENTIPP!

DIE FÜNF SCHÖNSTEN STRÄNDE AUF FUERTEVENTURA

Playa de Cofete. Kein Haus, kein Hotel, keine Beachbar – Strandwanderer können hier stundenlang unterwegs sein und dabei die spektakuläre Aussicht auf das Jandía-Massiv genießen.

Playas Grandes de Corralejo. Ein Stück außerhalb der Ferienstadt, dafür so gut wie unverbaut und mit einer bis fast ans Wasser heranreichenden grandiosen Dünenlandschaft – einfach nur schön!

Playa de los Lagos. Die nördlich von El Cotillo gelegenen bildhübschen Badebuchten muss man einfach mögen, schwarze Basaltzungen kontrastieren mit den den goldgelben Sandstreifen.

Playas de Sotavento. Mit einer Länge vom mehr als 20 Kilometern Fuerteventuras Superstrand schlechthin, einzigartig ist die von einer schmalen Nehrung abgetrennte Lagune an der Playa Barca.

Playa del Viejo Rey. Strand des alten Königs nennt sich die wildromantische Badebucht bei La Pared stolz, vor allem Brandungssurfer fühlen sich hier pudelwohl. Die Sonnenuntergänge sind hier traumhaft.

quinzo bis zu den Strandrevieren von Costa Calma – die Strecke entspricht in etwa der Länge eines Halbmarathons.

Außer reichlich Sand, Wasser und Wellen gibt es auf Fuerteventura noch den Wind, der zum Beispiel dafür gesorgt hat, dass an der Nordküste eine grandiose Dünenlandschaft entstehen konnte, in der man sich wie in der Wüste vorkommt. Treibende Kraft ist der Nordostpassat, auf den sich schon Kolumbus bei seinen Entdeckungsfahrten verließ. Er legte übrigens auf Gran Canaria, damals sozusagen der letzte Vorposten der bekannten Welt, einen Zwischenstopp ein, und bunkerte nochmals ordentlich Vorräte und Wasser, bevor er schließlich in die Neue Welt aufbrach. Immer viel Wind gibt es an der Playa de Cofete, einem abgeschiedenen Strandparadies auf der Nordseite von Jandía. An einen Badebetrieb ist dort angesichts der ungestümen Brandung und tückischen Unterströmungen zwar nicht zu denken, doch auch hier kann man stundenlange Touren unternehmen. Auf halbem Weg nach Norden kommt man am Felseninselchen El Islote vorbei, es wird auch »Roque de las siete mujeres« genannt, weil dort sieben Frauen beim Baden ums Leben kamen. Die Playa von Cofete und die weiter nach Nordosten sich erstreckende Playa de Barlovento sind völlig unberührte Strände, an denen auf einer Länge von fast 15 Kilometern kein einziges Haus steht. So etwas gibt es auf den Kanaren sonst nirgendwo, und das soll auch zukünftig so bleiben.

Badestrände

Das Strandleben spielt sich fast ausschließlich an den geschützten Stränden der Ostküste ab, etwa an der feinsandigen Costa Calma, die ein Teilstück der phänomenalen Playas de Sotavento ist. Sehr familienfreundlich ist die Playa del Castillo, an

dem sich der Atlantik mitunter so zahm zeigt, dass man meint in einem See zu schwimmen. Auch Surfeinsteiger finden hier ein ideales Revier. Wenn es ein bisschen mehr Wind sein darf, sind die Playa Barca oder Flag Beach die richtige Adresse. Dass Wind und Fuerteventura zusammengehören, wird hier am stärksten erlebbar, für Surfer gibt es in Europa kaum ein besseres Revier. Dass gerade an der Playa Barca das weltweite größte Windsurfzentrum entstand, ist von daher kein Zufall. Natürlich wird man an den Hauptstränden nicht alleine sein, in der Hochsaison sind Tausende von Badegästen unterwegs, eng wird es dennoch selten. Sobald man den Liegestuhlbereich vor den Hotelzonen verlässt, hat man Platz in Hülle und Fülle.

Aktiv und sportlich

Natürlich spielt sich das Meiste auf der Insel am, im, unter und über Wasser ab. Man kann schwimmen, tauchen, windsurfen, kitesurfen, wellenreiten und segeln oder sich neuen Trends wie Stehpaddeln, Kajak fahren und Strandsegeln widmen – Fuerteventura erfindet sich in Sachen Was-

Oben: An der Playa Barca herrschen für Kiter über hervorragende Windverhältnisse.
Mitte: Im Alten Hafen von El Cotillo
Unten: Ob aktiv im Wasser oder faul in der Strandburg – eines schließt das andere nicht aus.

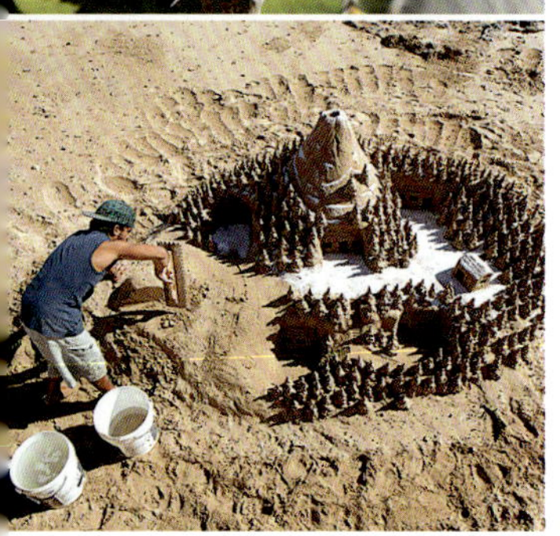

Oben: Das Jandía-Massiv ist eine großartige Kulisse für Wanderer.
Mitte: Die Kandelaber-Wolfsmilch kommt mit dem trockenen Inselklima bestens zurecht.
Unten: Es gibt Profis, die vom Sandburgenbauen leben.

sersport ständig neu. Doch Ferien auf Fuerteventura sind viel zu schade, um diese ausschließlich am Strand zu verbringen. Das ist auch ganz im Sinne der lokalen Touristikplaner: Man will weg vom Image eines reinen Badeziels und verstärkt auch Wanderer und Radler ansprechen. Das Wegenetz für Wanderer wurde jüngst nach europäischen Normen markiert und ausgeschildert. Insgesamt beläuft es sich mittlerweile auf 250 Kilometer. Es bietet ein gutes Dutzend Halbtagestouren und einen Fernwanderweg, der von Nord nach Süd die ganze Insel durchläuft. Nicht eingerechnet sind die vielen lohnenden Küstenpfade zu ab vom Schuss gelegenen Buchten.

Sonne satt rund ums Jahr

Was wäre ein Strand- und Surferparadies ohne Sonne? Fuerteventura, vor allem die Halbinsel Jandía, hat davon mehr als genug. 300 Sonnentage im Jahr sind das Minimum, vor allem deshalb, weil die Inselberge so niedrig sind, dass sich die Passatwolken daran nicht stauen können. Den viel kolportierten »Ewigen Frühling« darf man allerdings nicht so wörtlich nehmen. Okay, das Klima ist ganzjährig mild. Selbst im kühlsten kanarischen Monat, dem Februar, fällt die durchschnittliche Tagestemperatur nicht unter 20 Grad, und wem dann die 18 Grad im Atlantik ein bisschen zu frisch sind, hat immer noch die meist auf angenehme 25 Grad erwärmte Poollandschaft vor dem Hotelzimmer als Option.

Doch zum Frühling gehört zumindest nach mitteleuropäischem Empfinden das Erwachen der Natur, wenn wie bei uns im Mai die Baumblüte einsetzt und Löwenzahnwiesen zu leuchten beginnen. Auf Fuerteventura gibt es kaum Bäume, weite Teile der Insel sind fast ohne Vegetation, wer vielleicht schon einmal auf der immergrünen Insel La Palma im Westen des Kanarischen Archipels war, wird nach der Landung auf dem Flughafen von Fuerteventura erstaunt sein: Halbwüste, soweit das Auge reicht, koloriert in diversen Brauntönen.

Die Wüste lebt

Doch auch eine Halbwüste kann blühen, immer vorausgesetzt, dass die Passatwolken zumindest ein bisschen von ihrer feuchten Fracht auf der Insel abregnen konnten. Das ist in der Regel im Winter der Fall, keine drei Wochen nach einem ordentlichen Guss erwacht die Natur aus der Sommerstarre. Vor allem im Norden um die Dörfer Villaverde und Lajares wetteifern dann Kronenwucherblumen, Klatschmohn und Margeriten um einen Platz an der Sonne. »Eine Oase in der Wüste der Zivilisation« nannte der spanische Philosoph und Dichter Miguel de Unamuno Fuerteventura, das er in den 1920er-Jahren während seiner Verbannungszeit kennen und lieben lernte. Man mag kaum glauben, dass an Fuerteventuras Küsten und im Bergland rund 680 verschiedene Wildpflanzen wachsen, davon kommen 13 Arten ausschließlich auf der Halbinsel Jandía und sonst nirgendwo auf der Welt vor, etwa die Jandía-Wolfsmilch und der vom Aussterben bedrohte Fuerteventura-Natternkopf. Ebenfalls zu den Wolfsmilchgewächsen gehören die wegen ihrer charakteristischen Form

Oben: Biker wissen vor allem die Offroad-Pisten zu schätzen.
Mitte: Im Valle de Santa Ines wird nach wie vor etwas Landswirtschaft betrieben.
Unten: Der Gran Canaria-Natternkopf ist auch auf Fuerteventura zuhause.

Oben: Blühender Oleander
Mitte: Liebe für Details – Briefkasten in Las Playitas
Unten: Stolzer Opa mit Enkelin

auch Kandelaber-Wolfsmilch genannte Säuleneuphorbie (cardón) und die weit verbreitete Balsam-Wolfsmilch (tabaiba). Allgegenwärtig sind Strauch-Dornlattich (aulaga) und Kanaren-Ampfer, diese anspruchslosen Pionierpflanzen kommen selbst auf öden Lavaflächen zurecht. Einziger nennenswerter Baum ist die Kanarische Dattelpalme, sie fehlt in keinem Hotelpark und ziert auch als Schattenbaum so manchen Dorfplatz. Natürliche Bestände davon gibt es in den Palmenoasen Betancuria und Vega de Río Palmas. Ergänzt wird die wundersame Kanarenflora durch eingeführte subtropische und tropische Zierpflanzen aus aller Welt – angefangen von mediterranem Oleander bis hin zu Bougainvilleen, Hibiskus und Afrikanischen Tulpenbäumen ist alles vertreten, was Rang und Namen hat.

Sozialer Umbruch

Fuerteventura hat sich zu einem ausgesprochen populären Reiseziel entwickelt, was leicht an den nach oben zeigenden Touristenzahlen abzulesen ist. Jedes Jahr besuchen mittlerweile mehr als anderthalb Millionen Gäste die Sonneninsel. Klar, dass sich dadurch so manches im Inselleben geändert hat. Noch immer ist Fuerteventura die am dünnsten besiedelte Insel, doch immer mehr Menschen lassen sich hier nieder: Festlandspanier, die im Tourismusgeschäft unterkommen genauso wie ausländische Einwanderer, die sich nach dem einen oder anderen Ferienurlaub entschieden haben, für immer zu bleiben. Auch etliche Südamerikaner und Schwarzafrikaner suchen ihre Chance. Noch 1980 lebten gerade mal 25 000 Menschen auf Fuerteventura, seither hat sich die Einwohnerzahl mehr als vervierfacht. Innerhalb der spanischen Bevölkerung geraten die *majoreros*, wie sich die Insulaner selbst nennen, zunehmend in die Minderheit, die meisten heuti-

gen Einwohner sind nicht auf der Insel geboren. Konflikte bringt das kaum, doch es wird schon unterschieden, wer ein echter *majorero* ist, und wer nicht. Fast 30 Prozent, und damit mehr als in jeder deutschen Großstadt, sind Ausländer.

In den Badeorten merkt man davon kaum etwas, auffällig ist lediglich, dass es dort nur wenige Lokale mit typisch kanarischer Küche gibt. Pizza, Pasta und die Paella, die ja ursprünglich aus der Region Valencia kommt, dominieren wie andernorts auch, traditionelle kanarische Gerichte muss man suchen. Auch die aus dem Boden gestampften Ferienorte selbst haben weder mit kanarischem Baustil noch etwas mit kanarischer Lebensart zu tun, es sind mehr oder weniger austauschbare Touristenorte. Caleta de Fuste und Costa Calma etwa könnten genauso in einem anderen Land unter südlicher Sonne liegen.

Von Tomaten und Ziegen

Der Tourismus ist der mit Abstand wichtigste Wirtschaftszweig, daneben spielt die Landwirtschaft eine eher untergeordnete Rolle. Doch es

Oben: Gemüsestand auf dem Mercado de las Tradiciones in La Oliva
Mitte: Einfach, doch effektiv – Trockenfisch von der Wäscheleine
Unten: Geschützt unter Palmblättern wächst der Nachwuchs heran.

gibt sie noch, obschon der Feldbau angesichts der extremen Wasserknappheit vielfach als fast schon aussichtsloses Unterfangen angesehen wird. Der früher weit verbreitete Getreideanbau wurde praktisch eingestellt, und auch die wegen ihrer Aromafülle hochgeschätzte Fuerteventura-Tomate wird kaum noch kultiviert, da sie schon lange nicht mehr mit der Billigproduktion in Andalusien mithalten kann, wie fast alles andere Grünzeug und Obst wird sie heute eingeführt. Für eine kleine Erfolgsgeschichte sorgt immerhin der lokal produzierte Ziegenkäse, der mit geschützter Ursprungsbezeichnung außer auf die Nachbarinseln auch aufs spanische Festland und in einige EU-Länder exportiert wird. Man bekommt den schmackhaften Käse in verschiedenen Reifegraden, am gängigsten sind mit Gofio und Paprikapulver eingeriebene Sorten. Die Milch stammt von rund 100 000 Ziegen, wegen der kargen Weideflächen muss allerdings kräftig zugefüttert werden. Ein kleiner Teil der Milch fließt in eine örtliche Seifenmanufaktur, die daraus zusammen mit Olivenöl und duftenden ätherischen Ölen Ziegenmilchseife herstellt – ein nettes Mitbringsel für die Daheimgebliebenen.

Oben: Für Dromedare ist Fuerteventuras Halbwüste kein Problem.
Mitte: Genügsame Ziegen sind die mit Abstand wichtigsten Haustiere auf der Insel.
Unten: Sehr erfolgreich – Souvenirs mit dem Ziegenlogo

Wundermittel Aloe Vera

Eine Nische erkämpfte sich jüngst die Echte Aloe, die besser unter dem Namen Aloe Vera bekannt ist. Die hochgeschätzte Heilpflanze passt hervorragend zu Fuerteventura: Sie braucht nur wenig Wasser und kommt auch bestens ohne giftige Pflanzenschutzmittel und chemischen Dünger aus. Mehrere kleine Unternehmen bauen die Pflanze nicht nur an, sondern verarbeiten sie an Ort und Stelle zu Heilmitteln und Kosmetikprodukten. Das aus den dickfleischigen Blättern gewonnene glibberige Gel wird in der Naturheilkunde wegen seiner entzündungshemmenden und wundheilenden Wirkung geschätzt. Wer von zuviel kanarischer Sonne einen Sonnenbrand bekommen hat, kann die Wirkung gleich vor Ort ausprobieren: frisch aufgeschnittene Blätter, wie sie in La Oliva und Betancuria (siehe S.102 und S.136) erhältlich sind, werden einfach auf die betroffenen Hautpartien aufgelegt; sie sollen nicht nur kühlen und den Juckreiz mildern, sondern auch verhindern, dass sich Bläschen bilden. Praktischerweise ist die Aloe mit ihren leuchtend gelben Blütenkerzen auch eine veritable Zierpflanze, man sieht sie neuerdings überall in öffentlichen Grünanlagen und Hotelgärten.

Glückselige Inseln

Weit entfernt von den frühen Hochkulturen am Mittelmeer war die kanarische Inselgruppe der antiken Welt nur durch Legenden bekannt. Ovid (43 v. Chr.–17 n. Chr.) schwärmte in seinen *Metamorphosen* von den »Inseln des Ewigen Frühlings«, der griechische Geograf und Mathematiker Claudius Ptolemäus (um 100-160 n. Chr.) umschrieb sie als »Inseln der Glückseligen«, obwohl er die Kanaren genauso wenig mit eigenen Augen kannte wie Ovid. Vermutlich waren die Phönizier die Ers-

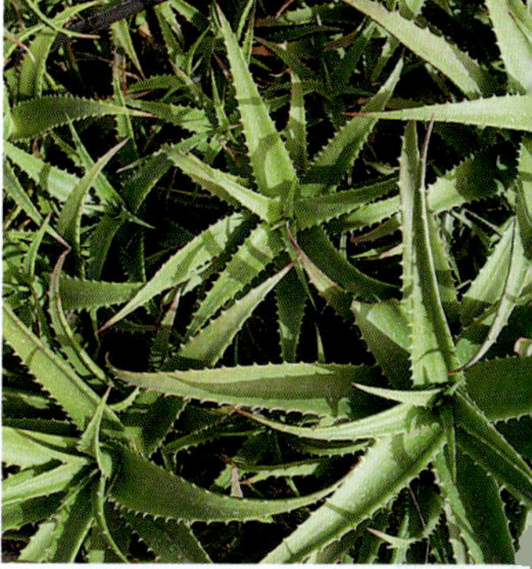

Oben: Aloe Vera ist auch fürs Auge sehr attraktiv.
Mitte: Ziemlich glibberig – das Fruchtfleisch der Heilpflanze
Unten: Die eng mit Aloe Vera verwandte Baumartige Aloe ziert so manchen Straßenrand.

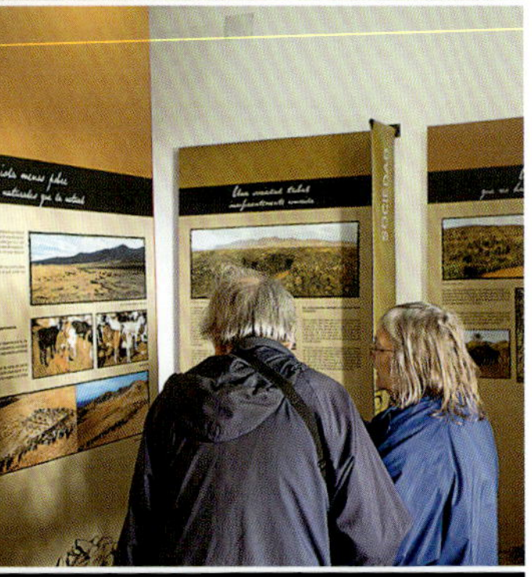

Oben: Auf Los Lobos
Mitte: Das kleine Archäologische Museum in Betancuria gibt Einblicke in die Inselgeschichte.
Unten: Das Idol der Tara, ausgestellt in Las Palmas, gehört zu den bekanntesten Zeugnissen vorspanischer Kultur auf den Kanaren.

ten, die auf ihren Erkundungsfahrten entlang der nordafrikanischen Küste einen Fuß auf die Inseln setzten; bis vor kurzem gab es jedoch keine gesicherten Fakten über eventuelle Besuche aus der Antike. 2012 schließlich sorgten Archäologen für eine kleine Sensation. Bei Ausgrabungen auf der kleinen Nachbarinsel Lobos stießen sie auf rund 2000 Jahre alte römische Siedlungsreste. Offensichtlich unterhielten die Römer dort einen Stützpunkt, um aus Purpurschnecken einen zu jener Zeit heiß begehrten Farbstoff zu gewinnen, mit dem sie ihre Togen färbten. Wissenschaftler haben errechnet, dass für die Gewinnung von anderthalb Gramm Purpurrot mehr als 10 000 Purpurschnecken ihr Leben lassen mussten. Die Verbindung mit den atlantischen Inseln riss allerdings schon bald wieder ab. Aus Nordafrika besiedelten Berberstämme die Kanaren, die jedoch bis ins ausgehende Mittelalter hinein auf dem Niveau eines Steinzeitvolkes verharrten und völlig vergessen von der Welt keinerlei Außenkontakte hatten. Als sich dann im 14. Jahrhundert in Europa herumsprach, dass vor der afrikanischen Küste eine sagenumwobene Inselgruppe liegen soll, reagierten die Spanier am schnellsten.

Spanische Landnahme

Die Eroberung von Fuerteventura war keine große Sache. Im Auftrag der spanischen Krone stellte der normannische Adlige Jean de Béthencourt (1359–1425) eine Truppe von 63 Mann zusammen und segelte 1402 nach Lanzarote, das praktisch ohne nennenswerten Widerstand von Seiten der Ureinwohner eingenommen werden konnte. Von Lanzarote aus unternahm Béthencourt wiederholt Überfälle auf das dichter besiedelte Fuerteventura, bis schließlich im Januar 1405 die damals herrschenden beiden Inselkönige sich den waffentechnisch hoch überlegenen Spaniern ergaben. Ob

die begleitenden Franziskanermönche tatsächlich die Insel »forte aventure« (starkes Abenteuer) tauften, verliert sich im Dunkel der Geschichte. Verbrieft ist jedoch, dass sofort mit der Christianisierung der verbliebenen Ureinwohner begonnen wurde. Von deren einstigen Kultur blieben auf Fuerteventura nur wenige Relikte erhalten, wer sich dafür interessiert, wird vor allem auf Gran Canaria (siehe Kapitel 48 und 49) fündig, in dem außer dem Archäologischen Museum auch einige Höhlenwohnungen und Kultstätten besichtigt werden können.

Schnell wurden aus der Normandie, Andalusien und Galicien neue Siedler in die neue Besitzung gebracht. Für die zukünftige Hauptstadt wählte Béthencourt ein fruchtbares Hochtal im zentralen Bergland aus, das zugleich Schutz vor eventuellen Piratenangriffen geben sollte. Die neue Stadt Villa de Betancuria erhielt kurzerhand den Namen des Eroberers. Die stattliche Pfarrkirche Santa María sowie etliche herrschaftliche Adelssitze überdauerten die Wirren der Geschichte bis heute und machen den beschaulich wirkenden Ort zu einer Art kolonialem Freilichtmuseum. Abseits vom Strand avancierte die alte Hauptstadt zur meistbesuchten Sehenswürdigkeit.

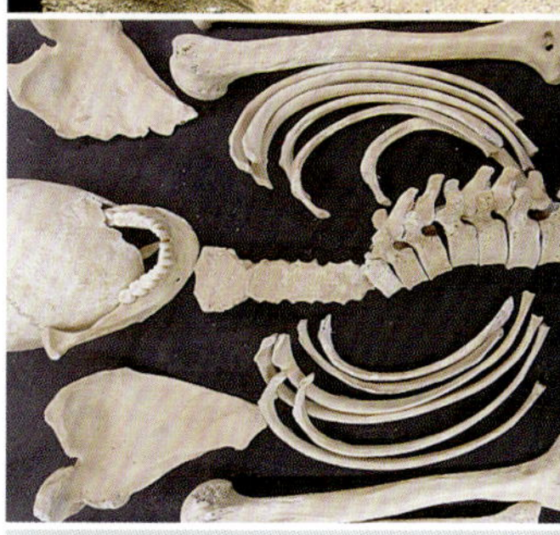

Oben: Koloniales Flair in Betancuria
Mitte: Cenobio de Valerón auf Gran Canaria – Kult- oder Speicherhöhlen?
Unten: Relikte der vorspanischen Kultur im Museum von Betancuria

Oben: Die Mudéjardecke in der Pfarrkirche von Antigua offenbart maurische Einflüsse.
Mitte: An der Playa del Castillo in Caleta de Fuste laden Dromedare zu einem Ausritt ein.
Unten: Christusdorn schmückt so manchen Vorgarten der Insel.

Afrikanische Spuren

Ansonsten hinterließen die neuen Herren nicht allzu viele Spuren. Mit der Eroberung des ganzen Archipels – als letzte Kanareninsel wurde 1496 Teneriffa in das aufstrebende spanische Weltreich eingegliedert – richtete sich das Interesse der Spanier vornehmlich auf die fruchtbareren Nachbarinseln. Die dortigen urtümlichen Lorbeerwälder wurden rigoros gerodet, dafür legte man in großem Stil Zuckerrohrplantagen und später auch Weinberge an. Fuerteventura blieb über Jahrhunderte eher eine Randnotiz der Geschichte, eine gewisse Rolle kam ihr als Kornkammer zu. Von dem nahen Afrika führte man Dromedare ein, die bis weit ins 20. Jahrhundert hinein zum Pflügen der Felder eingesetzt wurden. Heute sind die urkomischen Tiere in erster Linie ein Touristenspaß, auf dessen Rücken man sich durch die Gegend transportieren lassen kann (siehe S. 184 und S. 234).

Mit den ersten Siedlern kamen vom spanischen Festland auch viele Mauren auf die Kanaren. Als geschickte Handwerker fanden sie vor allem auf dem Bau Brot und Arbeit und schufen mit dem nach ihnen benannten Mudejar-Stil, einem Mix von Stilelementen aus Gotik und Renaissance mit maurischen Einflüssen eine interessante Architekturform. Charakteristisch sind etwa die kunstvoll aus dem Kernholz der Kanarischen Kiefer gearbeiteten Mudéjardecken, wie man sie außer in der Kirche von Betancuria auch in vielen kleinen Landkirchen bewundern kann. Auch die typischen Holzbalkone an wohlhabenden Bürgerhäusern gehen auf maurische Einflüsse zurück. Doch das war es dann auch schon in Sachen Kunst und Architektur.

Liebe auf den zweiten Blick

Fuerteventura hat landschaftlich wesentlich mehr zu bieten als auf den ersten Blick vielleicht angenommen. Für manch enttäuschten Besucher mag sie eine öde Wüsteninsel sein. Doch die spröde Schönheit begeistert jedes Jahr eine wachsende Fangemeinde. Zu der abwechslungsreichen Küstenlandschaft aus hellen und dunklen Sandstränden, bizarr geformten Steilküsten, haushohen Wanderdünen und regelmäßig vom Meer gefluteten Salzwiesen gesellt sich ein nicht minder eindrucksvolles Hinterland. Auffällig ist zunächst das vulkanische Erbe, das dutzende ausgebrannte Vulkankegel und weiträumige Lavaflächen, sogenanntes Malpaís, hinterließ. Obschon der letzte Vulkanausbruch schon rund 10 000 Jahre zurückliegt, zeigen sich mancherorts Fuerteventuras Landschaften fast wie aus den ersten Tagen der Schöpfungsgeschichte. Die vielfältigen Naturräume waren auch der entscheidende Grund für die UNESCO die ganze Insel 2009 zum Biosphärenreservat zu erklären.

Biblische Landschaften

In den letzten Jahrzehnten stellte Fuerteventura zwar schon mehrfach die Kulisse für kleinere

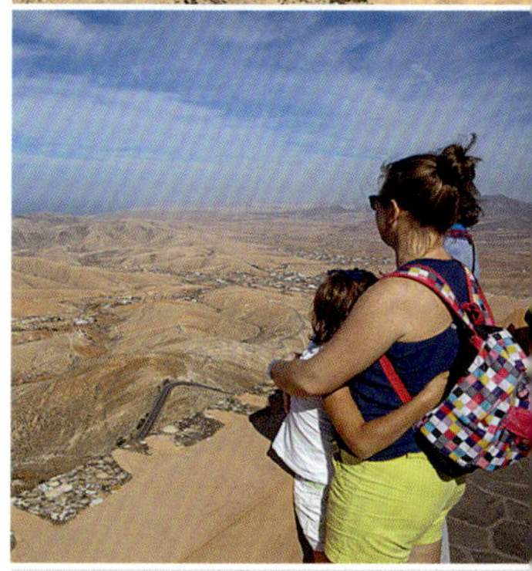

Oben: Schmucke Landarchitektur – die Casa Santa Maria in Betancuria
Mitte: Von Wind und Wasser modellierte Felsen an der Küste
Unten: Panorama vom Mirador Morro Velosa auf das Valle de Santa Inés

Oben: An der Costa Calma kommen alle Altersklassen auf ihre Kosten.
Mitte: Typisch kanarisch: Tintenfisch von der heißen Platte mit Runzelkartoffeln
Unten: Biblische Kulisse auf der Halbinsel Jandía

Filmproduktionen, doch richtig großes Hollywood-Kino von der Insel gibt es erst seit Kurzem. 2012 drehte Paramount Pictures vor Ort die US-amerikanische Filmkomödie »Der Diktator« mit Sacha Baron Cohen, Ben Kingsley und Megan Fox in den Hauptrollen. Schauplätze für den Dreh waren Esquinzo, Majanicho und Corralejo, auch 150 in einem Casting ausgewählte Statisten von der Insel spielten mit. Kaum war der Film in den Kinos, kam Hollywood-Regisseur Ridley Scott (u.a. »Alien«, »Blade Runner« und »Thelma & Louise«) für Aufnahmen zu seinem Monumentalfilm »Exodus« (2014) nach Fuerteventura und stellte mit einem 400 Personen starken Produktionsteam alles Bisherige in den Schatten. Scott flog im Hubschrauber die Insel ab und fand mit dem sicheren Gespür für das Außergewöhnliche sofort, was in sein Filmkonzept passte. Die Wanderdünen von Corralejo wurden zur Wüste Sinai, in der laut Altem Testament Moses nach dem Auszug des Volkes der Israeliten aus Ägypten von Gott die Zehn Gebote empfangen hatte. Die Playa Risco del Paso avancierte zum Ufer des Roten Meeres, an dem Moses mit seinen Gefolgsleuten nach 40-jährigem Exodus ankam, in der Bucht von Marajo östlich des Leuchtturms von El Cotillo teilt Moses das Rote Meer, damit die Israeliten trockenen Fußes ans andere Ufer gehen konnten. Auch das Tal von Cofete verstand Ridley Scott meisterhaft in Szene zu setzen; dorthin brachte sich das israelitische Volk vor dem anrückenden Heer des ägyptischen Pharao in Sicherheit. Mit von der Partie bei dem Bibelfilm war wiederum Ben Kingsley, Sigourney Weaver spielte die altägyptische Königin Tuja, in die Rolle von Moses schlüpfte Ex-Batman-Darsteller Christian Bale.

Typisch kanarisch essen

Ausgesprochene Feinschmecker tun sich mit der kanarischen Küche schwer, doch originell ist die deftige Bauernkost schon. An Fleischgerichten stehen weniger Rind, Schwein und Huhn im Vordergrund, sondern mariniertes Kaninchen, Zickleinbraten und Lamm aus dem Ofen. Als Beilage werden obligatorisch in Salzwasser gekochte kleine Runzelkartoffeln (papas arrugadas) serviert, man isst sie nicht als Pellkartoffeln, sondern mit Schale, doch nicht ohne sie vorher mit einer Mojosauce zu beträufeln (Autorentipps siehe S. 57). Ebenfalls ziemlich ausgefallen ist ein Gericht namens *ropa vieja*, wörtlich kann man es mit alter Wäsche übersetzen. Dabei handelt es sich um ein Reste-Essen vom Vortag, das durch die vielen kanarischen Auswanderern auch auf Kuba und Puerto Rico verbreitet worden ist. Eine unverzichtbare Zutat dazu sind Kichererbsen, diese werden gerne auch als herzhafte Suppe verzehrt. Eine andere gehaltvolle Suppe, eigentlich mehr ein Eintopf, ist der *puchero canario*, ein buntes Potpourri aus verschiedenen Gemüsesorten mit Fleischeinlage und einem Stück Maiskolben. Zu besonderen Anlässen, etwa einer Hochzeit, wird der Festgesellschaft *puchero canario de las siete carnes* mit sieben verschiedenen Fleischsorten aufgetischt. Ach ja, Fisch gibt es natürlich auch, er wird seit jeher gepökelt gegessen, in den Fischrestaurants serviert man ihn allerdings gebraten von der heißen Platte oder gebacken im Salzmantel.

AUTORENTIPP!

DIE FÜNF BESTEN FISCHLOKALE UND LANDGASTHÖFE

El Andaluz. Die spanisch-österreichischen Wirtsleute schaffen schnell eine familiäre Atmosphäre. Mo–Sa 18.30–23 Uhr, Calle la Ballena 5, Corralejo, Tel. 676 70 58 78.

Don Antonio. Ein nicht ganz billiger Landgasthof, bei dem es zwischen Patio und Außenterrasse zu entscheiden gilt. Di–So 11–17 Uhr. Vega de Río Palmas, Plaza Iglesia, Tel. 928 87 87 57.

La Fabiola. Das kleine Lokal im Hinterland der Hauptstadt verwöhnt sein internationales Publikum mit feiner Landküche. Do–Sa 20.30–23 Uhr, So 13.30–15.30 Uhr. Calle Real 1, La Ampuyenta, Tel. 928 17 46 05.

Jaula de Oro. Der »Goldkäfig« genießt bei Stammgästen Kultstatus, von der Terrasse schaut man auf die dunkelsandige Playa. Tgl. 10–18 Uhr, Ajuy, Tel. 928 16 17 20.

El Sombrero. Ein Restaurant in bester Lage an der autofreien Uferpromenade, Spezialität sind die Fleischgerichte vom Piratengrill. Do–Di 18.30–23 Uhr, Avenida Marítima 4, Corralejo, Tel. 928 86 75 31, www.restaurante-elsombrero.com

Geschichte im Überblick

um 8000 v. Chr. Der Norden Fuerteventuras wird von einer Serie von Vulkanausbrüchen heimgesucht, wodurch sich die Inselfläche um mehr als zehn Prozent vergrößert. Seither wurde auf der ältesten Kanareninsel keine vulkanische Tätigkeit mehr festgestellt.

um 1100-800 v. Chr. Phönizische Seefahrer kommen auf ihren Fahrten westlich der Straße von Gibraltar vermutlich auch an den Kanaren vorbei, gesicherte Spuren hinterlassen sie allerdings keine.

um 1000-500 v. Chr. Die Inselgruppe wird von Berberstämmen aus Nordafrika besiedelt. Die heute Guanchen oder Altkanarier genannten Ankömmlinge leben isoliert von der übrigen Welt in einfachsten Verhältnissen, sie kennen weder das Rad noch die Schrift und wohnen bis zur »Wiederentdeckung« durch die Europäer in Höhlen und ausgesprochen schlichten Steinbauten.

um 100 v. Chr.–200 n. Chr. Die Römer unterhalten vermutlich einen Stützpunkt auf der in der Meerenge zwischen Fuerteventura und Lanzarote gelegenen Insel Lobos, um dort aus Meeresschnecken einen purpurroten Farbstoff zu gewinnen.

1312 Der Genuese Lancelotto Malocello landet als erster Europäer auf der nach ihm benannten Insel Lanzarote.

1402 Der normannische Adlige Jean de Béthencourt erobert im Auftrag der spanischen Krone Lanzarote und legt damit den Grundstein für die Eroberung des Kanarischen Archipels und dessen Eingliederung ins aufstrebende spanische Weltreich.

1405 Béthencourt erobert Fuerteventura und gründet im Bergland die Hauptstadt Betancuria. Er holt vom Festland neue Siedler auf die Inseln, die in den relativ fruchtbaren Tälern Getreide und Hülsenfrüchte anbauen. Die verbliebenen Ureinwohner vermischen sich mit den neuen Siedlern, verlieren dabei jedoch ihre kulturelle Identität.

1492 Christoph Kolumbus legt bei seiner Entdeckungsfahrt in die Neue Welt auf Gran Canaria einen Zwischenstopp ein.

1593 Nordafrikanische Piraten fallen plündernd auf Fuerteventura ein und brennen die Hauptstadt Betancuria nieder. Etwa 60 Einwohner werden nach Afrika verschleppt.

1740 Englische Piraten werden bei ihrem Versuch, die Hauptstadt Betancuria zu plündern, in Tuineje von einer Bürgerwehr gestoppt und in die Flucht geschlagen.

1834 Antigua übernimmt von Betancuria kurzzeitig die Hauptstadtfunktion. Kurz darauf wird auf den Kanarischen Inseln die Feudalherrschaft abgeschafft.

1860 Puerto de Cabras, heute Puerto del Rosario, wird neue Inselhauptstadt und steigt zum wichtigsten Inselhafen auf.

1936 General Franco bereitet von den Kanarischen Inseln aus einen Putsch gegen die Madrider Zentralregierung vor und stürzt das Land in einen dreijährigen Bürgerkrieg, aus dem er als Sieger hervorgeht. In den folgenden Jahrzehnten errichtet Franco in Spanien eine faschistische Diktatur.

1966 Auf der Halbinsel Jandía eröffnet an der Playa del Matorral das erste Ferienhotel.

1970 Der Club Robinson gründet auf Fuerteventura sein erstes Feriendorf, in den folgenden Jahren wird die Insel zum bevorzugten Ziel von Cluburlaubern.

1975 Nach dem Tod Francos wird der Weg für ein demokratisches Spanien frei. Das Land zieht sich aus der afrikanischen Kolonie Spanisch-Westsahara zurück und verlegt die bis dato dort stationierte Fremdenlegion nach Puerto del Rosario.

1986 Spanien wird Mitglied der Europäischen Union, innerhalb der Zollunion erhalten die Kanaren einen Sonderstatus.

1997 Die spanische Fremdenlegion wird aus Puerto del Rosario auf das spanische Festland verlegt; die Einwohner Fuerteventuras atmen auf, da es im Laufe der mehr als zwanzigjährigen Stationierungszeit der Truppe zu einem signifikanten Anstieg der Kriminalitätsrate kam.

ab 2001 Fuerteventura und die Nachbarinseln werden das Ziel von zehntausenden illegalen Einwanderern aus West- und Nordafrika, hunderte davon kommen während der Überfahrt ums Leben. Die meisten der Boatpeople werden nach einer Übergangszeit in Auffanglagern auf das spanische Festland und von dort in ihre Heimatländer abgeschoben.

2002 Erstmals besuchen mehr als eine Million Touristen die Strände von Fuerteventura, das größte Kontingent stellen die Deutschen.

2009 Fuerteventura wird Biosphärenreservat der UNESCO. Die Aufnahme in den exklusiven Club dieser Schutzgebiete wird mit den vielfältigen Landschaftsformen auf der Insel begründet.

2010 Spanien schlittert in eine tiefe Banken- und Wirtschaftskrise, die sich mit rasant steigenden Arbeitslosenzahlen auch auf den Kanarischen Inseln bemerkbar macht.

2011 Vor der Südküste der Insel El Hierro bricht ein Meeresvulkan aus. Es ist die jüngste vulkanische Aktivität im Kanarischen Archipel.

2013 Ungeachtet vehementer Proteste der kanarischen Bevölkerung werden vor den Küsten von Fuerteventura und Lanzarote Probebohrungen nach Erdöl durchgeführt.

2014 Hollywood-Regisseur Ridley Scott dreht in den Wanderdünen von Corralejo den Monumentalfilm »Exodus«. Weitere Drehorte des Bibelfilms sind das Tal von Cofete und die Playa Risco del Paso.

HAUPTSTADT UND OSTKÜSTE

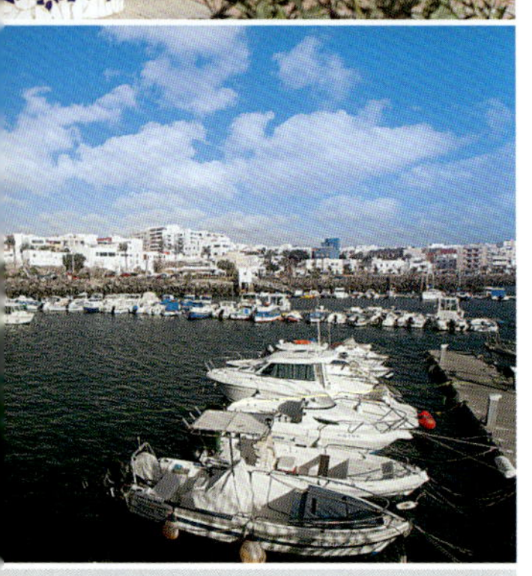

S. 26/27: Ein konisch geformter Kalkofen an der Avenida Marítima
Mitte: Bummelmeile der Hauptstadt – die Avenida Marítima
Unten: Der Container- und Kreuzfahrthafen von Puerto del Rosario hat auch seine stille Ecken.

1 Puerto del Rosario

Inselmetropole auf dem Sprung nach vorn

Nirgendwo ist man näher am Puls des kanarischen Alltags als in der aufstrebenden Inselmetropole, auch wenn sich dies bei den meisten Inselgästen noch nicht herumgesprochen zu haben scheint. Doch ein Tagesausflug lohnt allemal, beispielsweise zum Einkaufen oder um etwas Kunst und Kultur zu tanken. Wer will, kann einfach nur auf der Meerespromenade bummeln und schauen, was gerade im Hafen los ist.

Wer die Hauptstadt besuchen will, sollte wochentags an einem Vormittag oder am späten Nachmittag kommen. Während der Siesta zwischen 13 und 17 Uhr haben die meisten Geschäfte geschlossen. Zwar hält die großzügig ausgebaute Umgehungsstraße den Durchgangsverkehr außen vor, doch während der Geschäftszeiten ist dennoch einiges los. Wer nicht im Mietwagen unterwegs ist, erreicht die Hauptstadt auch bequem mit dem Linienbus; von allen großen Ferienorten gibt es gute Direktverbindungen.

MAL EHRLICH

HÄSSLICHES ENTLEIN

Lange war Puerto del Rosario als nüchternes Verwaltungszentrum verschrien, um das die meisten Touristen einen großen Bogen machten. Ein Besuchermagnet ist die Inselmetropole zwar immer noch nicht, doch ganz so langweilig wie noch vor zehn Jahren ist die Stadt nicht mehr. In Sachen Kunst und Kultur gibt es neuerdings etliches zu entdecken und zu erleben, und auch so manche nüchterne Straßenzeile wurde aufgehübscht.

Ziegenhafen mit Geschichte

Puerto del Rosario ist gerade mal 200 Jahre alt und damit weitaus jünger als die übrigen fünf Gemeindeorte der Insel. Die sanft geschwungene große Bucht an der Ostküste fungierte zunächst als Hafen des landeinwärts gelegenen Dorfes Tetir, die ersten Häuser und Lagerkontore entstanden um 1795 und wurden nach einer in der Nähe gelegenen Ziegentränke Puerto de Cabras (Ziegenhafen) genannt. Maßgeblichen Anteil an der Entwicklung der Stadt, seit 1860 Inselhauptstadt, hatten englische Kaufleute, einer von ihnen, James Millar, entwarf das noch heute erkennbare schachbrettartig angelegte Straßennetz. Dank des guten Naturhafens avancierte der Ort bald zum wichtigsten Exporthafen der Insel, in dem Sodakraut, Kalk und Cochenille, ein auf der Insel aus Cochenille-Schildläusen gewonnener roter Farbstoff namens Karmin, umgeschlagen wurde. 1956 klang den Stadtvätern der Name Puerto de Cabras zu altmodisch und sie benannten ihre Stadt nach der lokalen Schutzheiligen in Puerto del Rosario um. Bis in die 1990er-Jahre blieb Puerto del Rosario eine verschlafene Provinzhauptstadt, deren spröder Charme auf Fremde nicht besonders anziehend wirkte. Doch seither durchlebt Puerto del Rosario einen rasanten Aufschwung, fast jeder dritte Einwohner der Insel lebt mittlerweile in der Hauptstadt.

Uferpromenade und Hafen

Die Uferpromenade heißt im nördlichen Bereich offiziell Avenida Ruperto González Negrín, im Süden Avenida de los Reyes de España, für die Hauptstädter sind diese Namen viel zu lang, sie nennen ihre aufgehübschte Schauseite zum Meer einfach nur Avenida Marítima. Diese zieht sich vom Hafen aus etwa zwei Kilometer nach Süden

AUTORENTIPP!

BIOSPHÄRENMARKT
Die kleine Markthalle an der Plaza de España macht ja nun wirklich viel her, ein besseres Angebot gibt es jedoch im Mercado Agrícola La Biosfera, der im Obergeschoss des Busbahnhofs abgehalten wird. Als man 2009 den Wochenmarkt eröffnete, gab es ihn zunächst nur ein Mal im Monat, mittlerweile findet er jeden Samstag statt. Das Angebot reicht von Grünzeug, Backwaren und Käse bis hin zu Schnittblumen und Kunsthandwerk, viel los ist meist am Stand der Fischereigenossenschaft aus Corralejo. Besonders schön: Es werden ausschließlich Produkte von der Insel angeboten, und da die Erzeuger selbst verkaufen, sind die Preise relativ günstig.

Mercado Agrícola La Biosfera.
Estación de Guagas, Sa 9–14 Uhr, Avenida Constitución s/n

Oben: An dem Schreibtisch im Unamuno-Museum philosophierte der prominente Verbannte Miguel de Unamuno über die karge Schönheit Fuerteventuras.
Unten: Mittelpunkt der Hauptstadt ist die der Rosenkranzmadonna geweihte Pfarrkirche.

und hat sich vor allem im ersten Teil zu einer Flaniermeile gewandelt, an der man im Schatten von jungen Palmen auf einer Sitzbank verweilen und einen Blick auf die ein- und auslaufenden Schiffe werfen kann. Praktisch der ganze Warenaustausch der Insel wird über den Hafen von Puerto del Rosario abgewickelt. Für den Verkehr zwischen den Inseln hat sich seine Lage allerdings als ungünstig erwiesen, Fähren nach Lanzarote legen von Corralejo ab, nach Gran Canaria von Morro Jable. Dafür machen neuerdings viele Kreuzfahrtschiffe an der Mole fest.

Jenseits der Meerespromenade findet sich im alten Fischerviertel gar noch etwas alte Bausubstanz, nichts wirklich Aufregendes und nicht viel mehr als eine Handvoll kurzer Gassen mit teils hübsch hergerichteten Fischerhäusern, die durch Treppenwege mit der Avenida Marítima verbunden sind. Mit der Playa de los Pozos gibt es auch einen akzeptablen, wenn auch winzigen Stadtstrand.

Ein Philosoph im Exil

»Eine Oase in der Wüste der Zivilisation ...« diesen in die Weltliteratur eingegangenen Satz verdankt Fuerteventura dem baskischen Dichter und Philosophen Miguel de Unamuno, der die Insel 1924 während eines viermonatigen Aufenthalts kennen

Stadtrundgang in Puerto del Rosario

Dank der überschaubaren Größe sind alle Anlaufpunkte zu Fuß erreichbar. Zentrale Achse ist die León y Castillo, wichtigste Einkaufstraße die kreuzende Avenida Primero de Mayo.

Ⓐ **Iglesia Nuestra Señora del Rosario** – Die 1824 begonnene Pfarrkirche mit ihrem markanten Glockenturm (1930) hat eine schöne Mudéjardecke und Glasmalereien auf den Fenstern. Im neoklassizistischen Hochalter steht die Rosenkranzmadonna mit dem Jesuskind.

Ⓑ **Casa Museo Unamuno** – In dem ehemaligen Hotel verbrachte der Philosoph Miguel de Unamuno sein Exil. Die Räumlichkeiten sind im Stil der 1920er-Jahre eingerichtet. Mo–Fr 9–14 Uhr, Eintritt frei, Calle Virgen del Rosario 11.

Ⓒ **Cabildo Insular** – Das neoklassizistische Gebäude (1860) mit seinen hellblauen Kanten und Fensterumrandungen beherbergt neben der Inselverwaltung auch das historische Stadtarchiv. Calle Primero de Mayo 39, Tel. 928 86 23 00, www.cabildofuer.es

Ⓓ **Delegación del Gobierno en Fuerteventura** – Der schmucke Amtsitz der spanischen Regierungsdelegation sieht aus wie ein Kolonialgebäude, wurde jedoch erst 1968 gebaut.

Ⓔ **Plaza de España** – Kleiner Platz mit zwei großen Indischen Lorbeerbäumen und einem beliebten Terrassencafé. Ein paar Schritte entfernt ist der bescheidene Mercado Municipal (Markthalle).

Ⓕ **Avenida Marítima** – Die Uferpromenade mit Hafen und Kreuzfahrtmole.

Ⓖ **Centro de Arte Juan Ismael** – Ausstellungen zur Gegenwartskunst. Di–Sa 10–13.30 und 17–21 Uhr, Calle Almirante Lallermand 30, Tel. 928 859 750, www.cabildofuer.es

Ⓗ **Playa de los Pozos** – Oberhalb des kleinen Badestrandes laden etliche Lokale zur Einkehr ein.

AUTORENTIPP!

DIE KREUZFAHRER KOMMEN!
An der Avenida Marítima von Puerto del Rosario kommt eigentlich nur immer dann Bewegung auf, wenn ein großer Kahn am Horizont auftaucht und von einem Lotsenboot in den Hafen geleitet wird. Im Winterhalbjahr sind regelmäßig Schiffe der Kussmaul-Flotte, sprich der Rostocker Reederei »Aida« zu Gast, auch »Mein Schiff« von TUI Cruises schaut öfters vorbei und nicht selten werden die Passagiere mit einem kleinen Markt und auf der Mole aufgeführten Folkloretänzen empfangen. Die Stadtväter sind hoch erfreut, und die Passagiere genießen es sichtlich, sich an Land etwas die Füße vertreten zu können. Am besten hat man das Geschehen von einem der Cafés an der Promenade im Blick.

Information. Schiffsankünfte in Puerto del Rosario unter www.kreuzfahrten-netz.de

und lieben lernte. Und dies obwohl er nicht freiwillig kam, sondern wegen seiner kritischen Haltung gegenüber der damaligen Madrider Militärdiktatur unter Primo de Rivera seines Amt als Rektor der Universität von Salamanca enthoben und nach Fuerteventura verbannt worden war. Verbannung hieß nicht gleich Gefängnis, man wollte den unbequemen Freigeist einfach loswerden, und dazu bot sich das damals entlegene und fast menschenleere Fuerteventura an.

De Unamuno mietete sich im Hotel Fuerteventura gegenüber von der Pfarrkirche ein, damals das beste Haus am Platz. Von dort aus unternahm der Dichter ausgedehnte Streifzüge über die Insel, in überschwänglichen Worten schrieb er ein Gedicht über den Strauch-Dornlattich, ein anspruchsloses Gewächs mit winzigen gelben Zungenblüten, dem er überall auf den kargen Böden begegnete. Für immer wollte der Intellektuelle allerdings nicht auf Fuerteventura bleiben. Mit Hilfe eines französischen Verlegers gelang ihm am 21. Juli 1924 über den Hafen von Las Palmas de Gran Canaria die Flucht ins Exil nach Paris. Er blieb dort, bis er nach der Absetzung von Primo de Rivera wieder nach Salamanca zurückkehren konnte.

1995 erwarb die Inselregierung das ehemalige Hotel Fuerteventura und richtete darin ein kleines Museum ein, das mit Fotos und Manuskripten einen Einblick in die Welt des Dichters gewährt, und dabei die Türen in sein Arbeitszimmer, die Küche und das kleine Schlafzimmer öffnet, in dem, wie es früher üblich war, auch der Nachttopf unter dem Bett nicht fehlt. Auch die Dachterrasse ist ein Stück Geschichte: De Unamuno pflegte dort an seinen Manuskripten arbeitend splitternackt in der Frühlingssonne zu sitzen, so nachzulesen in seinen autobiografischen Aufzeichnungen *Von Fuerteventura nach Paris.*

Infos und Adressen

ÜBERNACHTEN

JM Puerto Rosario. Ein zehngeschossiges Dreisternehaus an der Uferpromenade, in dem überwiegend Geschäftsleute und Lokalpolitiker absteigen; die Balkonzimmer nach vorne raus haben einen guten Hafenblick. Avenida R.G. Negrín 9, Tel. 928 85 94 64, www.hoteljmpuertodelrosario.com

ESSEN UND TRINKEN

El Mirador. Das Lokal an der Uferstraße gegenüber der kleinen Playa de los Pozos hat eine gute Auswahl an Fleischgerichten, Pasta, Pizza und Fisch von der heißen Platte. Große Portionen und relativ günstig. Avenida Marítima (Calle Los Pozos), Tel. 928 51 17 73.

Freiduría Tino. In dem Fischlokal vor der Markthalle sitzt es sich am schönsten auf der Außenterrasse an der Uferpromenade, alle Gerichte werden traditionell mit Runzelkartoffeln und Mojo serviert. Avenida de los Reyes de España s/n, Tel. 928 53 05 58.

La Saranda. Das einfache Café-Restaurant liegt mitten in der Fußgängerzone, hier treffen sich mittags die Hauptstädter und wählen bevorzugt das preiswerte Tagesmenü. Calle Primero de Mayo 46, Tel. 928 53 03 30.

Das Fischlokal Freiduría Tino vor der Markthalle

Alles unter einem Dach – Einkaufen in Las Rotondas

EINKAUFEN

Las Rotondas. Das Einkaufszentrum der Insel vereint auf vier Ebenen rund 100 verschiedene Geschäfte unter einem Dach, darunter den größten Supermarkt der Insel. Mo-Sa 10–22 Uhr, mit eigenem Kundenparkplatz, Calle Francisco Pi y Arsuaga 2, www.lasrotondascentrocomercial.com

Artesanos de Gofio. In der kleinen Konditorei gibt es Gofio-Konfekt und andere süße Sachen aus dem traditionellen Grundnahrungsmittel der Ureinwohner. Calle Dr. Fleming 7.

INFORMATION

Patronato de Turismo. Das Büro der Tourismusbehörde ist für die ganze Insel zuständig, Mo–Fr 8–15 Uhr, Calle Almirante Lallermand 1, Tel. 928 53 08 44, www.visitfuerteventura.es

2 Puerto del Rosario – Kunstmeile

Ein öffentlicher Skulpturenpark

Wer hätte noch vor wenigen Jahren gedacht, dass sich aus der grauen Verwaltungsmetropole eine weltoffene Stadt mit fast an jeder Ecke öffentlich ausgestellter Kunst entwickelt! Mehr als 100 Skulpturen auf Straßen und Plätzen und eine engagiert geführte Kunsthalle mit wechselnden Ausstellungen machen den Besuch der Hauptstadt heute zum Kunstgenuss.

Ein 2001 abgehaltenes Bildhauersymposium bereitete den Weg für die größte Skulpturenausstellung auf den Kanarischen Inseln. Die Einwohner staunten nicht schlecht, als die Stadtverwaltung beschloss, die Kunstwerke öffentlich auszustellen. Nicht irgendwo im Abseits, sondern an zentralen Plätzen und vor repräsentativen Gebäuden, wo jeder tagtäglich vorbeikommt. Mittlerweile haben sich die Hauptstädter daran gewöhnt, zumal die meisten der Skulpturen etwas mit der Insel zu tun haben. Die Idee zu dem Wettbewerb hatte Toño Patallo, zu jener Zeit Kulturabgeordneter des Rathauses von Puerto del Rosario. Zufälligerweise selbst Künstler wollte er der Stadt durch Kunst zu etwas mehr Glanz und Renommee verhelfen. Für das Symposium wurden im ersten Jahr zehn Künstler eingeladen, die Stadt stellte ihnen Material und am Meer einen Parkplatz zur Verfügung, auf dem sie einen Monat Zeit hatten, ihre Ideen zu verwirklichen. Im Gegenzug vermachten die Künstler ihre Werke der Stadt. Schaulustige kamen vorbei, um dem einen oder anderen über die Schulter zu schauen, Kinder hatten Gelegenheit zu sehen, wie Kunst gemacht wird, und dass diese nicht irgendwo in einem geschlossenen Raum in

Mitte: Blaue Stunde über der Meeresschnecke von Felix J.B. Caballero
Unten: Meist vom Verkehr umtost – der Explanada-Brunnen des rumänischen Bildhauers Nicolae Fleissig

einem Museum stehen muss. Als alles getan war, warteten die Bildhauer gespannt darauf, welchen Platz ihr Kunstwerk im Stadtbild einnehmen wird. Das Symposium wurde auf Anhieb ein voller Erfolg. Im ersten Jahr entstanden zwölf Skulpturen, in den folgenden Jahren wuchs die Zahl schnell auf über hundert an.

Meeresschnecken und Explanada-Brunnen

Am besten beginnt man den Spaziergang am Hafen bei den Meeresschnecken des grancanarischen Künstlers Félix Juan Bordes Caballero. Gleich vier der aus Aluminium gefertigten überdimensionalen Schneckengehäuse zieren die Uferpromenade. Sie stehen so exponiert am Wasser, dass sie auch von den Passagieren der einlaufenden Kreuzfahrtschiffe schnell entdeckt werden, diese stellen sich dann beim Landgang gerne davor auf, um ein Erinnerungsfoto zu schießen. Und wo anders als am Hafen könnte eine Arbeit stehen, die an die vielen Auswanderer erinnert, die im Lauf der letzten zwei Jahrhunderte der Insel den Rücken kehrten, um ihr Glück auf den Nachbarinseln oder in Kuba und Venezuela zu suchen.

Ebenfalls nicht zu übersehen ist die auf dem zentralen Verkehrskreisel vor der Uferstraße sprudelnde Fuente de la Explanada, ein Gemeinschaftswerk des Rumänen Nicolae Fleissig und des aus León stammenden Bildhauers Amancio González, der die schwere Steinquader schleppenden Arbeiter schuf. Über Geschmack lässt sich bekanntlich streiten, dennoch ist der monumentale Springbrunnen auf dem besten Wege eines der Wahrzeichen der Hauptstadt zu werden. Der in Frankreich lebende Fleissig macht übrigens seinem Namen alle Ehre – von ihm stammen insgesamt zehn Werke auf der Kunstmeile.

AUTORENTIPP!

AUSSERHALB DER HAUPTSTADT

Entspannung nach dem Kulturbummel verspricht einer der stadtnahen Strände. Schön, doch wegen der Einflugschneise des Airports ziemlich laut, ist die Playa Blanca drei Kilometer südlich vom Stadtzentrum. Das mag auch der Grund dafür sein, warum das dortige Hotel der staatlichen Parador-Gruppe nie richtig in Schwung kam. Ruhiger ist es in dem kleinen Fischerort Puerto Lajas sechs Kilometer nördlich der Hauptstadt, das schon von Weitem durch eine restaurierte Windmühle auf sich aufmerksam macht. An dem ungeschminkten Kieselstrand treffen sich am Wochenende die Hauptstädter, zum Schwimmen taugt der Strand allerdings nicht.

AUTORENTIPP!

SCHIFFBRUCH

Der Run auf die Cafeteria El Naufragio (dt. Schiffbruch) hat sich mittlerweile gelegt, genauso versiegte der Strom der einst Tausenden von Schaulustigen zum Wrack des 1994 bei Windsstärke elf vor der Westküste Fuerteventuras gestrandeten Luxusliners American Star. In der Cafeteria in Puerto del Rosario lebt die Erinnerung weiter. Der ehemalige Wirt gehörte zu jenen, die auf abenteuerliche Weise ins Wrack kletterten und mitnahmen, was nicht niet- und nagelfest war. An der Wand des Lokals vermittelt ein gerahmtes Foto, wie die American Star kurz nach der Havarie aussah, bis das 200 Meter lange Schiff Stück für Stück vom Atlantik verschluckt wurde. Das neben die Bartheke gebaute Toilettenhäuschen besteht praktisch ausschließlich aus Originalteilen des Schiffes, samt Bullaugen und dem Messinggeländer davor.

Cafeteria El Naufragio. Tgl. 12–23 Uhr, Avenida Primero de Mayo/ Ecke Calle Jésus y María, Tel. 928 85 00 48.

Wasserträger und Papageifischer

Auf der Plaza España abgestellte Koffer symbolisieren den Exodus der Inselbewohner nach Amerika – *equipaje de ultramar* (Überseegepäck) nannte der baskische Künstler Eduardo Úrculo (1938–2003) seine Installation. Der Maler und Bildhauer gehörte zu den bekanntesten Vertretern der spanischen Pop-Art. Er verstand sich selbst als ewiger Reisender – seine letzte Reise endete im Madrider Haus von Salvador Dalí, als er während eines Abendessens unvermittelt zusammenbrach und an Ort und Stelle verstarb. Vor dem Rathaus oberhalb vom Hafen wird mit *Las Cabras* (Die Ziegen) von Emiliano Hernández an das wichtigste Haustier der Insel gedacht und zugleich auch an den alten Ortsnamen von Puerto del Rosario erinnert. Vorbei an der Pfarrkirche, an der eine lebensgroße Bronzeskulptur des Philosophen Miguel de Unamuno steht, gelangt man auf der Calle León y Castillo zum *El Aguador* (Wasserträger), der mit seinen 20 Liter schweren Blechkanistern noch bis in die Mitte des 20. Jahrhunderts die Haushalte mit Trinkwasser versorgte. Abstrakter wird es ein paar Schritte oberhalb davon an dem großen Verkehrskreisel der kreuzenden Avenida de la Constitución. Das mitten im Kreisel aufgestellte *Monumento a la Unidad* (Denkmal der Einheit) gehört sicherlich zu den eindruckvollsten Kunstwerken der Hauptstadt – drei nackte Personen umfassen sich an den Armen und sollen nach der Idee des Bildhauers Francisco Curbelo die tolerante Koexistenz der verschiedenen Kulturen symbolisieren.

Auf der Avenida Marítima steht am westlichen Rand des Hafenareals der barfüßige *Pescador de Viejas* von dem lokalen Bildhauer Juan Miguel Cubas. Ähnlich wie der Wasserträger gehört der Papageifischer zu den Inseloriginalen, seinen Fang transportierte er einst in einem aus Palmblättern geflochtenen Rucksack. Unweit davon wurde an der Plaza Radio Ecco auch dem *Podenco canario*, dem kanarischen Jagdhund, ein Denkmal gesetzt. Spaziert man auf der Promenade noch ein Stück weiter stadtauswärts, zieht nochmals eine Meeresschnecke die Aufmerksamkeit auf sich. Sie steht wie eine Pyramide aufgerichtet an der Promenade von Los Pozos, beim Näherkommen bemerkt man, dass der Künstler den Granitblock durchgeschnitten hat und die eine Hälfte auf dem Boden liegt. Die kanarischen Ureinwohner benutzten das Schneckenhorn wie eine Trompete zur Kommunikation.

Kulturzentrum Juan Ismael

Skulpturen sind in der Hauptstadt nicht das einzig Sehenswerte. Nach dem Bummel über die Kunstmeile lohnt auch der Besuch des Centro de Arte Juan Ismael. Dass sich in dem Bau östlich des Hafens einmal ein Kinosaal befand, sieht man der gründlich umgestalteten und 2003 eröffneten

Oben: Denkmal der Einheit an der Avenida de la Constitución
Unten: Als das Trinkwasser noch nicht aus der Leitung floss – der Wasserträger von Emiliano Hernández

Oben: Aufgeschnittenes Schneckenhorn an der Uferpromenade
Unten: Der Philosoph Miguel de Unamuno vor seinem Museum

Kunsthalle nicht mehr an. Auf drei Ebenen werden in Wechselausstellungen neben kanarischen auch internationale Künstler der Gegenwart gezeigt. Unbedingt sollte man einen Blick auf die skurrile hintere Außenfassade werfen. Benannt wurde das Zentrum nach Juan Ismael (1907–1981), dem wichtigsten Maler Fuerteventuras. Der in La Oliva geborene Künstler lernte sein Handwerk an der Schule der Schönen Künste in Santa Cruz de Tenerife und ging nach einer Zwischenstation in einem Fotostudio in Las Palmas nach Madrid, wo er mit der surrealistischen Bewegung in Kontakt kam. Seine ausdrucksstarken Bilder sind stark von Salvador Dalí beeinflusst und wurden unter anderem in der Kunsthalle Wien ausgestellt. Zum Bestand des Centro de Arte gehören mehrere Arbeiten von Ismael, darunter die famose *Mujer y cuchara* (Frau mit Löffel, 1956).

Infos und Adressen

SEHENSWÜRDIGKEITEN

Centro de Arte Juan Ismael. Di–Sa 10–13.30 und 17–21 Uhr, Calle Almirante Lallermand 30, Tel. 928 85 97 50, www.cabildofuer.es

ESSEN UND TRINKEN

El Cangrejo Colorao. Das Lokal in einer zum Meer führenden Sackgasse liegt ganz in der Nähe vom Centro de Arte Juan Ismael und bietet sich von daher nach dem Ausstellungsbesuch an. Die Aufmachung wirkt etwas angestaubt, doch auf der zum Meer hin offenen Terrasse sitzt man wunderbar und hat dabei schön den Hafen im Blick. Mo–So 13–16.30 und 20–24 Uhr, Calle Juan Ramón Jimenez 2, Tel. 928 85 84 77.

AUSGEHEN

Auditorio Insular. Der klimatisierte Konzertsaal mit Platz für 550 Zuschauer ist Bühne für Konzerte, Theater und Ballet. Jeweils im Januar finden hier auch Konzerte der Klassikreihe Festival de Música de Canarias statt. Programmauskunft im Touristenbüro, Kartenvorverkauf im Centro de Arte Juan Ismael Calle Primero de Mayo/Ramiro de Maeztu, Tel. 928 53 21 86.

Calle 54. Kulturbar für Nachtschwärmer und Salsa-Tänzer. Fr und Sa, jedoch nicht vor 23 Uhr, Calle Secundino Alonso 11.

EINKAUFEN

Galería de Arte Tindaya. In der Kunstgalerie stellen u.a. Pepe Dámaso, Pedro Zamorano und Klaus Berends aus. Mo–Fr 17–21 Uhr, Calle Barcelona 18, Tel. 928 53 28 44, www.tindaya.net

INFORMATION

Oficina de Información Túristica. In dem Pavillon an der Uferpromenade gibt es den Flyer *Puerto zu Fuß* mit einem Stadtplan, in dem eine Auswahl der im Stadtgebiet aufgestellten Skulpturen eingetragen ist. Im Internet kann der Flyer (Guía Puerto a Pie) in Deutsch unter www.turismo-puertodelrosario.org heruntergeladen werden. Avenida de los Reyes de España s/n, Tel. 618 52 76 68.

Ein in Bronze gegossener kanarischer Jagdhund an der Plaza Radio Ecco

Mitte: In Tetir macht ein wie aus Würfeln gestapelter Kirchturm auf sich aufmerksam.
Unten: Viele der terrassierten Felder um Tetir liegen heute brach.

3 Dörfer im Hinterland der Hauptstadt

Kleine Entdeckungen auf dem Lande

Landeinwärts geht die Hauptstadt unmittelbar nach den letzten Wohnblocks abrupt in eine öde Halbwüste über. Spektakuläres darf nicht unbedingt erwartet werden. Doch in wenigen Fahrminuten gelangt man zu verträumten Dörfern, in denen so manche schmucke Kirche auf Besuch wartet, auch die Einkehr in einem der ungeschminkten Landgasthöfe kann zum Erlebnis werden.

Wie sich die Zeiten doch wandeln! Im Hinterland von Puerto del Rosaria ist Tetir mit knapp 900 Einwohnern das größte Dorf. Bis weit ins 19. Jahrhundert gehörte es zu den wichtigsten Inselorten, bis 1835 wurde von der damals eigenständigen Gemeinde auch Puerto del Rosario verwaltet. Seit 1930 ist es genau umgekehrt, nun ist Tetir ein eingemeindeter Vorort der Hauptstadt. Schon von der Umgehungsstraße ist Tetirs Wahrzeichen, der Turm der stolzen Pfarrkirche Santo Domingo de Guzmán, nicht zu übersehen. Mit seinen sieben wie mit aufeinander gestapelten Würfeln gebauten Stockwerken gehört er zu den schönsten auf der Insel. Über das Eingangsportal im Turm erreicht man auch den barocken Innenraum, in dem ein gut ein Meter hohes Kruzifix und an der rechten Seitenwand eine originelle Interpretation des Jüngsten Gerichts beachtenswert sind. Im Chor blieben einige Fresken aus der Frühphase der 1745 geweihten Kirche erhalten. Auf dem Kirchplatz wird vier Mal im Jahr Markt gehalten, ansonsten ist man dort meist mit der Marmorbüste *Timplista*, einer Hommage an die Timple-Spieler, allein. Die Skulptur stammt von dem Bildhauer Juan Miguel Cubas aus Pájara, der damit dem beliebtesten Musikinstrument der Kanaren Aufmerksamkeit verschafft. Die kleine Gitarre mit Höcker ist fester Bestandteil der kanarischen Volksmusik. Die Südseite der Plaza wird von hübschen Beispielen kanarischer Landarchitektur gerahmt, manche Häuser haben noch traditionelle Guillotine-Fenster mit vertikal verschiebbaren Fensterflügeln.

Tetir aus der Vogelschau

Dank einer Sendestation kann auf einer geteerten Straße bequem auf die Montaña Temejerque hochgefahren werden. Das Sträßchen zweigt kurz nach dem westlichen Ortsausgang von der FV-20 ab und schraubt sich dann auf den 511 Meter hohen Vulkan hinauf. Besonders romantisch ist es an der Sendestation zwar nicht, doch der 360-Grad-Rundumblick ist einer der besten im Inselnorden. Zu Füßen liegt das Tal von Tetir, teils mit Lavagranulat abgedeckte Felder reichen bis in den Ort hinein, doch bis auf ein paar verwilderte Feigenkakteen, die ursprünglich in großem Stil als Wirtspflanzen zur Zucht der Cochenille-Schildlaus angebaut wurden, liegen die meisten davon brach. Zum Greifen nahe zeigt sich der Nachbargipfel Muda und auf der gegenüberliegenden Talseite der Aceitunal; beide stellen mit ihren jeweils knapp 700 Metern die höchsten Erhebungen im Nordteil der Insel. Und natürlich hat man auch die Hauptstadt Puerto del Rosario voll im Blick, deren Häuserzeilen sich immer weiter ins Hinterland fressen.

Casillas del Ángel

So schön der Name auch klingt – wörtlich übersetzt lautet der Ortsname »Häuschen des En-

AUTORENTIPP!

GUAGUAS

Man braucht auf der Insel nicht unbedingt ein Mietauto. Vor allem, wer in einer der großen Ferienorte oder in der Hauptstadt wohnt, kommt mit öffentlichen Bussen gut über die Runden. Auf der Insel heißen diese nicht etwa wie auf dem spanischen Festland üblich *autobús*, sondern *guaguas*, wie man Busse auch in einigen Ländern Lateinamerikas nennt. Die aus touristischer Sicht beiden wichtigsten Verbindungen sind Linie 01 von Puerto del Rosario nach Morro Jable und Linie 06 von Puerto del Rosario nach Corralejo, beide Linien verkehren wochentags im Stundentakt, sonntags allerdings nicht ganz so häufig. Nebenbei bemerkt: Busfahren ist auf Fuerteventura relativ preiswert.

TIADHE Maxorata Bus. Fahrplanauskunft in allen Touristenbüros oder Tel. 928 85 57 26, www.maxoratabus.com/tiadhe/de

AUTORENTIPP!

CASA DE FELIPITO

Zufällig kommt kein Inselbesucher an der Casa de Felipito vorbei. Dafür ist unter den Majoreros das halb verfallene Gemäuer ein paar Kilometer nordwestlich der Hauptstadt *el fin de semana*, sprich am Wochenende, ein ausgesprochen beliebter Treff. Auf dem der Inselregierung gehörenden Grundstück wurde jüngst ein Freizeitgelände eingerichtet, wo man Grillen und Boule spielen kann. Nicht selten reserviert ein »Abgeordneter« eines Familienclans oder eines Kollegenteam bereits am frühen Morgen einen windgeschützten Platz, dann wird den ganzen Tag getafelt und mitunter auch musiziert und gesungen.

Casa de Felipito. Fr–So 8–22 Uhr. Anfahrt auf der Landstraße FV-10 von Puerto del Rosario nach La Oliva hält man sich kurz vor Tetir in Richtung El Time, dort biegt man an der Bushaltestelle rechts ab und folgt dann der Ausschilderung, das letzte Stück verläuft auf einer auch mit normalem Pkw befahrbaren Erdpiste.

gels«, – musste Casillas del Ángel leider seinen Tribut an die moderne Verkehrsplanung entrichten: Das Dorf wird von der Schnellstraße FV-20 praktisch in zwei Hälften zerschnitten. In den 500-Seelen-Ort, zwölf Kilometer westlich von Puerto del Rosario, kommen nur wenige Besucher, doch wer sich für kanarische Kirchenarchitektur interessiert, sollte einen Blick auf die in einer ruhigen Nebenstraße südlich der FV-20 stehende Iglesia Santa Ana werfen. 1790 erbaut, ist sie im Gegensatz zu den meisten anderen Landkirchen nicht strahlend weiß getüncht, sondern macht durch einen aus dunklem Vulkanstein errichteten Zwillingsglockengiebel auf sich aufmerksam. Der kleine Innenraum wird von einer maurisch geprägten Mudéjar-Decke überzogen, der spätbarocke Hochalter birgt die vergoldete Statue der Heiligen Anna mit dem gekrönten Marienkind auf dem Arm. Gegenüber der Kirche steht mit dem *Monumento a la Mujer Campesina* eine weitere Arbeit von Juan Miguel Cubas, dargestellt wird eine Bäuerin nach der Kartoffelernte.

Fuerteventuras »Sixtinische Kapelle«

Noch eine Landkirche! Was die Innenausstattung angeht, gehört die Ermita San Pedro de Alcántara in La Ampuyenta zweifelsohne zu den bedeutendsten auf der Insel. Der im Volksmund oft zu hörende Vergleich mit der berühmten Sixtinischen Kapelle in Rom ist natürlich viel zu hoch gegriffen, doch die Wallfahrtskapelle überrascht mit durchaus sehenswerten Wandmalereien. Die Kapelle steht unweit der Durchgangsstraße hinter dem ehemaligen Dorfkrankenhaus. Eine maurisch inspirierte Zinnenmauer umschließt den Kirchplatz, über den ein von Flusskieseln gepflasterter Weg zu der schlichten Kapelle führt. Sie wurde Ende des 17. Jahrhunderts von dem in Betancuria ansässigen Franziskanerorden gegründet und ist nach dem spanischen Heiligen Petrus von Alcántara (1499–1562) benannt, der zunächst Rechtswissenschaft an der Universität Salamanca studierte, doch sich bald ganz in den Dienst des Glaubens stellte und mit 15 Jahren in den Franziskanerorden eintrat. Als Bußprediger wirkte er am portugiesischen Königshof, pilgerte barfuß über die Pyrenäen zum Papst nach Rom und gründete nach seiner Rückkehr in Spanien zahlreiche Reformklöster. Die Malereien (18. Jh.) an den Seitenwänden der Kapelle zeigen Stationen aus dem Leben des Heiligen, sie wurden jüngst restauriert und wirken frisch und ausdrucksstark. Einziger Pferdefuß: Wie bei vielen kleineren Landkirchen gibt es außerhalb der Messe keine geregelten Öffnungszeiten; zumindest zeigt draußen eine Infotafel, wie es innen aussieht.

Ein Hospital, das nie Patienten sah

Mit vollem Namen heißt Fuerteventuras berühmtester Arzt Tomás Antonio Mena y Mesa (1802–1860). Der nahe La Ampuyenta geborene Spross eines Großgrundbesitzers verließ seine Heimatinsel in jungen Jahren und arbeitete lange Zeit erfolgreich als Tropenmediziner in der kubanischen Hauptstadt Havanna, bis er 1848 wieder nach Fuerteventura zurückkehrte und sich in La Ampuyenta häuslich niederließ. Auch auf der Insel erwarb sich der erfahrene Arzt schnell einen guten Ruf, sodass er zum Leibarzt des mächtigsten Mannes der Insel, dem Militärkommandanten von La Oliva, berufen wurde. In seinem Testament verfügte Mena, dass mit seinem Nachlass in seinem Heimatort ein Hospital für Lungenkranke eingerichtet werden sollte. Diesem Wunsch kam man fast 30 Jahre nach dem Tod des Arztes nach und baute schräg gegenüber von seinem Wohnhaus

Oben: Schmucker Glockengiebel der Landkirche von Casillas del Ángel
Mitte: Innen beherbergt die Kirche von Casillas del Ángel eine Madonna mit Kind.
Unten: Die Ermita San Pedro de Alcántara in La Ampuyenta

ein für Fuerteventura unübliches Gebäude aus rotem Backstein. Das Baujahr 1891 steht groß über dem hölzernen Eingangsportal, doch als es darum ging, das so gut wie fertige Gebäude seiner Bestimmung zu übergeben, tauchten unerwartete Schwierigkeiten auf, bis aus Puerto del Rosario schließlich ein ablehnendes Nein kam. Man wollte dort auf das damalige Privileg der Krankenbehandlung nicht verzichten und kein konkurrierendes Hospital dulden, auch wenn dieses nur zwölf Betten hatte. Seither kann La Ampuyenta zwar mit einem architektonisch durchaus gefälligen Bau aufwarten, dessen Geschichte ist allerdings vom Leerstand geprägt und auch heute weiß niemand so recht, wie es genutzt werden soll. Immerhin eröffnete die Inselregierung im ehemaligen Wohnhaus von Mena 1999 ein Museum, das mit Mobiliar des 19. Jahrhunderts eingerichtet den Lebensstil der wohlhabenden Oberschicht jener Zeit repräsentiert. 2012 fiel es der Finanzkrise zum Opfer und ist seither geschlossen.

Oben: Hospital ohne Patienten in La Ampuyenta
Unten: Fuerteventuras berühmter Landarzt Mena

Infos und Adressen

SEHENSWÜRDIGKEITEN

Casa-Museo Dr. Mena. Calle Virgen del Rosario 9, Tel. 928 85 89 98 (aufgrund der Finanzkrise im Moment geschlossen).

ÜBERNACHTEN

Villa Masé. Die schicke Designer-Villa mit gehobenem Wohnkomfort liegt vier Kilometer südöstlich von Tetir im Weiler La Asomada. Zu den Extras gehören ein kleiner Pool, Sauna, Sat-TV, Play Station und WLAN. La Asomada, Camino de Los Naturales 10, buchbar über verschiedene Agenturen, Tel. 0049/691 70 77 65 82, www.booking.com

ESSEN UND TRINKEN

Bar La Matilla. Einfache Dorfbar mit guten Bocadillos. La Matilla (an der FV-10 zwischen Tetir und Tindaya), 8.30–23 Uhr außer Do, Tel. 928 86 52 77

Casa Fausto. Gegenüber der Kirche von Tetir wird günstige kanarische Küche im einfachen Ambiente eines Dorfgasthofes geboten. Di Ruhetag, Plaza Santo Domingo Manrique s/n, Tetir, Mi–Mo 12–19 Uhr, Tel. 928 86 51 48.

La Fabiola. Das kleine Restaurant des belgischen Küchenchefs überrascht mit kreativer Gourmetküche und guter Weinauswahl. Gediegenes Ambiente, obere Preisklasse. Es empfiehlt sich zu reservieren. Do–Sa 20.30–23 Uhr, So 13.30–15.30 Uhr, Calle Real 1, La Ampuyenta, Tel. 928 17 46 05.

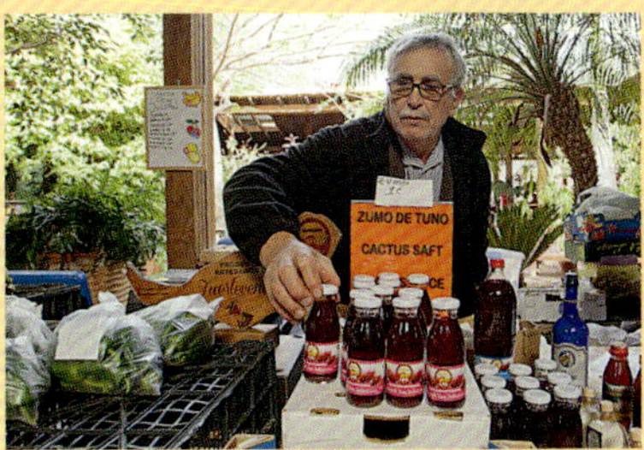

Im Geschmack etwas gewöhnungsbedürftig – Saft aus Feigenkakteen

EINKAUFEN

Mercado Artesanal Vega de Tetir. Der Kunsthandwerksmarkt, an dem auch kulinarische Spezialitäten angeboten werden, findet im März, Juni, Sept. und Dez. jeweils am 2. So im Monat auf dem Kirchplatz von Tetir von 10.30–14.30 Uhr statt. Zum Rahmenprogramm des immer viel besuchten Marktes gehören Folkloretänze, die Kleinen können Dromedar reiten oder eine Runde im Eselskarren drehen.

Ziegenkäse aus Fuerteventura hat schon so manchen internationalen Preis gewonnen.

Mitte: Der feine Sandstrand vor der Hafenmeisterei in Caleta de Fuste
Unten: Gehobener Wohnkomfort im Hotel Elba Carlota an der Playa de La Guirra

4 Caleta de Fuste
Eine Ferienstadt vom Reißbrett

Nach anfänglichen Startschwierigkeiten hat sich die Ferienstadt an der Ostküste zu einer festen Größe im Tourismusbetrieb der Insel entwickelt. Einst als billiges Familienziel bekannt, erfuhr der Ferienort mit neuen Luxushotels und zwei Golfplätzen eine spürbare Aufwertung, zumindest an der Playa de La Guirra gibt man sich neuerdings betont exklusiv. Wenn nur der Flughafen ein Stück weiter weg wäre!

Schon beim Anflug zeigt sich die Ferienstadt aus nächster Nähe. Akkurat zeichnen sich die von Zufahrtsstraßen eingefassten und mit tropischem Grün aufgelockerten Bungalow-Resorts von der umliegenden Halbwüste ab. Caleta de Fuste ist eine in den letzten drei Jahrzehnten entstandene Ferienwelt und mit Platz für mehr als 16 000 Gäste nach Jandía und Corralejo heute die drittgrößte Touristenstadt Fuerteventuras. Und ein Ende des Baubooms scheint nicht in Sicht, mittlerweile ziehen sich die Bungalow-Siedlungen bereits jen-

MAL EHRLICH

WOHNEN IN DER EINFLUGSCHNEISE

Die nur sieben Kilometer vom Flughafen entfernte Lage der Ferienstadt Caleta de Fuste lässt im wahrsten Sinne des Wortes aufhorchen. Tatsächlich liegen die meisten der rund 16 000 Gästebetten in den Hotels und Bungalow-Anlagen ziemlich dicht in der Einflugschneise – tagsüber starten und landen immerhin mehr als hundert Maschinen. Wer auf mehr Ruhe aus ist, sollte einen anderen Ort wählen. Die gute Nachricht: zwischen 22 Uhr und 7.30 Uhr herrscht striktes Nachtflugverbot.

seits der FV-2 weit ins Hinterland. Zu den überwiegend einfach gestrickten Wohnquartieren gesellten sich auch etliche luxuriöse Großhotels. Ein gewachsener Ortskern existiert nicht. Die Lücke versuchen etliche allerdings etwas lieblose Einkaufszentren zu füllen, die neben Ladenzeilen auch Restaurants und für das vornehmlich englische Publikum Pubs unter einem Dach vereinen. Die Supermärkte machen ihr Hauptgeschäft mit Getränken und Spirituosen, an Frischware wird eher ein Schmalspursortiment angeboten, da die meisten Gäste in den Hotels versorgt werden oder in einem der zahlreichen Lokale essen. Eine Ausnahme ist der Padilla-Markt im Centro Comercial Atlántico, in dem es eine gute Auswahl an Fisch und tropischen Früchten gibt und die Käsetheke mit Ziegenkäse von der Insel bestückt ist. Zu dem direkt an der FV-2 gelegenen Einkaufszentrum gehören auch ein Kino mit mehreren Sälen und eine Bowling-Bahn.

Ein Kastell zum Schutz vor Piraten

Caleta de Fuste war im 18. Jahrhundert ein wichtiger Handelshafen, von dem ein Großteil der Getreide-Ernte auf die Nachbarinseln verschifft wurde. Nach einem Angriff englischer Korsaren wurde 1742 zur Sicherung der Hafenanlagen das mit zwei Kanonen bestückte Castillo San Buenaventura errichtet. Baumeister des runden Wehrturms war der aus León stammende Militäringenieur Claudio de L'Isle, von dem auch der sich aufs Haar gleichende Wehrturm in El Cotillo (siehe S. 96) stammt. Vom Volksmund werden die Festungsbauten wegen ihrer runden Form *quesera* (Käseglocke) genannt. Heute ist der Turm in die Ferienanlage Castillo Beach integriert, deren Gäste sich unmittelbar daneben am Pool entspannen können. Doch als ein unter Denkmalschutz ge-

AUTORENTIPP!

WELLNESS-OASE

Das unter der Regie der Hotelgruppe Barceló geführte U Spa in Caleta de Fuste ist das einzige Thalassotherapie-Zentrum auf der Insel. Es liegt unweit der Playa de Castillo und hat auch für externe Gäste geöffnet, einzige Bedingung: Man muss mindestens 16 Jahre alt sein. Zu dem architektonisch interessant gestalteten Komplex gehören u.a. mit Meerwasser gefüllte Innen- und Außenbecken, eine Saunalandschaft mit Dampfbad und ein großes Wellness-Angebot, angefangen von klassischer Massage bis zu Aloe Vera und Ayurveda. Die orientalisch gestylten Behandlungsräume kommen bewusst mit wenig Licht aus, der mit einem modernen Gerätepark ausgestattete Fitnessraum dagegen ist durch die große Panoramaverglasung geradezu von Licht durchflutet.

Barceló Fuerteventura Thalasso Spa. Calle Sávila 2, Rezeption U Spa. Tgl. 10–19 Uhr, Tel. 928 16 09 61, www.barcelo.com

AUTORENTIPP!

HOTEL ELBA PALACE GOLF
Zwar hat das Fünfsternehaus durch das benachbarte Sheraton Fuerteventura Beach spürbare Konkurrenz bekommen, auch was den Zugang zum Strand angeht, liegt es lediglich in der zweiten Reihe. Angesichts des 18-Loch-Parcours des Golfclubs Fuerteventura unmittelbar vor der Haustür entscheiden sich dennoch vor allem Golfer für die im spanischen Landhausstil eingerichtete Anlage. Mit 51 Zimmern und zehn Suiten gehört das Haus eher zu den kleineren Resorts und hat fast schon familiären Charakter. Eine Golfschule fehlt ebenso wenig wie eine gut sortierte Golf-Boutique, und mit dem Club Golf Salinas liegt ein zweiter 18-Loch-Platz in Sichtweite. Das Elba Palace ist übrigens ausschließlich auf Erwachsene eingestellt.

Hotel Elba Palace Golf. Carretera de Jandía km 11, Tel. 928 16 39 22, www.hoteleselba.com

stelltes Gebäude von öffentlichem Interesse kann der historische Wehrturm auch von externen Besuchern besichtigt werden, anders als der Zwillingsturm in El Cotillo allerdings nur von außen.

Hafen für Freizeitkapitäne

Der Ausbau zum Sporthafen erfolgte 1980. Schon lange davor hatte der Schiffsanleger seine Funktion als Handelshafen an Gran Tarajal und Puerto del Rosario verloren, und die zwischenzeitlich zahlreichen kleinen Fischerboote sind mittlerweile ebenfalls so gut wie verschwunden. Das Hafenbecken ist zwar relativ klein, doch beim Gang über die Mole wird immer das eine oder andere Boot ein Blickfang sein, sei es eine schicke Motorjacht, ein Atlantiksegler oder ein auf Mittelalter getrimmtes Piratenschiff. Richtig geschäftig geht es relativ selten zu, die Terrassenlokale neben der Mole bieten sich für eine kleine Pause an, von wo man die entspannte Atmosphäre aufnehmen kann. Im Hafenbecken gestatten die Aquarien von Oceanarium Explorer einen Einblick in die Unterwasserwelt, auch können Tauchfahrten unternommen werden. Während der nicht ganz billigen Angelegenheit bekommt man unter anderem Drückerfische, Stachelrochen und Muränen zu sehen. Kids haben Gelegenheit mit einem Seelöwen zu schwimmen. Das ganze muss man allerdings nicht unbedingt mögen, man kann auch nur ein Tretboot oder Kajak ausleihen und damit auf eigene Faust die Bucht erkunden.

Strände in Caleta de Fuste

Dreh- und Angelpunkt der Ferienstadt sind von daher die Strände. Seine Existenz verdankt der Ferienort der feinsandigen Playa del Castillo, einem Strand, der mit seinem mehr als 100 Meter breiten Sandstreifen auf 800 Meter Länge die sichelförmi-

ge Bucht einrahmt. Die geschützte Lage macht ihn vor allem für Familien attraktiv. Es gibt so gut wie keine Brandung, meist zeigt sich das Meer spiegelglatt wie ein See, sodass auch Kinder unbeschwert im Wasser plantschen können. Bei Niedrigwasser macht sich allerdings der steinige Untergrund bemerkbar, es empfehlen sich dann Badeschuhe. Eine gute Adresse für Taucher ist die Tauchbasis von Deep Blue Diving (siehe Autorentipp Highlight 40, S. 211) am Jachthafen, eine Windsurfstation bietet Kurse für Einsteiger an.

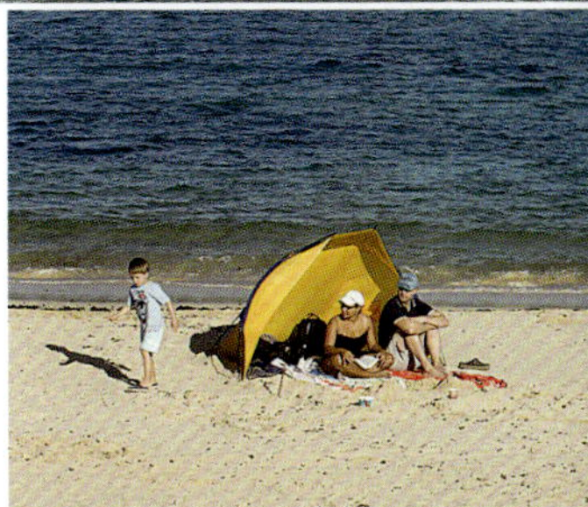

Playa de La Guirra

Südlich von der Playa del Castillo schließt sich das exklusive Viertel La Guirra an. In einem Kraftakt wurde hier die Küste touristengerecht umgestaltet und der neu geschaffene Strand mit hellem Sand aufgeschüttet und badetauglich gemacht. In das Strandareal sind eine Gruppe von restaurierten *hornos de cal* (Kalköfen) integriert. Der einstmals dort gebrannte Kalk wurde bis vor hundert Jahren auf die Nachbarinseln ausgeführt, wo er als Mörtel Verwendung fand und den Häusern ihre strahlend weiße Farbe gab. Das Industriedenkmal setzt einen Kontrast zur Silhouette der neuen Vier- und

Oben: Skippertreff im Hafen
Mitte: Caleta de Fuste ist für seine familienfreundlichen Strände bekannt.
Unten: Bis ins letzte Jahrhundert hinein wurde an der Playa de La Guirra Kalk gebrannt.

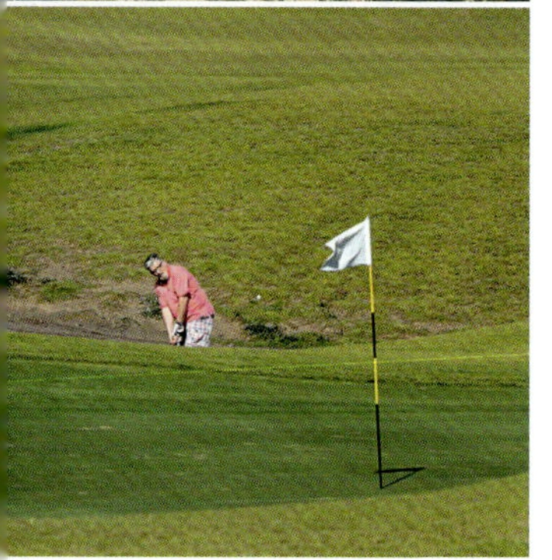

Oben: Beachbar an der Playa del Castillo
Mitte: Strandgänger in Caleta de Fuste
Unten: Caleta de Fuste kann gleich mit zwei Golfplätzen aufwarten.

Fünfsternehotels und dem schicken Einkaufskomplex des Centro Comercial Atlántico. Malerisch gibt sich eine dem Sheraton Hotel vorgelagerte künstliche Mini-Insel; die über einen Steg zugängliche Strandbar garantiert einen beschaulichen Platz zum Entspannen. Am südlichen Ende der Playa de La Guirra geht die befestigte Uferpromenade in eine als Wanderweg ausgewiesene ungeteerte Piste über. Sie führt nahe am Wasser durch einen von der Bebauung ausgesparten Küstenstrich. Nach einer Stunde wird die Strandsiedlung Salinas del Carmen erreicht, an der das Salzmuseum mit der alten Technik der Salzgewinnung bekannt macht (siehe S. 52).

Golf spielen rund ums Jahr

Jenseits der FV-2 nehmen sich die Grüns der beiden Golfplätze wie Oasen aus. Seit 2002 kann auf dem 18-Loch-Parcours des Fuerteventura Golf Club eingelocht werden. Für landschaftliche Reize sorgen die stattlichen Kanarischen Dattelpalmen. In unmittelbarer Nachbarschaft schließt sich der Golf Club Salinas de Antigua an, in den ein Teil der natürlichen Dünenlandschaft integriert wurde. Zwei Golfplätze plus der Parcours in Las Playitas machen zwar noch keinen Sommer, doch wer im Winter unterwegs ist, findet hier beste klimatische Bedingungen für seinen Lieblingssport. Auf allen Plätzen kann sich nur der mitunter auffrischende Wind als störend erweisen.

Infos und Adressen

ESSEN UND TRINKEN

Fusion 22. Indisches Lokal mit überwiegend englischen Gästen, geboten werden scharfe Curries und Tandoori-Gerichte. Tgl. 12.30–23 Uhr, Calle Juan Ramós Soto Morales 17, Tel. 928 16 36 51.

La Paella. Das spanische Nationalgericht ist nur eines der Highlights des auf mediterrane Spezialitäten ausgerichteten Hotelrestaurants des Barceló Castillo Beach Resorts. Gehobene Preise. Tgl. 13–22 Uhr, Paseo de la Playa, Tel. 928 16 31 00.

ÜBERNACHTEN

Sheraton Fuerteventura. Elegantes Luxusresort mit großzügig geschnittenen Zimmern und Duplex-Suiten. Im Spa kann man saunen, kneippen oder sich eine Lehmpackung gönnen. Carretera FV-2, km 11, Tel. 928 49 51 00, www.starwoodhotels.com

EINKAUFEN

Centro Comercial Atlántico. Modernes Einkaufszentrum mit über 40 Geschäften, Lokalen und einem Kinokomplex. Geschäfte Mo–Sa 9.30–22 Uhr, So und fei 11–22 Uhr, Restaurants jeweils bis 1 Uhr, Supermarkt Spar tgl. 9–21.30 Uhr, FV-2, km 11, www.ccatlanticofuerteventura.com

AKTIVITÄTEN

Fuerteventura Golf Club. 18-Loch-Parcours mit Par 70 und Golfschule. Carretera FV-2, km 11, Tel. 928 16 00 34, www.fuerteventuragolfclub.com

Golf Club Salinas de Antigua. Carretera FV-2, km 12, Tel. 928 87 94 44, www.salinasgolf.com

Oceanarium Explorer. Tauchfahrten im U-Boot tgl. 4-mal, Puerto del Castillo, Tel. 928 16 35 14.

AUSGEHEN

Gran Casino Antigua. In dem 2012 eröffneten Kasino spielt man Poker, Roulette und Black Jack, natürlich gibt es auch Automaten. Hotel Elba Carlota, tgl. 21–5 Uhr, Tel. 928 54 77 46, www.casinofuerteventura.es

INFORMATION

Oficina de Turismo. Calle Juan Ramón Soto Morales 10, Mo–Fr 9–18 Uhr, Sa/So 9.30–13.30 Uhr, Tel. 928 16 86 11, www.caletadefuste.es

Das Einkaufszentrum Atlántico führt fast alles unter einem Dach.

5 Salinas del Carmen
Ausflugsziel mit Salzmuseum

Der winzige Fischerort südlich von Caleta de Fuste setzt einen verträumten Gegenpol zu der umtriebigen Ferienstadt, obschon auch hier in den letzten Jahren etliche neue touristisch genutzte Ferienvillen entstanden. Anlaufpunkt ist neben einem beliebten Fischlokal vor allem das auf dem Gelände einer alten Saline entstandene Salzmuseum, zu einer Art Wahrzeichen fungierte ein davor aufgestelltes Walskelett.

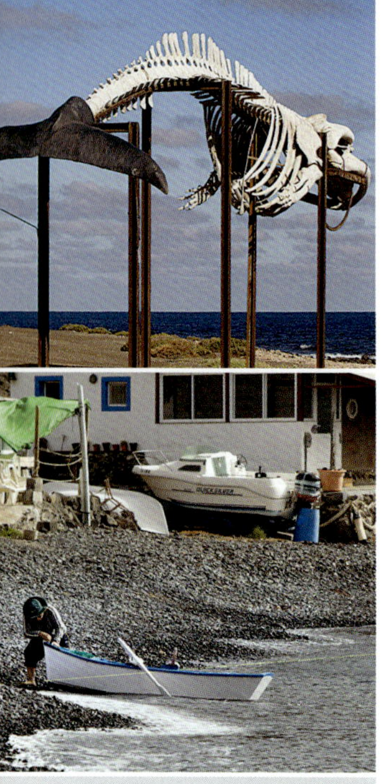

Mitte: Mahnend – das Walskelett von Salinas del Carmen
Unten: Ungeschminktes Fischeridyll an Kieselstrand

Schon von der Straße aus bietet sich ein fotogenes Bild: Mehr als hundert im Schachbrettmuster angeordnete Verdunstungsbecken füllen eine flache Küstenterrasse aus, neben den Becken warten aufgeschichtete Salzpyramiden darauf, verarbeitet zu werden. Die Anfänge der einzigen Saline Fuerteventuras gehen ins 18. Jahrhundert zurück, als ein Großgrundbesitzer einfache Verdunstungsbecken anlegen ließ, um die Fischer mit Salz zu versorgen, die damit vornehmlich ihre Sardinen konservierten. Das heutige Gesicht erhielt die Saline um 1910, fortan wurde in großem Stil für die fünf Fischfabriken auf der Insel Salz gefördert. Als die letzte davon 1988 dicht machte, war es mangels Nachfrage auch um die Saline geschehen. Grund für den Niedergang waren neben moderner Kühltechnik auch die veränderten Konsumgewohnheiten – Fisch wird heute vornehmlich frisch zubereitet verzehrt. 1995 kaufte die Inselregierung das vom Verfall bedrohte Areal auf, erklärte es zum Industriedenkmal und machte es mit EU-Mitteln nach umfangreichen Restaurierungsarbeiten samt neu errichtetem Ausstellungskomplex der Öffentlichkeit als Freilichtmuseum zugänglich.

Ein Museum erzählt

Die permanente Ausstellung macht mit verschiedenen Themen rund ums Salz bekannt, neben der Geschichte des weißen Goldes, seiner Bedeutung für die menschliche Ernährung und diversen medizinischen Anwendungen wird auch über das Ökosystem in den Salinen und die Salzindustrie auf den Nachbarinseln informiert. Die Schautafeln sind zwar alle in Spanisch, doch an der Kasse bekommt man eine informative Infomappe in deutscher Übersetzung in die Hand gedrückt. Ein Videofilm zeigt Schritt für Schritt die verschiedenen Stufen der Salzgewinnung auf. Das Meerwasser wird zunächst in großen flachen Becken der Sonnenwärme ausgesetzt und dann in die kleineren Verdunstungsbecken geleitet. Sobald sich die ersten Salzkristalle bilden, werden diese von den Arbeitern manuell mit einem Rechen herausgefiltert. Das Salz braucht dann lediglich noch gereinigt und nach gewünschtem Feinheitsgrad gemahlen zu werden. Immerhin werden heute pro Jahr wieder rund 50 Tonnen Meersalz hergestellt, es wird bislang ausschließlich auf der Insel vertrieben. Produziert wird vor allem in den Sommermonaten, wenn die Sonneneinstrahlung am intensivsten ist.

Noch interessanter als die Ausstellung selbst sind die Außenanlagen. Auf schmalen Wegen kann man zwischen den Becken umherspazieren und mitunter Arbeitern bei der »Salzernte« zuschauen. Unübersehbares Wahrzeichen der Saline ist das 19 Meter lange Skelett eines im Jahr 2000 vor Fuerteventura gestrandeten Finnwals. Der Meeressäuger brachte ein Gewicht von 30 Tonnen auf die Waage, das Skelett wiegt immerhin noch 3000 Kilo. Mit etwas Glück können auf dem Gelände Wasservögel beobachtet werden. Ornithologen haben mehr als 50 verschiedene Arten

AUTORENTIPP!

FISCHLOKAL MIT AUSSICHT

In dem Ausflugslokal ein paar Schritte über dem kleinen Kieselstrand von Salinas del Carmen herrscht vor allem am Wochenende viel Betrieb, die Einheimischen wissen das große Angebot an frischem Fisch und allerlei Meeresfrüchten zu schätzen. Immer eine gute Wahl ist die auf der heißen Platte gegarte Dorade, doch auch das spanische Nationalgericht, die Paella, kann sich hier sehen lassen. Für den kleinen Hunger bieten sich Garnelen in Knoblauchsauce, eine Portion Fischkroketten oder andere Tapas an. Wochentags ist es dagegen relativ ruhig, man sitzt auf der Terrasse und schaut auf Strand und Wasser.

Restaurante Los Caracolitos.
Do–Di 12–22.30 Uhr, Playa de las Salinas, Tel. 928 17 42 42.

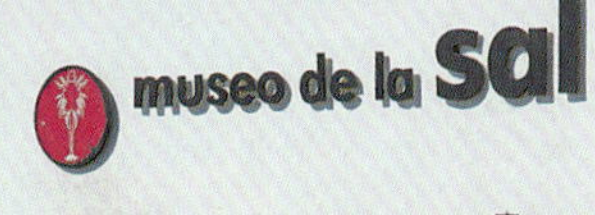

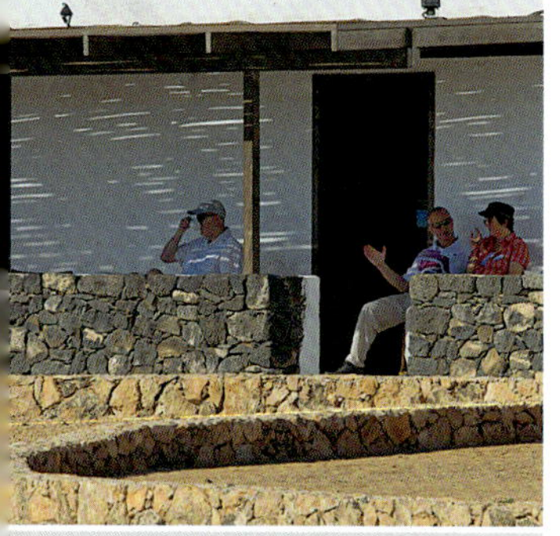

Oben: Meersalzproduktion vor dem Salzmuseum
Unten: Nach dem Rundgang durch die Salzgärten kann man sich in der Cafeteria etwas Süßes gönnen.

gelistet, darunter auch den seltenen Mittelmeer-Raubwürger. Bevorzugtes Futter der Seevögel sind kleine Salinenkrebse, die den hohen Salzgehalt in den Verdunstungsbecken gut abkönnen.

Puerto de la Torre

Am Meer entlang erreicht man von Las Salinas aus auf einer auch im normalen Pkw befahrbaren Erdstraße den Puerto de la Torre an der von Palmen bestandenen Mündung des Barranco de la Torre. Einen Bootsanleger, geschweige denn eine Mole sucht man hier vergebens, doch von dem Naturhafen wurde einst Kalk auf die Nachbarinseln verschifft, wovon noch halb verfallene Lagerkontore und die Ruine eines Kalkofens zeugen. Wie einige Betonbunker belegen, hatte die Bucht im Zweiten Weltkrieg auch eine strategische Bedeutung. Die Bunker dienten als Vorsorge gegen eine eventuelle Landung der Alliierten. Wanderer und Mountainbiker können von Puerto de la Torre der im weiteren Verlauf ziemlich ruppigen Piste bis Pozo Negro folgen.

Infos und Adressen

SEHENSWÜRDIGKEITEN

Museo de la Sal. Die 1910 erbaute Salzgewinnungsanlage und das Museo de la Sal bilden einen Komplex. Zu dem Museumsbereich gehört auch eine kleine Cafeteria mit aussichtsreicher Außenterrasse. Di–Sa 10–18 Uhr, Eintritt 5 €, gelegen an der FV-2 Richtung Süden kurz nach dem Golfplatz Salinas de Antigua und dem Ferienort Caleta de Fuste, Salinas de Antigua, s/n, 35610 Antigua, Tel. 928 17 49 26, www.fuerteinfo.net (auf Deutsch).

Puerto de la Torre. Die Ruinen der alten Lagerhäuser und des Kalkofens sind jederzeit frei zugänglich.

EINKAUFEN

Museumsladen. Im Museumsshop des Salzmuseums gibt es natürlich Salz zu kaufen. Neben dem gewöhnlichen Meersalz wird als Spezialität mit Safran oder getrockneten Steinpilzen verfeinertes sogenanntes *sal de espuma* (Meerschaumsalz) angeboten. Für dessen Herstellung werden bei der Verdunstung des Wassers die obersten Salzkristalle abgeschöpft; sie zeichnen sich durch einen besonders hohen Kaliumgehalt aus, weswegen es die Gourmetküche inzwischen für sich entdeckt hat. Di–Sa 10–18 Uhr, Salinas de Antigua, s/n, 35610 Antigua, Tel. 928 17 49 26, www.visitafuerteventura.com

Der Weg zur Barranco de la Torre

AKTIVITÄTEN

Barranco de la Torre. Von Puerto de la Torre führt ein bequem begehbarer Weg ein Stück in den Barranco (dt. Schlucht) hinein. In dem bald von steil aufragenden Felswänden eingefassten trockenen Flussbett sorgen Palmen und Tamarisken für reichlich Grün.

ANFAHRT

Bus. Mit Buslinie 3 halbstündlich ab Puerto del Rosaria über Caleta de Fuste nach Salinas del Carmen. Autofahrer biegen von der FV-2 etwa 3 km südlich von Caleta de Fuste in eine ausgeschilderte Stichstraße nach Salinas del Carmen ab.

Das Salzmuseum erzählt, wie Meerwasser zu Salz wird.

6 Gran Tarajal

Hafenstädtchen ab vom touristischen Rummel

Gran Tarajal steht für eine typisch kanarische Kleinstadt, die sich in den letzten Jahren kaum verändert hat. Trotz des langen Sandstrandes hat der Tourismus bislang nur wenig sichtbare Spuren hinterlassen, die rund 7400 Einheimischen sind weitgehend unter sich. Ausflügler wissen neben dem kleinstädtischen Flair die breite Promenade zu schätzen, an der man von einem der Terrassenlokale die beschauliche Atmosphäre genießen kann.

Nicht immer ging es in Gran Tarajal so ruhig wie heute zu. Der erst in der Mitte des 19. Jahrhunderts von einigen Fischerfamilien am dunkelsandigen Strand einer geschützten Bucht gegründete Ort erlebte dank seines Hafens bald einen beachtlichen wirtschaftlichen Aufschwung. Bis noch vor wenigen Jahrzehnten wurden die im Hinterland in den Gemeinden Tuineje und Antigua angebauten Tomaten fast ausschließlich über Gran Tarajal verschifft. Heute ist der Tomatenanbau praktisch be-

Mitte: Auf der Uferpromenade von Gran Tarajal läuft immer was.
Unten: Der Hafen von Gran Tarajal versucht sich neuerdings als Kreuzfahrerdestination zu profilieren.

MAL EHRLICH

HEISSER SAND

Neben den goldgelben Dünenstränden gibt es auf Fuerteventura auch etliche fast schwarze Naturstrände, die auf das vulkanische Erbe verweisen. Schwarz heizt bekanntermaßen schnell auf, selbst die Wintersonne Fuerteventuras hat genügend Kraft, um den Sand so heiß werden zu lassen, dass man barfuß fast wie auf glühenden Kohlen geht. Abhilfe schaffen ein Paar Flipflops – oder man zieht gleich einen der vielen hellsandigen Strände vor.

deutungslos. Was noch geerntet wird, bleibt auf der Insel und das noch in den 1980er-Jahren ausgebaute Hafenbecken fühlt sich heute ein bis zwei Nummern zu groß geraten an. Auch die bescheidene Fischereiflotte verbreitet keine große Hektik, und direkte Fährverbindungen nach Gran Canaria hinüber gibt es schon seit Jahrzehnten nicht mehr. Doch wer die mitunter in eine gespenstische Ruhe versunkenen Landstädtchen im Bergland der Insel kennt, wird Gran Tarajal zumindest während der Geschäftszeiten als umtriebige Kleinstadt empfinden, in der ein Stück unverfälschte kanarische Lebensart zu Hause ist. Für den Süden der Insel ist die Stadt ein nicht unbedeutendes Dienstleistungszentrum, und dies obwohl es kein Rathaus hat, sondern verwaltungsmäßig zu Tuineje gehört. Auch mit dem Hafen soll es wieder aufwärts gehen: 2013 machte an der Mole von Gran Tarajal das erste Kreuzfahrtschiff fest.

Bescheidenes Stadtbild

Der Name der Stadt leitet sich von *tarajal* ab, einer auf den Kanaren endemischen Tamariskenart, die auf der Insel häufig in Küstennähe anzutreffen ist. Was jedoch bei der Anfahrt auf der von der FV-2 abzweigenden Stichstraße sofort ins Auge fällt, ist der große Bestand an Kanarischen Dattelpalmen. Angesichts des sinkenden Grundwasserspiegels haben manche davon einen schweren Stand, ohne künstliche Bewässerung wären sie nicht überlebensfähig. Das Ortsbild wird im Wesentlichen von zwei parallel verlaufenden Straßenzügen mit etlichen kleinen Geschäften bestimmt. An der um 1900 erbauten Pfarrkirche San Diego de Alcalá merkt man, dass die Stadt noch nicht so alt ist. Großzügiger Stifter war ein in Kuba zu Geld gekommener Emigrant namens Matías López, der im Alter wieder in seine Heimatstadt zurückkehrte und auch in den Ausbau

AUTORENTIPP!

PIKANTER MOJO

Jedes Lokal auf der Insel, das etwas auf sich hält, hat seinen eigenen Mojo. Zum Atlantikfisch stellt der Kellner meist obligatorisch zwei kleine Saucenschälchen auf den Tisch: im einen *mojo verde* (grüner Mojo), im anderen *mojo rojo* (roter Mojo). Für die grüne Variante bilden im Mörser zerstoßene grüne Paprikaschoten, Essig, Öl und Koriandergrün die Basis, rotes Mojo kommt mit roten Schoten und mit etwas Chili verschärft daher, immer sind auch einige Knoblauchzehen mit von der Partie. Man träufelt den Dip einfach über Fisch oder Fleisch, die ebenfalls obligatorischen Kartoffeln werden darin gestippt. Fertig-Mojos gibt es natürlich auch, wer Geschmack daran gefunden hat, wird in jedem Supermarkt fündig, in letzter Minute auch im Flughafenshop.

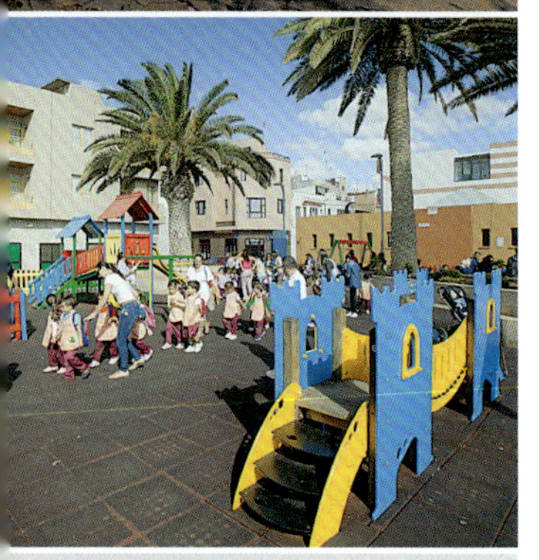

Oben: Dunkler Sand am Stadtstrand von Gran Tarajal
Mitte: Wandfüllende Gemälde hübschen das Stadtbild auf.
Unten: In den Sand gesetzt - Gran Tarajals Spielplatz

des Hafens investierte – die Stadtväter dankten es ihm mit der Namensgebung einer der beiden Geschäftsstraßen. Der kleine Stadtpark gegenüber der Kirche nimmt sich mit seinen hohen Fächerpalmen und Indischen Lorbeerbäumen als kleine, aber feine grüne Oase aus, die zudem von einem originellen Seepferdchen-Brunnen geschmückt wird. An Brandmauern frischen rund 30 großflächige *murales* (Wandmalereien) das Ortsbild auf, sie entstanden 2012 im Rahmen eines Kunstwettbewerbs. Vorgegebenes Thema war das Meer, einige der Bilder sind ausgesprochen witzig.

Uferpromenade und Playa

Gran Tarajals Vorzeigestück ist die Promenade Avenida Paco Hierro entlang des Strandes. Sie ist Fußgängern vorbehalten, auch Einheimische genießen ihre *vuelta* und entspannen in einem der Terrassenlokale. Da es keine größeren Hotels in der näheren Umgebung gibt, gehört der Strand vornehmlich den *Majoreros*. Diese kommen an Sonn- und Feiertagen im Sommer, wenn die Wassertemperaturen für Canarios akzeptabel sind. Im Winter hat man unter der Woche von daher viel Platz, immerhin ist der Stadtstrand einen halben Kilometer lang und auch für ein Beachvolleyballfeld breit genug, und mit einem Spielplatz wurde auch an die Kleinen gedacht. Dass der feine Sand nicht ganz so hell wie auf der Halbinsel Jandía oder in Corralejo ausfällt, tut nichts zur Sache.

Infos und Adressen

ÜBERNACHTEN

Hostal Tamonante. Ein Stern verspricht wenig Komfort, dafür kosten die schlicht möblierten und mit Kühlschrank ausgestatteten Balkonzimmer auch nicht die Welt. Die Pension ist vor allem bei Backpackern beliebt und liegt zentral nur 100 m vom Strand entfernt. Calle Juan Carlos I., Tel. 928 16 24 72, www.tamonantefuerteventura.com

ESSEN UND TRINKEN

Cofradía de Pescadores. Sofern es auf Fuerteventura noch Geheimtipps geben sollte, gehört dieses schlichte Hafenlokal der örtlichen Fischergenossenschaft dazu, das trotz der etwas abgeschiedenen Lage ganz gut über die Runden kommt. Die Auswahl an frischem Fisch ist groß und die Gerichte sind nicht teuer. Mo–Fr 8.30–15 Uhr, Muelle Gran Tarajal s/n, Tel. 928 16 20 74.

Da Nonna. Kanarisches vermischt sich mit einem kräftigen Schuss Italien, die Einheimischen schätzen vor allem das große Pasta-Angebot. Avenida Paco Hierro 6, Do–Di 12–24 Uhr, Tel. 928 16 23 39.

Frischer geht's nicht – Fischverkauf direkt von der Fischerkooperative.

Im zugehörigen Lokal kann der Fang gleich an Ort und Stelle verkostet werden.

El Balandro. Der Spezialist für kanarische Küche hat auch Tapas und Tortillas im Angebot. Tgl. 13–23 Uhr, Avenida Paco Hierro 8, Tel. 928 16 23 59.

Panna & Pomodoro. Ebenfalls an der Strandpromenade gibt es Pizza, die fast so gut schmeckt wie in Italien, und auch die Eiscreme aus eigener Herstellung ist lecker, hier kann auch die auf den Kanaren populäre Gofio-Eiscreme probiert werden. Mo, Di, Do, Fr 11.30–16.30 und 18.30–24.30 Uhr, Avenida Paco Hierro 1, Tel. 928 87 10 57, www.panna-pomodoro.com

INFORMATION

Oficina de Turismo. C/Nicaragua s/n, CP 35620, Gran Tarajal, Tel. 928 16 27 23, www.ayuntamientotuineje.com

Punto de Información. Avda. Paco Hierro s/n, CP 35620, Gran Tarajal, Mo–Fr 9–15 Uhr, Sa 10–13 Uhr, Tel. 696 97 42 72.

7 Las Playitas

Ein Platz für Romantiker

Der in eine weit geschwungene Bucht an der Ostküste platzierte kleine Fischerort kommt der Vorstellung eines Bilderbuchdorfes ziemlich nahe. Pittoresk stapeln sich strahlend weiß getünchte Häuserwürfel den Hang hinauf, himmelblau gestrichene Türen, Kübelpflanzen und rankende subtropische Ziergewächse schaffen rundum ein Idyll. Selbst das neue Megahotel am Ortsrand konnte dem Dorf nichts von seinem Charme und der heimeligen Atmosphäre nehmen.

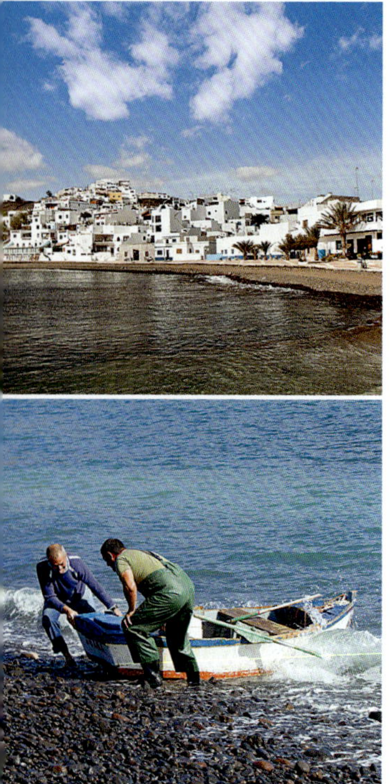

Mitte: Ortsansicht von der Mole aus
Unten: Noch immer fahren die Fischer in kleinen Booten aufs Meer, rentabel ist das allerdings nicht unbedingt.

Las Playitas ist einfach nur schön! Dem Tourismus blieb das hübsche Dorf zwar nicht verborgen, etliche der alten Fischerkaten wurden als Zweitwohnsitz wohlhabender Canarios hergerichtet und natürlich bummeln Tagesausflügler auf der Suche nach dem authentischen Fuerteventura durch die schmalen Treppengassen. Auf der Promenade halten zwei alteingesessene Terrassenlokale die Stellung, von wo man die Angler auf der Mole im Blick hat. Nachmittags laufen dann die kleinen Fischerboote in den Naturhafen ein, allzu oft fällt der Fang allerdings nicht besonders üppig aus. Den steinigen Strand unterhalb der Promenade muss man nicht unbedingt mögen, besser ist es zum gepflegten Strand des Sporthotels auszuweichen.

Sporthotel Playitas

»Free your mind« heißt der Slogan vom Playitas Grand Resort, einem großzügigen Hotelkomplex an der Zufahrtsstraße nach Las Playitas, der gleich nach der Eröffnung 2005 zum führenden Sporthotel der Insel avancierte. Profis und Olympiasieger fühlen sich hier genauso gut aufgehoben wie Freizeitsportler. Das Olympia-Schwimmbecken mit seinen acht Bahnen wird von Schwimmern aus ganz Europa genutzt. Vor allem natürlich im Winter, wenn zu Hause nur Hallensport möglich ist, weiß man das Außenbecken mit der ganzjährig konstanten Wassertemperatur von 25 Grad zu schätzen. Golfer finden einen18-Loch-Parcours vor, für Einsteiger in den weißen Sport gibt es eine Golf- und Tennisschule, und auch Segler, Surfer und Kitesurfer können Kurse buchen. Das Fitness-Center ist nicht nur ein Kraftraum, auf einer Fläche von 700 Quadratmetern gibt es Rudermaschinen, Laufbänder und diverse Nautilus-Geräte. Praktisch alle Gäste sind mehr oder weniger auf irgendeine Art und Weise in Bewegung, man joggt, radelt, taucht und misst sich im Wettkampf miteinander. So ist das Resort Veranstaltungsort des im April abgehaltenen *Challenge Fuerteventura*, bei dem 300 Triathleten aus ganz Europa zusammenkommen, den Gewinnern winkt dabei ein Preisgeld von immerhin einigen tausend Euro. Und wer von dem ganzen Fitness-Rummel nicht viel wissen will, macht einfach Ferien, entspannt sich am Pool, der künstlich aufgeschütteten Playa de Las Playitas oder in der großzügigen Spa-Landschaft.

Fuerteventuras schönster Leuchtturm

Vor Las Playitas zweigt ein wirklich enges Sträßchen ab, das nach knapp sieben abenteuerlichen Kilometern zur Punta de la Entallada hinaufführt. Dort weist 160 Meter über dem tintenblauen Atlantik seit 1954 der Faro de la Entallada Schiffen den Weg. Er steht so exponiert auf der Abbruchkante, dass es lediglich eines elf Meter hohen Turms bedurfte. Von den fünf Leuchttürmen der

AUTORENTIPP!

DIE WASSERSPORT-SPEZIALISTEN

Das erfahrene Team von Cat Company deckt fast alle sportlichen Aktivitäten über Wasser ab. 1999 als Katamaranschule in Tarajalejo begonnen, liegt die neue Basis in der Bucht von Las Playitas, in der Segeln, Wind- und Kitesurfen sowie Kajakfahren angeboten werden. Natürlich braucht man seine eigene Ausrüstung nicht unbedingt mitschleppen, neben Surfboards und Neoprenanzügen können auch Bretter für das trendige Stehpaddeln ausgeliehen werden. Die relativ geschützte Bucht von Las Playitas erlaubt auch Programme für Kinder. Sehr beliebt sind Segelkurse in der Optimisten-Jolle, dabei werden Wendemanöver geübt, bis es klappt. Auch lernt man, wie einer richtiger Seemannsknoten gemacht wird.

Cat Company. Las Playitas (Playitas Resort), Tel. 616 61 93 13, www.catcompany.eu

Insel ist er architektonisch ganz sicher der originellste und schönste. Eine Glaskuppel schließt den quadratischen Turm ab, zwei symmetrisch angeordnete Gebäude stehen ihm zur Seite und besonders schön: schwarze Basaltsteine werden dekorativ von weißem Putz gerahmt. Die Kanten und Fensterrahmen sind von behauenem Porphyr eingefasst, einem bei Tetir gebrochenem Vulkanstein, der mit seiner purpurroten Farbe für das gewisse Etwas sorgt und aus dem Ensemble ein Gesamtkunstwerk macht. Öffentlich begehbar ist der Turm zwar nicht, doch ein von einem Geländer eingefasster Aussichtspunkt erlaubt eine fulminante Aussicht über die als *monumento natural* ausgewiesene schroff abfallende Ostküste. Aus botanischer Sicht fallen große Bestände von wildem Baumtabak auf, der es hier auf Wuchshöhen von bis zu sechs Metern bringt und mit seinen gelben Röhrenblüten in der ansonsten artenarmen Vegetation Akzente setzt. Im Unterschied zum echten Tabak enthalten seine kleinen Blätter nur wenig Nikotin.

Oben: Las Playitas begrüßt seine Gäste mit einer urigen Ortseinfahrt. **Unten:** Fein herausgeputzt – der Leuchtturm an der Punta de la Entallada

Infos und Adressen

SEHENSWÜRDIGKEITEN

Faro de la Entallada. Bis auf Weiteres nur von außen zu besichtigen, die Eröffnung ist noch ungewiss, www.viajesafuerteventura.com

ÜBERNACHTEN

Playitas Grand Resort. Der große Komplex vereint verschiedene Unterbringungsmöglichkeiten unter einem Dach, angefangen vom familienfreundlichen Aparthotel mit kleiner Küchenzeile bis zu luxuriösen Villen mit privatem Pool. Alle Ferienquartiere können je nach Wunsch mit Frühstück oder Halbpension gebucht werden, Apartments und Villas sind auch für Selbstversorger geeignet. Tel. 928 86 04 00, www.playitas.info

ESSEN UND TRINKEN

Da Luigi. Die italienische Trattoria an der Plaza Rambla im Playitas Resort wird auch von externen Gästen besucht. Wem mehr der Sinn nach Tapas steht, ist gleich nebenan gut im La Bodega aufgehoben. Tgl. 13–22 Uhr, Tel. 928 86 04 00.

La Bodega. Wer auf regionale Küche steht und beim Abendessen den Meerblick genießen will, kann sich hier satt sehen und essen. Fr–Di 18.30–22 Uhr, Plaza Rambla Las Playitas, Tel. 928 86 04 00.

Das Playitas Grand Resort ist eine Adresse für Golfer.

La Rampa del Tío Enrique. Am Wochenende immer gut besuchtes Seafood-Lokal an der Promenade, die Renner sind *vieja a la plancha* (Papageifisch von der heißen Platte) und der gehaltvolle *caldo de pescado* (Fischeintopf). Mi–Mo 12.30–23 Uhr, Avenida Miramar 1, Tel. 928 34 40 04.

AKTIVITÄTEN

Playitas Golf. Der 18-Loch-Parcours des Playitas Grand Resort zieht sich über eine natürliche Hügellandschaft und erlaubt von fast jedem Loch den Blick auf den Atlantik. In der zugehörigen Golfakademie können Kurse gebucht werden, zum Üben stehen eine doppelseitige Driving Range und Pitching Greens zur Verfügung. Tel. 928 86 04 00, www.playitas.info/de/golf

Schattige Kaffeeterrasse im Sporthotel

8 Tarajalejo

Durchgangsstation auf dem Weg nach Jandía

Sofern man in Tarajalejo große Sehenswürdigkeiten erwartet, ist man dort falsch. Die Siedlung an der Ostküste steht vielmehr für ein Stück ganz gewöhnliches Fuerteventura, in dem der Tourismus trotz eines akzeptablen Strandes bislang nicht richtig Fuß fassen konnte. Einziges Vorzeigestück ist die neue Meerespromenade über dem akzeptablen Sandstrand.

Mitte: Sichelförmig – die schwarzsandige Bucht von Giniginámar
Unten: Briefträger Juanito

An der FV-2 von Puerto del Rosario in Richtung Süden ist Tarajalejo die letzte große Siedlung vor der Landenge La Pared, nach der die Halbinsel Jandía beginnt. Der Ort war ursprünglich eine Fischersiedlung, von der im alten, doch relativ schmucklosen Ortskern noch ein paar schlichte Häuserzeilen geblieben sind. Heute ist Tarajalejo in erster Linie eine Schlafstadt für Pendler, die vornehmlich in den Ferienstädten Costa Calma und Jandía arbeiten und in einer etwas nüchtern geratenen Neubausiedlung im Hinterland der Küste wohnen. In Tarajalejo selbst spielt der Tourismus bis auf ein aufgehübschtes Großhotel und ein paar kleine Reihenapartments eine untergeordnete Rolle. Als Glücksgriff erwies sich der Rückbau der ehemaligen am Meer entlang führenden Durchgangsstraße; anstelle dessen gibt es nun eine fast anderthalb Kilometer lange von Palmen gesäumte Strandpromenade. Der dunkle Sandstrand ist selbst in der Hochsaison nur wenig besucht.

Kleine Kunstoase

Bis auf ein bisschen Kunst hat Tarajalejo keine großen Attraktionen zu bieten. An der neuen Um-

Die einfachen Fischlokalen von Tarajalejo

gehungsstraße ehrt auf einem Verkehrskreisel nahe der Tankstelle eine überlebensgroße Bronzeskulptur den Briefträger *Juanito el cartero* alias Juanito Hernández, der von 1946 bis 1980 für die Postzustellung im Inselsüden zuständig war. Eine schöne Geste, die zeigt, dass man das Lebenswerk der kleinen Leute zu würdigen weiß. Das 2008 aufgestellte Kunstwerk ist eine Arbeit des grancanarischen Bildhauers Silvero López, von dem auch in Puerto del Rosario etliche Werke aufgestellt sind. Tarajalejo ist zudem die Wahlheimat des deutschen Künstlers Klaus Berends, der mit seinen Installationen zu dem 1994 vor der Westküste Fuerteventuras gestrandeten Luxusliners American Star bekannt wurde.

Der Küstentrail nach Giniginámar

Wanderer können sich ab der Strandpromenade von Tarajalejo auf den Weg zur Playa de Giniginámar machen. Ein schmaler Pfad führt durch eine unverbrauchte Küstenlandschaft. Man kommt an menschenleeren Kieselbuchten vorbei, überquert ins Meer mündende *Barrancos* (Schluchten), steigt zu aussichtsreichen Kaps auf und kann sich im Fischlokal Olas del Sur in Giniginámar stärken. Der Küstentrail ist allerdings kein Spaziergang, Wanderschuhe und Trittsicherheit sind ein Muss, und neben Sonnenschutz sollte man auch ausreichend Trinkwasser dabei haben; insgesamt ist man vier Stunden unterwegs.

Infos und Adressen

ÜBERNACHTEN

Bahía Design Hotel. Nicht ganz überzeugendes All-inclusive-Hotel, jedoch schön gelegen direkt an der Strandpromenade; nur für Erwachsene. Avenida de las Palmeras s/n, Tel. 928 54 60 54, www.r2hotels.com

ESSEN UND TRINKEN

La Barraca. Einfaches kleines kanarisches Lokal mit noch kleinerer Terrasse direkt über dem Wasser. Mi–Mo 12–16 und 18–22 Uhr, Calle Isidro Diaz 14, Tel. 928 16 13 16.

Olas del Sur. Fischlokal am östlichen Strandende von Giniginámar. Di–So 12–24 Uhr, Calle del Carmen 5, Tel. 928 34 49 73.

Piscolabris Adeyu. Die Terrasse am Beginn der Strandpromenade ist wohl der Hauptgrund hierherzukommen; die Küche ist mit Tortillas und Bocadillos vornehmlich auf das schnelle Essen ausgerichtet. Di–So 8–23 Uhr, Calle Isidro Díaz s/n, Tel. 928 10 10 85.

EINKAUFEN

Brezelbieger. Schon der Name weist auf deutsche Wurzeln hin, neben Laugengebäck und Vollkornbrot gibt es eine Auswahl an deutschen Lebensmitteln. Tgl. 9–13:30 und 17–20 Uhr, Plaza, Tarajalejo, www.brezelbieger.es

9 Pozo Negro

Zum Schwarzen Brunnen am Lavastrand

Die urigen Fischlokale am Kieselstrand von Pozo Negro stehen von der internationalen Beflaggung einmal ausgenommen für ein Stück authentisches Fuerteventura, wie es vor dem Tourismusboom überall an der Ostküste aussah. Und zu entdecken gibt es auch etwas: Am Rande eines aus dem Malpaís Grande kommenden Lavastroms liegt eine rekonstruierte vorspanische Siedlung – sie gilt als das bedeutendste Zeugnis altkanarischer Kultur auf der Insel.

Rein zufällig kommt niemand nach Pozo Negro. Die FV-2, Fuerteventuras zentrale Nord-Süd-Achse, schwenkt südlich der Ferienstadt Caleta de Fuste inseleinwärts, um in einem weiten Bogen eine bis zu 400 Meter aufragende Bergkette zu umschlängeln. In Höhe der Granja Experimental zweigt eine fünf Kilometer lange Stichstraße zur

Mitte: Die weißen Häuserkuben von Pozo Negro – überhaupt nicht touristisch
Unten: Praktisch der ganze Fang landet in den beiden Fischlokalen am Strand.

MAL EHRLICH

AFRIKA LÄSST GRÜSSEN

Die Kanarischen Inseln rühmen sich gerne das beste Klima der Welt zu haben. An den meisten Tagen im Jahr mag das zutreffen, nicht jedoch, wenn die Wetterlage von einem vom afrikanischen Kontinent kommenden Ostwind (Kalima) geprägt wird, der reichlich staubfeinen Sand mit sich führt und die Temperatur stark ansteigen lässt. An manchen Tagen ist dadurch die Sicht auf Fuerteventura so stark eingeschränkt, dass der Flugverkehr beeinträchtigt wird. Nach spätestens vier bis fünf Tagen ist der Spuk dann wieder vorbei.

Ostküste ab. Die Gebäude und Felder der staatlichen Versuchsfarm liegen etwas versetzt zur Straße und sind durch einen Zaun vor weidenden Ziegen geschützt. In dem landwirtschaftlichen Gut beschäftigt man sich mit Wiederaufforstungsprogrammen und Nutzpflanzensorten, die sich besonders für das trockene Inselklima eignen. So wurde beispielsweise jüngst der viel versprechende Anbau von Olivenbäumen vorangetrieben. Etwa 50 Bauern haben sich dem Projekt angeschlossen und können ihre Ernte kostenlos in der Ölmühle der Versuchsfarm verarbeiten lassen. Derzeit werden pro Jahr etwa 10 000 Liter Olivenöl gewonnen, verglichen mit den auf dem spanischen Festland produzierten Millionen von Litern sicherlich nur ein Klacks, doch für Fuerteventura ein wichtiger Beitrag die ohnehin nicht gerade vielfältige landwirtschaftliche Produktpalette auszuweiten. Umsehen kann man sich auf der Muster-Finca jeweils im April während der Landwirtschaftsmesse FEAGA, wobei natürlich auch das Inselöl verkostet werden darf (siehe Autorentipp).

Altkanarische Spurensuche

Auf halbem Weg zum Meer erreicht man über eine Piste die vorspanische Siedlung La Atalayita. Was um alles in der Welt mag die kanarischen Ureinwohner dazu bewogen haben, gerade hier am Rande von einem rauen Lavafeld Wurzeln zu schlagen? Archäologen gehen davon aus, dass es sich dabei um ein Hirtendorf gehandelt hat. Wann die Siedlung genau bewohnt war, ist nicht bekannt. Zur Zeit der spanischen Eroberung im 15. Jahrhundert war sie bereits aufgegeben. Vom Besucherzentrum neben dem Parkplatz kann auf einem Rundweg das vorspanische Dorf erkundet werden. Die Menschen lebten in aus dunklem Vulkanstein geschichteten so genannten *casas hondas*, halb in die Erde eingelassene kleine Rund-

AUTORENTIPP!

FEAGA – ZUM ZIEGEN MELKEN!

Wer im April auf der Insel ist, sollte sich den Besuch der dreitägigen Landwirtschaftsmesse keinesfalls entgehen lassen. Neben dem großen Viehmarkt erhält auch der *Concurso Quesos de Cabra* viel Aufmerksamkeit, bei dem alljährlich der beste kanarische Ziegenkäse prämiert wird, den man natürlich genauso vor Ort verkosten kann wie Olivenöl, Wein und andere landwirtschaftliche Produkte von den Inseln. Begleitet wird die Messe von einem bunten Rahmenprogramm, angefangen von Folkloretänzen und kanarischem Ringkampf bis hin zu Pferderennen und Melkwettbewerben. Kein Wunder, dass die halbe Insel auf den Beinen ist. Am Sonntag, dem Hauptmessetag drängeln sich mitunter Tausende von Besuchern auf dem 7000 Quadratmeter großen Messegelände.

Feria de Agricultura y Ganaderia (FEAGA). Granja Experimental in Pozo Negro, in der Regel am zweiten oder dritten Aprilwochenende.

Oben: Die vorpanische Siedlung La Atalayita
Mitte: Hinter der romantischen Fassade von Pozo Negro verbirgt sich ein einfacher Lebensstil.
Unten: Wo gefischt wird, sind meist auch Möwen vor Ort.

bauten, die durch einen höhlenartigen Eingang betreten werden. Daneben gibt es auch einige restaurierte Wohngebäude mit rechteckigem Grundriss; diese entstanden wohl erst nach der spanischen Eroberung. In unmittelbarer Nachbarschaft zu den Wohnstätten lagen Versammlungsplätze und Stallungen, auch fand man angehäufte *concheras* (Muschelschalen). Die Muscheln wurden an der etwa anderthalb Kilometer entfernten Küste gesammelt und dienten zusammen mit andern Meeresfrüchten und Ziegenfleisch als Grundnahrungsmittel. Der archäologische Bezirk ist übrigens nach dem nahe gelegenen Vulkankegel Morrete de la Atalayita benannt, man kann ihn besteigen und den Ausblick aufs Meer genießen.

Ungeschminktes Fischerdorf

Die Stichstraße endet in der Bucht des von Küstenbergen flankierten sichelförmigen Golfs von Pozo Negro. Der für das Fischerdorf namensgebende schwarze Brunnen steht gleich am Ortseingang. In der Mitte der Bucht ergoss sich vor etwa 10 000 bis 15 000 Jahren ein breiter Lavastrom ins Meer, der den Strand in zwei dunkelsandige Abschnitte teilte. Pozo Negro (dt. Schwarzer Brunnen) selbst ist ein ungeschönter Weiler, dessen zwei Häuserzeilen mit kubischen Flachbauten dicht ans Wasser heranreichen. Auf dem kiesigen Strand dümpeln ein paar kleine Fischerboote, der Fang landet meist in den Fischtavernen nebenan. Der beste Fotoblick über die Strandsiedlung ergibt sich von der Punta de Medina auf dem die Bucht nach Süden begrenzenden Bergrücken. Vom Ende des Kieselstrandes zieht ein Trampelpfad steil und geröllig an einer Stromtrasse auf das 85 Meter hohe Kap hinauf. Trittsichere Wanderer können von dort aus einem stellenweise ausgesetzten Küstentrail zur einsamen Playa del Guincho und weiter bis zum Lavameer des Malpaís de Jacomar folgen.

Infos und Adressen

SEHENSWÜRDIGKEITEN

Poblado de La Atalayita. Das Besucherzentrum (Centro de Interpretación) hat schon seit Jahren geschlossen, doch die Anlage kann auf eigene Faust jederzeit erkundet werden.

ESSEN UND TRINKEN

Los Caracoles. In dem einfachen Familienlokal hat man die Wahl zwischen Fisch und Paella, man sitzt an auf den Kieselstrand gestellten Plastiktischen und genießt den unverstellten Blick aufs Meer. So 12–18, Mo, Di und Do–Sa 12–23 Uhr, Playa del Pozo Negro, Tel. 928 17 46 17.

Los Pescadores. Der Name sagt es schon, auch in diesem bei Einheimischen und Touristen gleichermaßen beliebten Lokal sind Fisch von der heißen Platte und Meeresfrüchte erste Wahl.
Tgl. 12–18 Uhr, Playa del Pozo Negro,
Tel. 928 17 46 53.

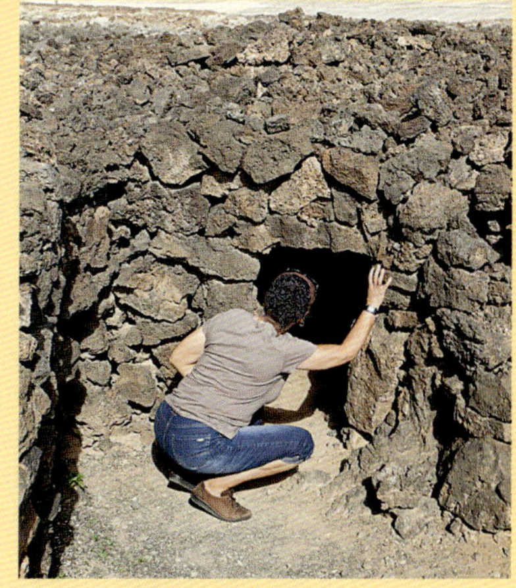

Die Hauseingänge im Poblado de La Atalayita fielen ausgesprochen klein aus.

Nah am Wasser – die Terrasse von Los Pescadores

10 Kanarische Fiestas

Rummel zwischen Folklore und Salsa

Auf einer Fahrt über die Dörfer gerät so manch ein Inselgast ganz unverhofft in eine Prozessionsraupe hinein: In Trachten gekleidete Dorfbewohner schreiten tanzend und singend hinter einer von Männern auf den Schultern getragenen Marienfigur durch die Straßen. Nach dem kirchlichen Teil des Festes wird dann meist zu lateinamerikanischer Volks- und Populärmusik bis in die Puppen getanzt, mitunter über mehrere Nächte hinweg.

Mitte: Ohne folkloristische Tanzmusik kommt keine kanarische Fiesta aus, hier auf der Plaza in Gran Tarajal.
Unten: Festliche Messe bei der Fiesta de la Virgin in Valle de Santa Inés

Folklore ist ein wesentliches Moment der kanarischen Kultur, sie geht vornehmlich auf andalusische und portugiesische Einwanderer zurück, die nach der Eroberung ihre Bräuche, Tänze und Lieder auf die Kanaren mitbrachten. Diese vermischten sich dort mit überlieferten Tänzen der Ureinwohner, woraus sich schließlich der einzigartige kanarische Kulturschatz entwickelte.

Folkloregruppen und Volkstänze

Zu den einflussreichsten der heute rund ein Dutzend Folklorevereine der Insel gehört die 1969 gegründete *Agrupación Folclórica* aus La Oliva, ihr charismatischer Sänger Esteban Ramírez de León (1914–2007) war jahrzehntelang einer der wichtigsten Musiker der Kanaren. Ebenfalls bekannt ist die Folkloregruppe von Tetir, sie ist mehrmals im Jahr auf dem dortigen Kunsthandwerksmarkt zu hören. In Antigua wird das Brauchtum vom Kollektiv Mafasca gepflegt. Populäre Paar- und Reigentänze wie Sorondongo, Isa und Folías werden heute auf jeder Fiesta zum Besten gegeben, die

Aires de Lima, Liebeslieder, wurden einst auf dem Feld gesungen und der *Baile del Trigo* zur Getreideernte getanzt. Die Tänze werden auf den Nachbarinseln teils ganz verschieden interpretiert, wobei jedoch nur Experten die mitunter komplizierten Schrittfolgen auseinander halten können. Den meisten Touristen ist das ohnehin relativ egal, Hauptsache die Rhythmen sind eingängig und die Stimmung passt.

Kunterbunte Trachten

Keine Fiesta, auf der nicht die Tracht hervorgeholt und stolz zur Schau getragen wird! Die meisten der farbenprächtigen Kostüme, die je nach Dorf etwas variieren können, sind noch gar nicht so alt. Überraschend ist, dass etwa der breitkrempige Spitzhut der Frau, der praktisch auf jedem Fest zu sehen ist und auch als Souvenir in den staatlichen Kunsthandwerksläden angeboten wird, rein gar nichts mit der bäuerlichen Realität auf Fuerteventura zu tun hat. Er geht vielmehr auf einen Entwurf des grancanarischen Malers und Designers Nestor de la Torre (1887–1938) zurück, seine in den 1930er-Jahren kreierten neue Modelle wurden sofort begeistert aufgegriffen. Der Heimatforscher Francisco Navarro Artiles bemerkte dazu treffend: »Stellen Sie sich vor, wie eine Bäuerin mit einem solchen spitzen Hut bei unserem Wind hier auf der Straße gehen soll, ohne dass er ihr weg fliegt.« »Diese Hüte«, so Navarro weiter, »hat sich Nestor in seinem windgeschützten Häuschen ausgedacht«. Schön sind die aus Palmblättern geflochtenen Hüte mit ihren herabhängenden schwarzen Wolltroddeln trotzdem, dazu trägt Frau eine bestickte weiße Bluse und einen von farbigen Bändern gezierten weiten Rock. Mehr dazu erfährt man in dem Buch *Trajes Tradicionales de Fuerteventura* (Trachten auf Fuerteventura), erhältlich für fünf Euro in Kunsthandwerksläden.

AUTORENTIPP!

DRACHEN AM HIMMEL

Dass Drachen steigen lassen nicht nur etwas für Kinder ist, braucht nicht weiter ausgeführt werden. Seit sich 1987 in Corralejo erstmals eine Handvoll Enthusiasten trafen, hat sich der Event zu einer festen Größe entwickelt. Jedes Jahr kommen im November für drei Tage rund 300 Teilnehmer aus fast einem Dutzend europäischer Länder zusammen, um mit ihren Lenkdrachen sich selbst und einer wachsenden Zahl von Zuschauern eine Freude zu machen. Bei den Flugschauen bevölkern teils fünf Meter lange und mitunter wirklich skurrile Kunstwerke den Himmel. Startplatz ist immer die unmittelbar an die Dünen angrenzende Playa del Burro. Kinder erfahren in Workshops, wie die Drachen hergestellt und vor allem natürlich, wie sie professionell gelenkt werden.

Festival Internacional de Cometas. Playa de Burro in Corralejo, in der Regel am zweiten Novemberwochenende.

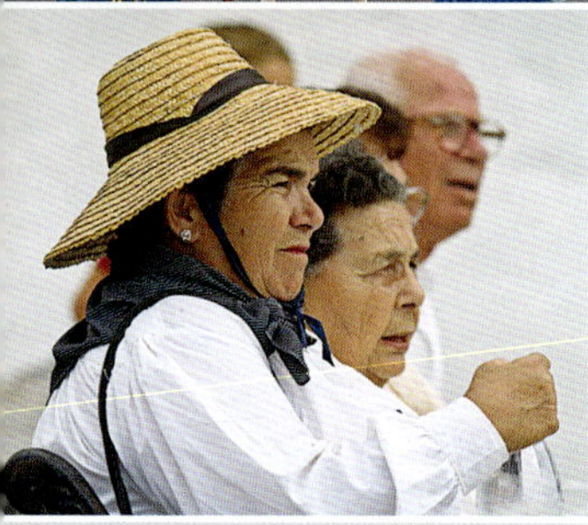

Oben: Während der Feierlichkeiten in Valle de Santa Inés
Mitte: Ankunft der Heiligen Drei Könige in Gran Tarajal
Unten: Aus dem Alltag ist die Tracht schon lange verschwunden.

Die wichtigsten Fiestas

Jedes Dorf richtet einmal im Jahr eine sich über mehrere Tage hinziehende Fiesta zu Ehren des Schutzpatrons oder der Dorfheiligen aus. Einer der Höhepunkte im Festkalender ist in Vega de Río Palmas die *Fiesta de la Peña*, bei der die Inselheilige von der Dorfkirche in einer bewegenden Prozession durch das Palmental zu einer kleinen Wallfahrtskapelle in eine Felsschlucht getragen wird (siehe Highlight 26, S. 148). Dabei ist nicht nur das ganze Dorf unterwegs, aus allen Inselteilen kommen tausende von Pilgern, um der »Jungfrau vom Fels« ihre Aufwartung zu machen. In den Fischerorten wird jeweils am 16. Juli der *Virgen del Carmen*, der Schutzpatronin der Fischer, gedacht. Besonders lebhaft geht es dabei in Morro Jable und Corralejo zu, wo die Schutzheilige in einer Bootsprozession übers Wasser gefahren wird. Die Hauptstadt Puerto del Rosario ehrt ihre Kirchenheilige gleich mit einem fast zweiwöchigen Festmarathon, zu dem ein breit gefächertes Rahmenprogramm mit Konzerten, sportlichen Wettkämpfen und einer Kirmes gehören. Immer ist dabei auch einer der virtuosen Timple-Spieler zu hören, der das Spektakel mit Gitarreklängen begleitet.

Fiesta-Kalender

Fiesta-Saison ist vornehmlich der Sommer, dann wird in vielen Dörfern der oder die jeweilige Schutzheilige gefeiert. Einige wichtige Termine:

FEBRUAR/MÄRZ

Regata de los Achipencos. Bei der auch als »Blödelregatta« bekannten Karnevalsregatta in Puerto del Rosario dürfen nur Boote der Marke Eigenbau mitmachen.

APRIL

FEAGA. Landwirtschaftsmesse mit kulturellem Rahmenprogramm in Pozo Negro. (siehe S. 67 Autorentipp Highlight 9)

MAI/JUNI

Fiestas del Tanquito. Wallfahrt zur Felsenkapelle von Cardón.

Feria Insular de Artesanía. Kunsthandwerksmesse in Antigua (siehe S. 131 Autorentipp HL 23)

14. JULI

Fiesta de San Buenaventura in Betancuria. Gefeiert wird der Jahrestag der Inseleroberung.

Karneval auf kanarisch – schrill, bunt und immer mit guter Laune

Auch die Drei Könige brauchen eine Stärkung.

16. JULI

Fiesta de Nuestra Señora del Carmen. Bootsprozession zu Ehren der Schutzheiligen der Fischer, u.a. in Corralejo und Morro Jable.

SEPTEMBER

Fiesta de la Virgen de la Peña. Große Prozession in Vega de Río Palmas zur Wallfahrtskapelle im Barranco de la Peña; am dritten Samstag des Monats.

13. OKTOBER

Fiestas Juradas de San Miguel. In einem großen Historienspektakel wird in Tuineje der erfolgreich zurückgeschlagene Angriff von englischen Piraten nachgestellt.

Fiesta de la Virgen del Rosario. Die Schutzheilige der Hauptstadt wird Anfang Oktober mit viel Folklore und Jahrmarktatmosphäre gefeiert.

30. NOVEMBER

Fiesta de San Andrés. Regenbittprozession in Tetir.

DER NORDEN

S. 74/75: An Corralejos Playas Grandes gibt es viel Platz.
Mitte: Die Avenida Nuestra Señora del Carmen ist Corralejos Flaniermeile.
Unten: An den Dünenstränden blieben die beiden Hotels Tres Islas und La Oliva die einzigen Bausünden.

11 Corralejo

Ex-Fischerdorf mit traumhaften Stränden

Wie auf der ganzen Insel boomt es auch in Corralejo an allen Ecken und Enden. Mit mehr als 30 000 Gästebetten zählt das einstige Fischernest heute zu den größten Touristenzentren auf den Kanarischen Inseln. Doch an den sieben Kilometer langen Sandstränden ist immer noch genug Platz für alle. Besonders praktisch: Der Fährhafen ist Ausgangspunkt für erlebnisreiche Ausflüge auf die Nachbarinseln Lobos und Lanzarote.

Bis vor einigen Jahren kamen fast ausschließlich deutschsprachige Gäste nach Corralejo, heute hört man überwiegend englische Stimmen, und auch bei Skandinaviern und Italienern wird der Ort immer beliebter. Dazu gesellen sich viele Einwanderer vom spanischen Festland und aus Lateinamerika, die in den touristischen Betrieben arbeiten. Auch nicht wenige ehemalige Touristen aus Mittel- und Nordeuropa haben hier eine neue Heimat gefunden. Corralejo ist eine internationale

MAL EHRLICH

BAUSÜNDEN AUF KANARISCH

Fuerteventura wurde vom Tourismus ziemlich spät entdeckt. So hätte man eigentlich einiges anders als an der zubetonierten Costa Brava oder Mallorcas Ballermannküste machen können. Praktisch alle der schnell aus dem Boden gestampften Ferienstädte an Fuerteventuras Stränden haben keinen Architekturpreis gewonnen, erst in jüngster Zeit setzt ein Umdenken ein. Zumindest werden Fuerteventuras Strände nicht von Hochhäusern beschattet.

Ferienstadt. Viel junges Publikum sorgt dafür, dass auch nach Sonnenuntergang einiges los ist.

Avenida Nuestra Señora del Carmen

Der rasante Aufstieg der Stadt von einem verschlafenen Fischerdorf, das bis ins 19. Jahrhundert hinein auch Schmugglern als Stützpunkt diente, zu einem umtriebigen Touristenzentrum lässt sich am Besten am Beispiel des vierspurigen Boulevards ablesen, der sich vom Einkaufszentrum Atlántico auf einer Länge von mehr als zwei Kilometern nach Süden zieht. Vor 20 Jahren war die Straße noch nicht einmal geteert und lief ohne Bürgersteige als steinige Staubpiste durch den damals trostlos wirkenden Ort. Auch den nach der Schutzpatronin der Fischer benannten Namen hatte die Avenida del Carmen noch nicht – sie war, wie es für eine Hauptstraße in fast jedem spanischen Ort üblich war, nach General Franco benannt, und das noch über viele Jahre nach dem Tode des verhassten Diktators hinaus. Erst Ende der Nullerjahre konnte man sich zu einer Namensänderung durchringen. Nicht wenige der schnell hochgezogenen Häuser, etwa das Centro Atlántico, versprühen noch den nüchternen Charme der 1980er-Jahre, als weniger Ästhetik, sondern Zweckmäßigkeit im Vordergrund stand, damit erst mal eine minimale Infrastruktur für die schnell wachsenden Gästezahlen bereitstand. Auch heute ist mit der Avenida del Carmen nicht unbedingt ein Schönheitspreis zu gewinnen, doch etliche Modeboutiquen, Parfümerien und Souvenirshops laden zum Bummeln ein, und die Palmen sind mittlerweile groß genug, um einen ordentlichen Schatten zu spenden. Einen guten Überblick über die Ferienstadt genießt man vom begehbaren Glockenturm im Centro Comercial Campanario östlich der Avenida del Carmen.

AUTORENTIPP!

EXKLUSIVE URLAUBSWELT

Mit seinen fünf Sternen war das Atlantis Bahía Real in Corralejo lange Zeit das einzige Luxusresort der Insel. Nach wie vor ist es das »Flaggschiff« der lokalen Hotellerie und zählt darüber hinaus zu den Top-Adressen der Kanarischen Inseln. Das renommierte Magazin *Condé Nast Traveller* wählte es zum besten spanischen Luxushotel, der *Lifestyle Guide Senses* zum besten Strandresort Europas. Auch die Ökologie stimmt, von der UNESCO wurde es als Biosphärenhotel ausgezeichnet. Da ist es ganz selbstverständlich, dass sich auch der spanische König bei seinen Aufenthalten auf Fuerteventura in einer Luxussuite einmietet. Es ist gar nicht so teuer – bei den einschlägigen Hotelportalen im Internet bekommt man das Doppelzimmer bereits ab 200 € pro Nacht.

Gran Hotel Atlantis Bahía Real. Avenida de Grandes Playas s/n, Tel. 928 53 64 44, www.bahiareal resort.com

AUTORENTIPP!

COCKTAILS AM STRAND

Der Waikiki Beach Club ist seit 1986 der Dauerbrenner unter den Ausgehadressen im Norden. Erfolgreich hat das Lokal seither alle Modetrends überdauert. Sein großes Plus ist die tolle Lage unmittelbar an dem kleinen Stadtstrand von Corralejo. Tagsüber herrscht ganz normaler Bistrobetrieb, solange es hell ist, schaut man nach Lobos hinüber, nachts dann nur noch auf Mond und Sterne. Die Küche ist nicht herausragend, man muss auch nicht unbedingt was essen, sondern kann es an der Bar mit den Füßen im Sand stehend bei ein oder zwei Cocktails zu ganz vernünftigen Preisen belassen. Wie gesagt, die Lage macht es!

Waikiki Beach Club. Mo–Fr 10–5 Uhr, Sa und So bis 5.30 Uhr, Calle Aristides Hernández Morán 11, Tel. 928 53 56 97.

Uferpromenade und altes Fischerviertel

Etwas mehr Flair hat da schon die am Hafen beginnende autofreie Uferpromenade, an der sich die örtliche Gastronomie die besten Plätze am Wasser gesichert hat. Hier laden kleine Snack-Lokale wie das Café Latino, feine Grillrestaurants wie El Sombrero und gemütliche Abendrestaurants wie die Taverna Fogalera zum Schlemmen im Freien ein. Von den Tischen draußen hat man das Ein- und Auslaufen der Fähren von und nach Lanzarote im Auge, und was sonst noch im mit alten Fischerkähnen und schicken Jachten vollgepackten Hafenbecken so alles läuft. Über dem Wasser fliegen Scharen lautstark kreischender Möwen und zum Greifen nahe zeigt sich die Silhouette der vorgelagerten Insel Lobos. Ein Namensschild für die Fußgängerpromenade muss man übrigens noch suchen: Avenida Marítima steht auf den Visitenkarten der Uferlokale, was nicht verkehrt ist, doch für den mitunter schmalen Weg vielleicht etwas zu hoch gegriffen erscheint.

Jenseits der Promenade schließt sich der *casco antigua*, die kleine Altstadt, an, die aber so alt gar nicht ist. In den schmalen Gassen wohnten ursprünglich Fischer in schlichten Häusern, die meisten davon stehen mittlerweile im Dienste des Tourismus und beherbergen Läden, Pubs und Restaurants. Als zentraler Platz fungiert die voll von Lokalen in Beschlag genommene Plaza Felix Estévez, an der im Sommer allabendlich spanische Live-Bands mit *Guantanamera* und anderen populären Evergreens für Stimmung sorgen. Hübsch herausgeputzt zeigt sich nur wenige Schritte entfernt die geflieste Plaza Pública. Einheimische und Fremde lassen dort im Schatten von Gummibäumen auf einer der Sitzbänke die Zeit verstreichen.

Ein Stück Sahara im Atlantik

Zu den touristischen Pionieren in Corralejo gehörte die mallorquinische Hotelkette RIU, die anfangs der 1970er-Jahre etwa vier Kilometer außerhalb des heutigen Zentrums am Rand einer von Wanderdünen geprägten Region die beiden Hotels Tres Islas und Oliva Beach auf den sandigen Boden stellte. Angesichts der Alleinlage an einem der schönsten Strände der Kanaren zogen die komfortablen Unterkünfte sofort Ruhe liebende und Natur verbundene Gäste an, die Strand und Dünen unmittelbar vor der Haustür haben wollten. Das Gebiet war damals noch nicht als Naturschutzgebiet ausgewiesen, erst seit die Dünen 1982 zum Naturpark Corralejo erklärt wurden, wird über einen möglichen Abriss heftig gestritten. Doch wie es nach dem jüngst gelockerten Küstenschutzgesetz aussieht, können die Hotels wohl mit einer Verlängerung der Konzession rechnen. Ein striktes Bauverbot verhindert, dass trotz aller Begehrlichkeit der Touristikplaner neue Hotels hinzukommen werden. Das Ökosystem in den Dünen reagiert empfindlich auf Störungen von außen, so ist das Befahren mit Jeeps oder Mountainbikes streng untersagt.

Die Dünenlandschaft erfindet sich täglich neu. Treibende Kraft ist der Passatwind, der dafür sorgt, dass sich die Dünenkämme fast jeden Tag ein bisschen anders zeigen und nicht zuletzt ih-

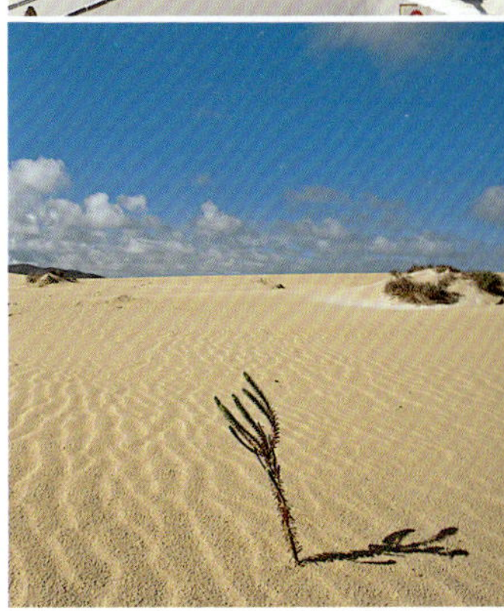

Oben: Der Hafen von Corralejo ist Ausgangspunkt für Ausflüge nach Lanzarote und Lobos.
Mitte: Nach dem Strandtag trifft man sich in einem der Lokale.
Unten: Das sensible Ökosystem in den Dünen von Corralejo

Oben: Die beiden Leuchttürme von El Cotillo sind ein beliebtes Ausflugsziel von Bikern.
Mitte: Die Dünen von Corralejo sind streng geschützt.
Unten: Ein Blick in die Küche des Fischlokals Ballena in Corralejo

rem Namen Wanderdünen alle Ehre machen. Mitunter verschwindet gar die Straße nach Puerto del Rosario unter einer dicken Sandschicht – sie muss regelmäßig mit »Schneepflügen« wieder frei gemacht werden. Nicht nur die Dünen wandern, auch die Touristen lieben es barfuß durch das Sandmeer zu spazieren, sichelförmige Dünenkämme zu erklimmen und sich dabei wie in der Sahara oder zumindest in einem riesigen Sandkasten zu fühlen. Die besten Lichtverhältnisse herrschen früh morgens und am späten Nachmittag, wenn die Dünen von der Sonne in ein tiefes Rot getaucht werden. Das auch El Jable genannte Schutzgebiet, auf den Kanaren wird damit einfach nur Sand bezeichnet, erstreckt sich über rund 2660 Hektar, im Süden reicht es bis zur Montaña Roja (312 m) heran. Aus der Ferne gesehen nehmen sich die »RIU-Hotels« übrigens fast wie eine Fata Morgana aus. Und dann gibt es natürlich noch die an die Dünen grenzende Playas Grandes de Corralejo, die Großen Strände, die der eigentliche Grund dafür sind, warum es die heutige Ferienstadt überhaupt gibt. Mit rund sieben Kilometer Länge findet man hier mit Sicherheit seinen Platz, Strandläufer können stundenlang am Spülsaum entlang spazieren.

Seltene Flora und Fauna

Mit ein Grund für den strengen Schutz der Dünen sind die darin beheimatete Fauna und Flora. So ist der Naturpark von Corralejo das Zuhause der stark gefährdeten Kanarischen Kragentrappe, die es außer auf Fuerteventura nur noch auf Lanzarote gibt. Mit bis zu 65 Zentimetern Höhe ist sie einer der größten Vögel der Kanarischen Inseln. Dennoch wird man nur mit viel Glück eines der scheuen Tiere zu sehen bekommen, zumal sich der Bestand auf nur wenige hundert Exemplare beläuft. Durch ihr sandfarbenes Gefieder sind Trappen zudem enorm gut an ihr Habitat angepasst. Einfacher ist es in den Dünentälern einige Arten der typischen Dünenflora zu entdecken; dazu gehört etwa die Strandwolfsmilch und das Erbsen-Jochblatt, das wegen seiner wie Trauben geformten fleischigen Blätter im Spanischen treffend *uvilla de mar* (kleine Meertraube) genannt wird. Vielfach können auch vom Flugsand frei gelegte fossile Nester der auf Fuerteventura ausgestorbenen Pelzbienen gefunden werden.

Mit Bike und Schiff unterwegs

Corralejo ist ein hervorragender Standort für sportliche Aktivitäten aller Art. Windsurfer und Taucher finden eine gut ausgebaute Infrastruktur mit Verleih und Kursangeboten. Unter Mountainbikern ist die 25 Kilometer lange Tour entlang der von Vulkanausbrüchen geprägten Nordküste nach El Cotillo beliebt. Am östlichen Stadtrand beginnt unweit vom Busbahnhof ein sandiger Offroad-Trail; dieser führt an der Meerwasserentsalzungsanlage und kleinen Lavabuchten entlang nach Majanicho. In der Wochenendsiedlung gibt es eine kleine vom Lavafluss ausgesparte Bucht, die sich als Badeplatz eignet. Die mitunter sandige Piste – ein paar Schiebestellen sollten eingeplant werden – trifft am Leuchtturm von Tostón auf Asphalt. Nach einer Mittagsrast in einem der Fischlokale am alten Hafen von El Cotillo kann auf der Landstraße über Lajares bequem nach Corralejo zurückgeradelt werden.

Viele Gäste nutzen auch die gute Fährverbindung nach Lanzarote für einen Tagesausflug. Die Überfahrt dauert lediglich 25 Minuten, sodass genügend Zeit bleibt, die nicht minder reizvolle Nachbarinsel zu entdecken. Auch die Ausflugsboote zur Insel Lobos können sich über mangelnde Nachfrage nicht beschweren.

AUTORENTIPP!

SPANISH & SURF

Typisch Fuerteventura – wo sonst in der Welt kann man morgens Spanisch lernen und nachmittags Wellenreiten oder Kitesurfen gehen? Unterrichtet wird von Muttersprachlern ausschließlich in Spanisch, fünf Mal in der Woche mit pro Tag drei Einheiten à 40 Minuten. Die Kleingruppen sind maximal mit acht Teilnehmern belegt, falls gewünscht ist auch Einzelunterricht möglich. Neben der Sprachschule bleibt reichlich Zeit für das Surfen, und wer damit nicht ausgelastet ist, kann zusätzlich noch Yoga machen oder Spanisch kochen lernen. Auch fürs Wohnen ist gesorgt, das Surfcamp Casa Carmen liegt direkt am Wasser.

Spanish & Surf. Calle Lago de Bristol 4, Tel. 615 44 68 56 und 922 53 77 23, www.surf-spanisch-schule.de

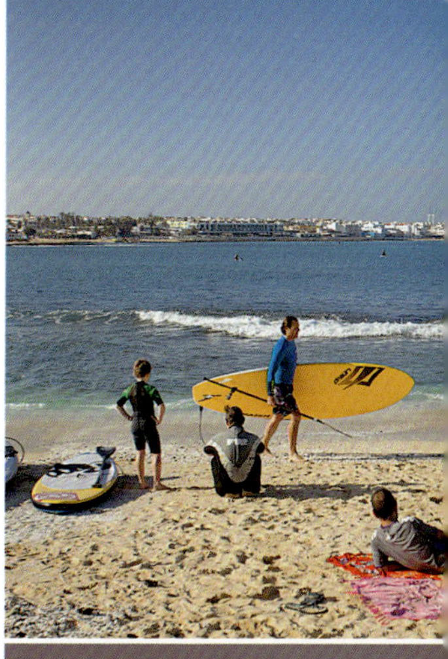

Infos und Adressen

ÜBERNACHTEN

Barceló Corralejo Bay. Gut geführtes Viersternehotel mit Spa, Tennisplatz und einem Unterhaltungsprogramm, zu dem auch Flamenco und Livemusik gehören. Elegant möblierte und großzügig bemessene Zimmer und Suiten (35–55 m²). Ein kleiner Stadtstrand ist zwei Gehminuten entfernt. Nur für Erwachsene. Avenida Grandes Playas 12, Tel. 928 53 60 50, www.barcelo.com

RIU Oliva Beach Resort. Ein gut geführtes Mittelklassehotel mit kompletten Animationsprogramm, Shows und Livemusik, Wellness inklusive zwei Süßwasserpools, einen Whirlpool, eine Sonnenterrasse sowie Fitnesscenter. Avda. Grandes Playas Corralejo, Tel. 928 53 53 34.

Kaum ein Fischlokal, das nicht Tintenfisch (*choco*) von der heißen Platte anbietet.

RIU Palace Tres Islas. Das noble Haus aus den 1970er-Jahren ist nicht unbedingt eine architektonische Schönheit, dafür profitiert es von der tollen Alleinlage unmittelbar am Dünenstrand und dem gewohnt guten gastronomischen Angebot und Service der Riu-Kette. Avenida Grandes Playas s/n, Tel. 928 53 57 00, www.riu.com

ESSEN UND TRINKEN

Asador Tío Bernabe. Großes Grilllokal im Fischerviertel, mit Steaks vom Holzkohlengrill, außerdem im Angebot sind mariniertes Kaninchenfleisch und Lamm aus dem Ofen, und wer weniger Fleisch mag lässt sich von den freundlichen Kellnern beraten oder nimmt ein Tapas-Menü oder eine Paella. Tgl. 12–24 Uhr, Calle La Iglesia 9, Tel. 928 53 58 95.

Bombay Masala. Kleines indisches Familienlokal mit scharfen Curries und vegetarischen Gerichten, auf Wunsch wird auch weniger scharf gewürzt. Plaza Felix Estévez/Calle Jesus Machin Santana, Tgl. 12.30–15 und 18–23 Uhr, Tel. 928 53 76 80.

Café Latino. Das Bistro-Café glänzt durch seine Lage mit Hafenblick und offeriert ein großes Angebot an Snacks. Mo–Fr 7–20 Uhr, Sa ab 8 Uhr, Avenida Marítima 6, Tel. 928 53 63 17.

El Sombrero. Das Restaurant an der Uferpromenade ist in Corralejo eine gastronomische Institution. Als Spezialität des Hauses brachte es *La Horca del Pirata* zu einer lokalen Berühmtheit. Dabei handelt es sich um verschiedene Fleischsorten vom Piratengrill, die mit dreierlei Saucen serviert werden. Ebenfalls für Fuerteventura einmalig ist das Käsefondue. Tgl. 18.30–23 Uhr außer Mi, Avenida Marítima 4, Tel. 928 86 75 31, www.restaurante-elsombrero.com

Taverna Fogalera. Das Abendlokal (ab 18 Uhr) an der Uferpromenade serviert gute mediterrane Küche, die Weinkarte enthält neben spanischen Weinen auch einige italienische Tropfen. Fr–Mi 18–23 Uhr, Avenida Marítima 12, Tel. 928 86 76 76, www.tavernafogalera.com

EINKAUFEN

Mercadillo. Bunter Wochenmarkt mit Kunsthandwerk, Klamotten, Billigware aus Afrika und viel Nippes und Kitsch. Mo und Fr 9–14 Uhr auf dem Gelände vom Wasserpark Baku, Avenida Nuestra Señora del Carmen.

AKTIVITÄTEN

Baku. In dem Wasserpark mit Wellenbad und Kamikaze-Rutschen kommen vor allem Kinder auf ihre Kosten. Der schon in die Jahre gekommenen

Anlage würde allerdings eine Auffrischung gut tun. Tgl. 10–17 Uhr, im April, Mai, Sept. und Okt. Mi und Do sowie das ganze Winterhalbjahr geschl., Avenida del Carmen 41, Tel. 928 86 72 27, www.bakufuerteventura.com

Tennis College Fuerteventura. Tennisschule unter deutscher Leitung. Avenida Grandes Playas, Tel. 691 97 69 85, www.tennisfuerte.de

Vulcano Biking. Die Bikestation befindet sich in einer Seitenstraße zur Avenida del Carmen, es werden Mountainbikes und Kinderräder vermietet und geführte Tagestouren angeboten. Calle Acorazado España 10, Tel. 928 53 57 6, www.vulcano-biking.com

AUSGEHEN

Rock Café. Livemusik für nicht mehr ganz junge Rock & Roller, die hauseigene Band spielt vornehmlich Oldies. Avenida Nuestra Señora del Carmen s/n (beim Hotel Duna Park), Tgl. 9.30–1.30 Uhr, Tel. 928 53 56 36.

Rock Island Bar. Regelmäßige Liveauftritte lokaler Bands und englischer Musiker. Die Räumlichkeiten sind klimatisiert, sodass man auch bei noch so heißer Musik immer einen kühlen Kopf bewahrt; ab 22 Uhr meist rappelvoll. Tgl. 9.30–1.30 Uhr, Calle Crucero Baleares 8, Tel. 928 53 53 46, www.rockislandbar.com

SCHIFFSAUSFLÜGE

Barco Isla de Lobos. Kleine Boote setzen mehrmals täglich nach Lobos über, das erste Boot morgens um 10 Uhr, www.islalobos.es

Fähre nach Lanzarote. Die Fährlinien von Fred Olsen und Naviera Armas verbinden fast stündlich mit der Nachbarinsel, www.fredolsen.es bzw. www.navieraarmas.com

INFORMATION

Oficina de Turismo. Gastronomie- und Wanderführer zum Herunterladen. Avenida Marítima 2, Mo–Fr 9–15 Uhr, Sa/So 9–14 Uhr, Tel. 928 86 62 35, www.visitcorralejo.com

Schnellfähren von Corralejo zur Nachbarinsel Lanzarote brauchen lediglich eine halbe Stunde.

Mitte: Auf der Überfahrt nach Lobos gibt es viel zum Anschauen. **Unten:** Beim Abstieg von der Montaña de la Caldera hat man immer den Leuchtturm im Blick.

12 Isla de Lobos
Ausflug zur ehemaligen Robbeninsel

Die kleine Insel in der Meeresstraße zwischen Fuerteventura und Lanzarote will zu Fuß entdeckt werden. Auf dem unbewohnten Eiland gibt es weder Autos noch Asphaltstraßen, also beste Voraussetzungen um ein Stück unverbrauchte Natur kennen zu lernen. Zwar wird man selten alleine unterwegs sein, doch kaum hat man das Boot verlassen, verliert sich der Besucherstrom. Und ein aussichtsreicher Vulkankrater kann ebenfalls bestiegen werden.

Vor 600 Jahren war die Insel von einer großen Kolonie von Mönchsrobben bewohnt. Der normannische Eroberer Jean de Béthencourt, der wie auch etliche Piraten nach ihm den kleinen geschützten Hafen als Rückzugsbasis nutzte, hielt die Tiere fälschlicherweise für Seewölfe (span. *lobos*) und gab der Insel von daher den Namen Lobos. Binnen weniger Jahre war der Bestand fast ausgerottet, die Eroberer hatten es vor allem auf die Felle und das Fett der Tiere abgesehen. Die letzten Tiere wurden von Robbenjägern vor hundert Jahren zur Strecke gebracht.

Geschützter Naturpark

Seit 1994 genießt Lobos den Status eines Naturparks. Obschon dieser nicht so strenge Auflagen wie ein Nationalpark mit sich bringt, ist die Insel seither relativ gut geschützt. Es wird weder gebaut noch anderweitig ins Ökosystem eingegriffen. Trotz der bescheidenen Größe von gerade mal viereinhalb Quadratkilometern gibt es eine vielfäl-

Rund um die Insel Lobos

Ausgangspunkt: Bootsanleger in Lobos
Schwierigkeitsgrad: leicht
Höhenunterschied: 150 m
Länge: ca. 11 km, reine Gehzeit 3 Stunden
Wegbeschaffenheit: Überwiegend gut ausgebaute, bequem begehbare Wege; für den Aufstieg zur Montaña de la Caldera sollte man trittsicher sein. Aus Umweltschutzgründen wird gebeten, das Wegenetz nicht zu verlassen.
Ausrüstung: Gute eingelaufene Halbschuhe oder Trekkingsandalen reichen aus; dabei haben sollte man Badesachen und Sonnenschutz – unterwegs gibt es keinen Schatten.
Verpflegung: Abgesehen von dem einfachen Lokal gleich am Anfang des Rundweges gibt es keine weitere Einkehrmöglichkeit, also vor allem an ausreichend Trinkwasser denken.

Wichtige Stationen

A **Centro de Interpretación de Isla de Lobos** – Wenige Schritte vom Bootsanleger entfernt, informiert ein Besucherzentrum über Flora und Fauna.

B **El Puertito** – Die Siedlung aus einfach zusammengeschusterten Fischerkaten ist nicht bewohnt, doch es gibt dort ein einfaches Fischlokal (siehe S. 87 Infos und Adressen)

C **Las Lagunitas** – Auf den Salzwiesen finden sich Meeresträubchen und anspruchslose Gänsefußgewächse. Ein Lobos-Endemit ist der Kanaren-Strandflieder.

D **Faro de Martiño** – Am Leuchtturm an der Nordspitze der Insel ist bereits die Hälfte des Weges geschafft.

E **Montaña de la Caldera** – Von dem mit 127 m höchsten Punkt der Insel genießt man nicht nur die Aussicht nach Fuerteventura und Lanzarote, man kann auch einen Blick in den teils erodierten Vulkankrater werfen.

F **Playa de la Concha** –Die feinsandige Badebucht kurz vor dem Bootsanleger ist der ideale Platz zum Entspannen.

AUTORENTIPP!

MUSCHELSTRAND

Nach der ausgiebigen Rundwanderung um die Insel Lobos kommt die sichelförmige Playa de la Concha (Muschelstrand) wie gerufen. Sie liegt nur zehn Minuten vom Bootsanleger entfernt, sodass man hier in aller Ruhe die restliche Zeit bis zum Ablegen des Schiffes verbringen kann. Die Flachwasserlagune ist in der Regel auch gut für Kinder geeignet, oft zeigt sich das Wasser so glatt wie in einem See. Stellenweise ist der Untergrund allerdings etwas steinig, vor allem bei Niedrigwasser empfehlen sich Badeschuhe. Das einzige was fehlt, sind vielleicht eine Beach Bar und eine Schatten spendende Palme, doch ein mitgeführtes kleines Sonnensegel wiegt ja nicht viel …

Playa de la Concha. Isla de Lobos, westlich vom Bootsanleger.

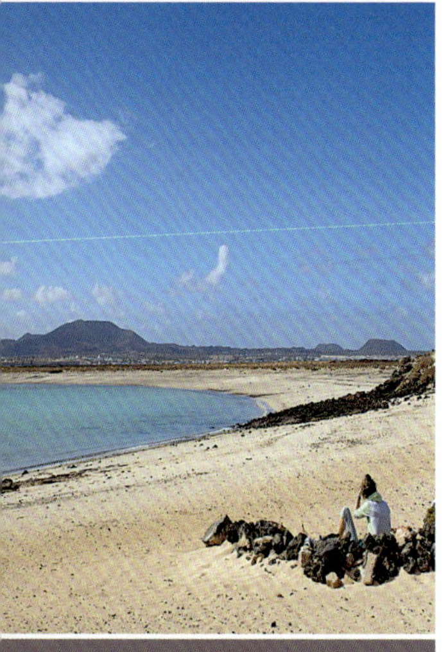

tige Flora; unter den 130 vorkommenden Arten dominieren Wolfsmilchgewächse, Mittagsblumen und im Norden auch der von der Nachbarinsel eingewanderte Lanzarote-Hornklee. Das Erkennungszeichen der Insel sind sogenannte *hornitos*, spitz zu laufende kleine Vulkanschlote von maximal 50 Meter Höhe, die sich wie überdimensionale Maulwurfshügel in der Landschaft verteilen.

Salzwiesen an der Ostküste

Am Besucherzentrum nahe des Bootsanlegers gilt es zu entscheiden, ob man die Insel im oder entgegen dem Uhrzeigersinn umrunden möchte. Wer nur zur Playa de la Concha oder den Vulkan besteigen möchte, geht links. Sofern man vorhat, die Insel komplett zu umrunden, ist es besser rechts, also gegen den Uhrzeiger zu wandern, da man dann erst am Ende der Rundtour am Strand vorbeikommt und je nach verfügbarer Zeit dort eventuell noch eine Runde schwimmen kann. Kurz nach der unbewohnten Siedlung El Puertito, dem früheren Hafen, tauchen die vor der Ostküste gelegenen Las Lagunitas auf. Aus botanischer Sicht sind diese regelmäßig überfluteten Strandwiesen das erste Highlight. Hier gibt es verschiedene salzliebende Arten, die ohne Meerwasser gar nicht existieren könnten. Ein Stück weiter nordwärts macht ein großer Bestand von Amerikanischen Agaven mit bis zu acht Meter hoch in den Himmel ragenden Blütenständen auf sich aufmerksam.

Der Leuchtturm im Norden

Mit dem pittoresk auf einer Anhöhe platzierten Leuchtturm (1865) ist bald darauf die nördlichste Inselecke erreicht; weit reicht die Aussicht über die Meerenge La Bocaina hinüber zur Südküste von Lanzarote und die sich dahinter aufbauenden

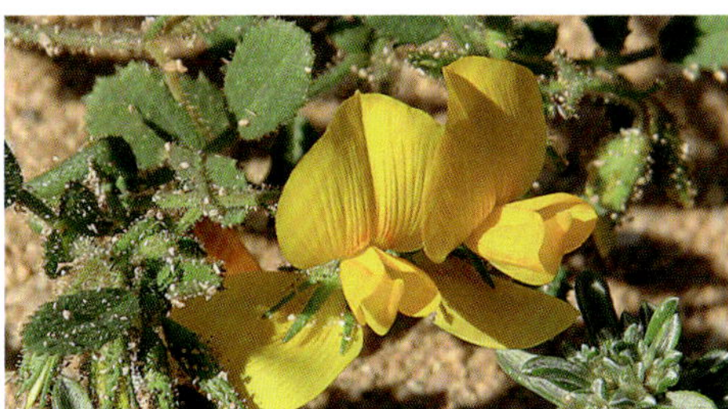

Der Lanzarote-Hornklee sorgt auf Lobos für gelbe Farbtupfer.

Ajajes-Berge, bei klarer Sicht kann man selbst die Strände von Puerto del Carmen ausmachen. Bis 1968 war der Turm das Zuhause des Leuchtturmwärters. Eine Tafel macht darauf aufmerksam, dass hier Josefina Plá (1903–1999) geboren wurde; sie kehrte in jungen Jahren ihrer Heimat den Rücken zu und brachte es in Paraguay zu einer angesehenen Schriftstellerin.

Abstecher zum Kraterrand

Der Rückweg beginnt auf einem breiten Schotterweg, auf dem nun von Nord nach Süd nochmals die ganze Insel durchwandert wird. Auf halbem Weg bietet sich ein ausgeschilderter Abstecher zur Montaña de la Caldera an. Wer noch gut zu Fuß ist, sollte es sich nicht nehmen lassen, auf dem anfangs gut ausgebauten, im weiteren Verlauf etwas gerölligen Steig zur Gipfelsäule auf den Kraterrand zu steigen. Oben angekommen, überrascht ein famoser Drei-Insel-Blick, wie man ihn aus der bescheidenen Höhe von 123 Metern nicht unbedingt erwartet hätte. Es gibt sogar noch eine kleine Zugabe: Man kann von der Gipfelsäule dem schmalen doch gut begehbaren Kraterrand bis zu einem weiteren Aussichtpunkt folgen, der ganz neue Perspektiven eröffnet. Auch das letzte Wegstück zur Playa de la Concha und zurück zur Mole lässt sich von hier gut überblicken.

Infos und Adressen

ÜBERNACHTEN

Camping. Auf dem sehr einfach ausgestatteten Platz westlich vom Bootsanleger darf lediglich in den Oster- und Sommerferien gezeltet werden. Zuvor muss eine von der Umweltbehörde in Puerto del Rosario ausgestellte schriftliche Genehmigung eingeholt werden. Mo–Fr 8–14 Uhr, Medio Ambiente, Calle Lucha Canaria 112.

ESSEN UND TRINKEN

Isla de Lobos. In dem einfachen Fischlokal (auch Casa Antonio genannt) gibt es Mittagessen nur auf Vorbestellung; am besten meldet man sich zu Beginn des Rundganges gleich beim Wirt an. Das Lokal hat normalerweise von 11–15 Uhr geöffnet, man sollte sich jedoch nicht darauf verlassen, dass es jeden Tag offen ist.

ÜBERFAHRT

Grupo Lobos. Ab dem Hafen Corralejo verbindet 5-mal tgl. ein kleines Linienboot mit Lobos. Erste Überfahrt ist um 10 Uhr, letzte Rückfahrt je nach Saison um 16 oder 17 Uhr. Fahrkarten gibt es im Ticket-Häuschen im Hafen bis wenige Minuten vor der Abfahrt. Die Fahrzeit beträgt lediglich 20 Min. Bei unruhiger See mit hohem Wellengang sollte man einigermaßen seetüchtig sein; www.navieranortour.es

INFORMATION

Centro de Interpretación de Isla de Lobos. In dem 2009 von der spanischen Königin Sofía eröffneten Besucherzentrum informieren sehr schön gestaltete Infotafeln über die Insel. Sie sind ein Werk des aus Andalusien stammenden Künstlers Jaime Avilés Campos. Tgl. 10.30–15 Uhr, Eintritt frei.

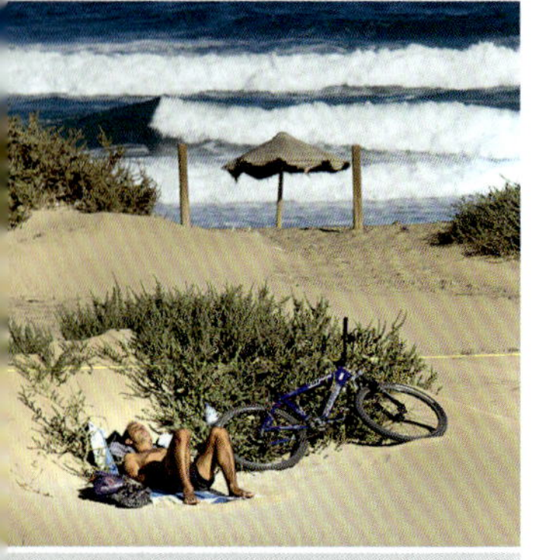

Mitte: An Offroad-Pisten herrscht auf der zweitgrößten Kanareninsel kein Mangel.
Unten: Biker-Siesta an der Playa Blanca bei Puerto del Rosario.

13 Rad fahren

Zwischen Dünenstrand und Vulkanbergen

Fuerteventura ist zweifelsohne eine Insel zum Rad fahren. Dank üppiger Fördermittel aus den EU-Töpfen ist das Straßennetz hervorragend ausgebaut. Sobald man sich von den Ferienorten an der Küste entfernt und das bergige Landesinnere ansteuert, dünnt der Verkehr merklich aus und lässt genügend Raum für erlebnisreiche Touren, auch an spannenden Offroad-Trails mangelt es nicht.

Man muss nicht unbedingt das eigene Rad mitbringen, etliche Bikestationen und auch verschiedene Autovermieter verleihen Räder tage- oder wochenweise, angefangen von Kinder- und Tourenrädern bis hin zu Mountainbikes und Rennrädern, auch Zubehör wie Kindersitze, Luftpumpen und Helme (in Spanien besteht Helmpflicht) werden gestellt. Unbedingt sollte an Sonnenschutz gedacht werden, auf der baumlosen Insel gibt es so gut wie keinen Schatten. Beste Zeit ist das Winterhalbjahr, doch auch im Sommer steigen die Temperaturen selten auf über 30 Grad, und meist sorgt ein frischer Wind für etwas Abkühlung. Von dem gibt es allerdings auf Fuerteventura reichlich. Vorherrschend ist der Nordostpassat. Sofern man in der richtigen Richtung unterwegs ist, darf mit ordentlichem Rückenwind gerechnet werden, dafür gilt es dann auf dem Rückweg zusätzlich ein paar Körnchen Energie zu mobilisieren.

Geführte Touren

Wer nicht gerne alleine unterwegs ist und das Raderlebnis mit anderen teilen möchte, kann vor

Ort bei einer Bikestation verschiedene Tagestouren buchen; auch von den großen Ferienclubs, etwa Aldiana in Jandía, werden Tourenprogramme angeboten. Diese haben den Vorteil, dass die eigene Routenplanung entfällt, und auch bei einer eventuellen Reifenpanne steht man nicht alleine da. Unter den Angeboten ist für jeden etwas dabei, von einfachen Flachlandausflügen bis hin zu anspruchsvollen Bergetappen, bei denen etliche Höhenmeter zurückgelegt werden wollen. Die Bergstrecken sind zwar weniger herausfordernd als beispielsweise auf Teneriffa oder Gran Canaria, doch ein Anstieg von Null auf Passhöhen von bis auf 600 Meter gibt es auch auf Fuerteventura. Oft erfüllt von daher ein Shuttle-Bus gute Dienste, mit dem man zum Ausgangspunkt im Bergland gebracht wird und sich so etliche Höhenmeter spart. Auch Hotelabholungen sind möglich. Einsteiger können nach einer kurzen Einweisung in die Fahrtechnik gleich losradeln. Die Guides vor Ort kennen natürlich die besten Routen und wissen auch, wo man zünftig einkehren oder in einer stillen Badebucht etwas Ausgleichssport betreiben kann. Spanischkenntnisse braucht es in der Regel keine, die Umgangssprache ist bei den meisten Veranstaltern deutsch.

Die schönsten Routen

Als Basis im Norden bietet sich Corralejo an, hier gibt es mittlerweile auch die ersten ausgebauten Radwege. In der relativ flachen Region laden neben einigen wenig befahrenen Landstraßen auch etliche Offroad-Pisten zu Tagestouren ein. Sehr beliebt ist die Rennradstrecke von Corralejo über Villaverde in die alte Hauptstadt La Oliva, wobei sich auch ein Abstecher durch das reizvolle Tal von Vallebrón anbietet. Wer im Sommer unterwegs ist, sollte allerdings den auf der Rückfahrt ins Gesicht blasenden Passatwind nicht unter-

AUTORENTIPP!

MIT SCHNIXX BIKE DURCH DIE BERGE

Die Bikestation des Berliners Stefan »Schnixx« befindet sich in Jandía im Hotel Ocean World. Gefahren wird auf gut gepflegten deutschen Cube-Rädern. Während der Tour ist immer ein Begleitfahrzeug mit von der Partie, sodass gegebenenfalls vom Rad in den Bus umgestiegen werden kann. Das Touren-Angebot ist relativ klein, doch vom Schwierigkeitsgrad ist sowohl für Einsteiger als auch Fortgeschrittene etwas dabei. Der Renner ist die 35 Kilometer lange Genießertour durch das Bergland. Von Betancuria geht es nach Ajuy an die Westküste, wobei man sich zwischendurch während einer kurzen Wanderung durch die Schlucht von Vega de Río Palmas auch etwas die Füße vertreten kann. Wer auf eigene Faust los will, kann sich auch nur ein Bike ausleihen, es wird ins Hotel geliefert und auch wieder abgeholt.

Schnixx Bike Fuerteventura. Calle Flamenco 2, Jandía, Tel. 684 40 74 83, www.biketour-fuerteventura.com

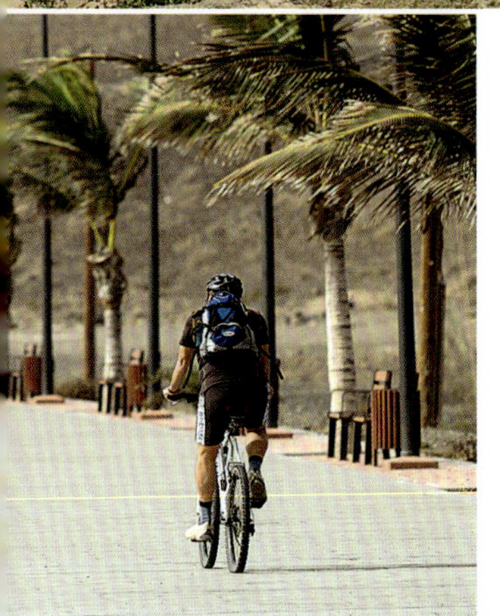

Oben: An der Playa del Castillo in Caleta de Fuste
Unten: Schattige Strecken gibt es auf der fast baumlosen Insel allerdings kaum.

schätzen. Für Mountainbiker gehört abseits vom Asphalt die Piste von Corralejo entlang der Northshore nach El Cotillo zu den Klassikern (siehe Highlight 11, S. 81).

Auf der Halbinsel Jandía ist Costa Calma ein guter Standort. Von dort führt eine verkehrsarme Nebenstrecke nach La Pared und weiter über die 350 Meter hohe Degollada del Viento nach Pájara und Ajuy, einem nicht zuletzt wegen seiner Strandlokale geschätzten Radlertreff. Konditionsstarke Bergfahrer können im Bergland von Betancuria sicherlich die eindrucksvollsten Landschaften erleben. Angesichts der nicht unbeträchtlichen Höhenmeter empfiehlt sich dabei auf geführte Tour-Angebote zurückzugreifen. Eine spannende Vulkantour verspricht das bizarre Lavafeld Malpaís Grande, man kann es von Tiscamanita aus auf einer Piste durchqueren und danach die Tour je nach Lust und Laune bis Pozo Negro an der Ostküste ausweiten.

Infos und Adressen

SPORTHOTELS FÜR RADFAHRER

Club Aldiana. Siehe S. 203 Kap. 38.

Ocean World. Kleines familiär geführtes Hotel, ideal für Kurzurlauber mit sportlichen Ambitionen (mit Fahrrad-Verleih), Calle Flamenco, Morro Jable/Jandia, Tel. 928 54 03 24, www.oceanworld-hotels.com

Las Playitas Resort. Las Playitas, Tel. 928 86 04 00, www.playitas.info (siehe Highlight 7, S. 63)

RADREISEN

Wikinger Reisen. Der auf Wandern spezialisierte Veranstalter (u.a. auf Fuerteventura) hat auch eine zweiwöchige kombinierte Fuerteventura-Lanzarote Pauschalreise mit dem Rad im Programm. 58135 Hagen, Tel. 02331/90 47 43, www.wikinger-reisen.de

VERLEIH UND TOUREN

Volcano Bike. Das deutschsprachige Team unterhält Stationen in Costa Calma (Hotel Fuerteventura Playa) und in Jandía (Club Aldiana); Tel. 639 73 87 43, www.volcano-bike.com

Vulcano Biking. Im Norden mit die beste Adresse, auch Reparaturservice. Calle Acorazado España 10, Corralejo, Tel. 928 53 57 06, www.vulcano-biking.com

Pro Action BH. Ebenfalls mit Reparaturwerkstatt und Verkauf von Zubehör. Avenida Islas Canarias (an der Westseite des Centro Comercial Campanario), Tel. 928 53 25 68, www.proactionbh.com

RADTRANSPORT

Bus und Taxi: Öffentliche Linienbusse nehmen keine Räder mit, Taxis verlangen meist einen kleinen Aufpreis.

Schiff: Von den Fährschiffen nach Lanzarote und den Ausflugsbooten nach Lobos werden Räder mitgenommen.

PLANUNGSHILFEN

GPS: Ein GPS-Gerät ist hilfreich, doch auf der gut überschaubaren Insel nicht unbedingt erforderlich.

Radkarte: Die Kompass Wander-, Rad-, Freizeit- und Straßenkarte Fuerteventura (Maßstab 1:50 000) ist von einigen kleineren Unstimmigkeiten abgesehen eine gute Kartengrundlage.

Das Las Playitas Resort gehört für Radfahrer zu den besten Adressen.

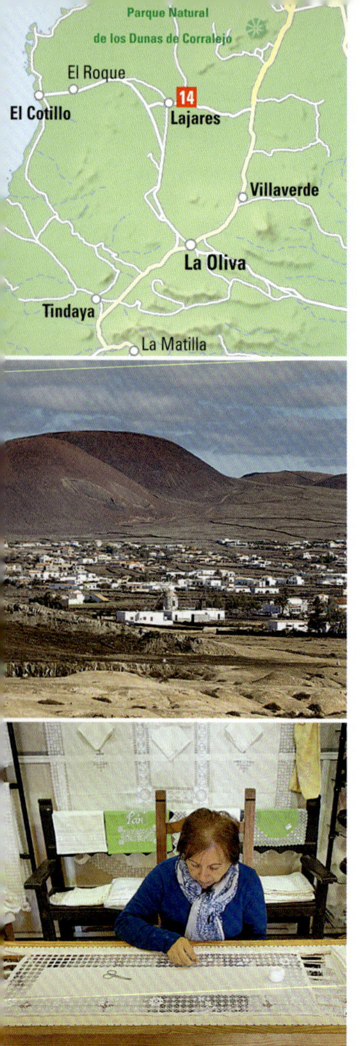

Mitte: Vulkanberge prägen die Landschaft um Lajares.
Unten: In der Artesanía Lajares kann man zuschauen, wie eine Hohlsaumstickerei entsteht.

14 Lajares

Im vulkanischen Hinterland der Nordküste

Das Dorf am Rande von einem großen Lavafeld ist abseits von der Küste, der einzige Ort der Insel, an dem es eine nennenswerte touristische Infrastruktur gibt. Grund dafür sind die gut erreichbaren Surfspots an der Northshore. Wanderer können von Lajares aus auch auf einem schön angelegten Weg die großartige Vulkanlandschaft entdecken, darüber hinaus hat Lajares auch ein interessantes Handarbeitszentrum zu bieten.

Bis auf zwei hübsch restaurierte Windmühlen am südlichen Ortsrand gibt es in Lajares keine anderweitigen großen Sehenswürdigkeiten. Dennoch ist hier einiges los. Obschon das Meer einige Kilometer entfernt ist, hat sich der Ort zu einem viel frequentierten Szeneplatz der Surfer entwickelt, einfach deshalb, weil die Mieten hier verglichen mit Corralejo und El Cotillo niedriger sind und nicht zuletzt, weil eine Straße direkt zur sieben Kilometer entfernten Northshore führt – für Surf Cracks ein herausragendes Revier. Entlang der Hauptstraße von Lajares gibt es für das überwiegend junge Publikum etliche Surfshops und Szenelokale.

Hohlsaumstickereien

Lajares ist eines der Handarbeitszentren der Insel. In der Hauptstraße gibt es eine Artesanía, die ein breites Angebot an Spitzen anbietet. Dabei hat sich allerdings auch Importware ins Sortiment geschmuggelt. Doch den Unterschied erkennt man nicht zuletzt am Preis. An einer Tischdecke arbei-

Vulkanwanderung Lajares

Ausgangspunkt: Hauptstraße in Lajares; der Einstieg am Fußballstadion ist gut mit Buslinie 8 Corralejo–El Cotillo erreichbar.
Schwierigkeitsgrad: leicht bis mittelschwer
Höhenunterschied: 200 m
Länge: Bis zum Calderón Hondo und zurück etwa acht Kilometer (reine Gehzeit knapp zwei Stunden), nach Corralejo knapp vier Stunden.
Wegbeschaffenheit: Der erste Teil der Wanderung führt auf einem teils gepflasterten Lavapfad zum Krater Calderón Hondo hinauf, der Weg nach Corralejo auf breiter Erdstraße. Für den Abstecher auf den Bayuyo ist Trittsicherheit nötig.
Ausrüstung: Wanderstiefel; sofern man den Bayuyo weglässt, reichen gut eingelaufene Halbschuhe oder Trekkingsandalen. Unterwegs gibt es keine Einkehrmöglichkeit, Trinkwasser mitnehmen.

Ⓐ **Lajares** – Die Wanderung beginnt am Fußballstadion (Bushaltestelle); dort biegt man von der Durchgangsstraße nach Norden in die Straße nach Majanicho ab.

Ⓑ **Calderón Hondo** – Am Kraterrand gewährt eine Aussichtsplattform grandiose Einblicke in das vulkanische Geschehen.

Ⓒ **Bayuyo** – Der aus zwei Kratern bestehende Bayuyo entstand vor 10 000 Jahren, mit seinen 271 Metern dominiert er die Vulkanlandschaft, von der Gipfelsäule bietet sich ein einmaliges Panorama.

Ⓓ **Corralejo** – Der Schotterweg trifft auf die Avenida Juan Carlos I., von dort links zum Busbahnhof.

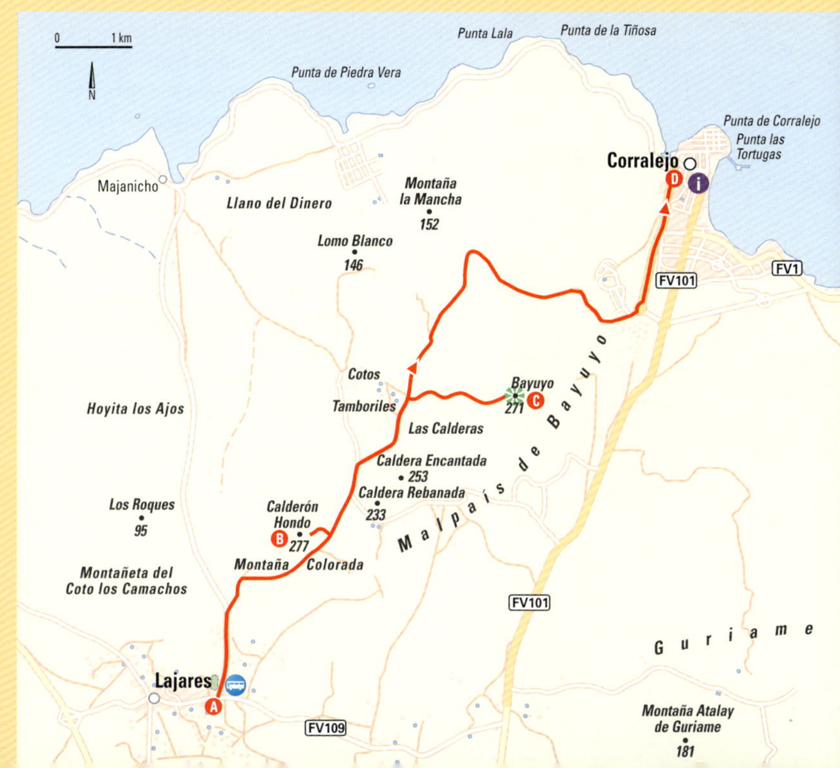

AUTORENTIPP!

NORTHSHORE

Der Surfshop des ehemaligen Weltcup-Profi Jürgen Hönscheid ist in Lajares eine Institution. Hönscheid versorgt die Szene schon seit Jahren mit hochwertigen Surf-, Windsurf- und Kitesurfboards aus der eigenen Werkstatt, seine Kundschaft schätzt neben der fachgerechten Beratung vor allem die individuelle Maßarbeit. In dem Laden gibt es neben Leih- und Boogieboards auch Surfwear und Accessoires zu kaufen. Erfolgreich ist zudem eine in kleinen Auflagen produzierte T-Shirt-Kollektion. In den Familienbetrieb sind gelegentlich auch die drei Töchter Sonni, Janni und Bitsy – alle selbst erfolgreiche Profisurferinnen – involviert. Wer mehr über die Surferfamilie wissen will: In dem Shop liegt Hönscheids Autobiografie aus.

Northshore. Calle Coronel González del Hierro (am Sportplatz), Tel. 928 86 83 21, www.northshore-fuerte.com

tet eine Stickerei mehrere Wochen; das kostet natürlich mehr als nur ein paar Euro. Wie auch auf den anderen Kanarischen Inseln hat man sich in Lajares auf *calados* (Hohlsaumstickereien) spezialisiert.

Vulkanisches Erbe

Der Norden Fuerteventuras wird von einem riesigen Lavafeld eingenommen, das vor rund 10 000 Jahren entstand. Im Zentrum der vulkanischen Aktivität lag der Bayuyo, unterstützt von benachbarten Vulkankegeln dehnte sich während der Eruptionsserie die Inselfläche um etwa 100 Quadratkilometer aus. Es ist damit die jüngste vulkanische Region auf Fuerteventura, anders als auf den Nachbarinseln Lanzarote, Teneriffa und La Palma, auf den in den letzten 200 Jahren immer wieder die Erde aufbrach, herrscht auf Fuerteventura seit tausenden von Jahren Ruhe. Das vulkanische Erbe ist dennoch allerorten sichtbar, nur zögerlich siedeln sich auf den ruppigen jungvulkanischen Böden die ersten Pionierpflanzen an. Bis auf ein paar wenige Schotterpisten ist die Region kaum erschlossen und so gut wie unbewohnt, lediglich an den Rändern entstanden Siedlungen, im Nordosten Corralejo, im Nordwesten El Cotillo und am Südrand Lajares. Malpaís de Bayuyo wird das riesige Gebiet genannt, übersetzt heißt das so viel wie »schlechtes Land«.

Calderen und Krater

In den 1990er-Jahren legte die Inselregierung einen Pfad durch das Malpaís an. Es war damals der erste offizielle Wanderweg auf der Insel, seither entdeckten tausende von Touristen die herbe Schönheit der ausgebrannten Landschaft. Der Einstieg befindet sich nördlich von Lajares an der Straße nach Majanicho. Ein akkurat mit Lavastei-

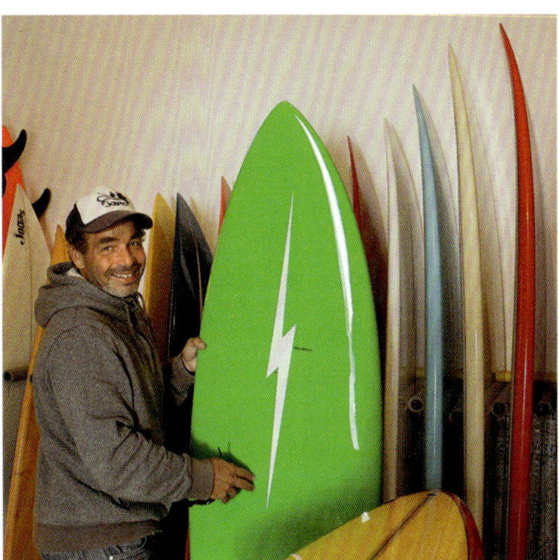

Surfshop in Lajares

nen gepflasterter Weg führt zunächst an der Montaña Colorada vorbei und dann an einer Verzweigung links haltend zum Calderón Hondo hinauf. Am Kraterrand hat man einen Aussichtspunkt angelegt, von dem sich ein spektakulärer Blick in den ebenmäßig geformten Kraterkessel ergibt. Auch 10 000 Jahre nach der Eruption sind noch blassgelbe Schwefelablagerungen auszumachen.

Sofern man noch weiter zum Bayuyo möchte, folgt man an der Verzweigung dem Pfad links, der bald darauf auf eine in Richtung Corralejo führende Erdstraße trifft. Nach einer guten halben Stunde läuft rechts ein Pfad zur Gipfelsäule auf dem 271 Meter hohen Vulkan hinauf, von dem sich nicht nur das ganze Malpaís überblicken lässt, über die zum Greifen nahe Ferienstadt Corralejo hinweg schweift das Auge bis nach Lanzarote hinüber. Wer nicht nach Lajares zurück will, kann nach dem Abstieg vom Bayuyo der Piste weiter nach Corralejo folgen.

Infos und Adressen

ÜBERNACHTEN

Mavadel. Tolle kleine Anlage auf einem großen Grundstück in ruhiger Ortsrandlage. Es gibt zehn modern eingerichtete Bungalows, mit viel Platz für vier bis sechs Personen. Zwei Bungalows teilen sich jeweils einen kleinen Pool, auch steht auf dem Gelände eine Boule-Bahn zur Verfügung. Calle Cerca Nueva 28, Kontakt über die holländischen Eigentümer Tel. 0031/174 76 60 02, www.mavadel.nl

ESSEN UND TRINKEN

Canela Café. Das Szenelokal an der Hauptstraße bietet in entspannter Atmosphäre eine große Auswahl an Snacks und Hauptgerichten (abends) aus aller Welt, von italienischer Pasta über indisches Tandoori-Huhn bis zu Thai-Curries. Mo–Fr 8–2 Uhr, Calle Coronel González del Hierro 30, Tel. 928 86 17 12.

Rojo Tomate. Beliebter Italiener mit Pizza, Pasta und italienischen Weinen. Calle La Cancela 8 (hinter dem Dorfplatz), Tgl. 12–24 Uhr, Tel. 928 86 15 13.

EINKAUFEN

Artesanía Lajares. Das Geschäft in der Hauptstraße hat ein breites Angebot an Stickereien. Calle Coronel González del Hierro 14.

SURFSHOPS

Magma. Surfshop mit Schule für Surfer, Kiter und Stehpaddler. Es werden auch Studios und Bungalows vermietet. Ronda 1, www.magma-kiteschool.com

15 El Cotillo

El Dorado der Brandungssurfer

El Cotillo ist anders als die übrigen Touristenzentren auf der Insel. Nicht nur, weil das alte Fischerdorf zwei bis drei Nummern kleiner ist. Der Ort zieht vornehmlich Individualisten an, die weder ein Pauschalarrangement noch allzu viel Luxus um sich brauchen. Bis noch vor wenigen Jahren galt der immer etwas unfertig wirkende Ort als Geheimtipp der Surfszene. Die ist immer noch da, denn ähnlich imposante Monsterwellen und Speed-Strips findet man ansonsten nur auf Hawaii.

Eine Flaniermeile wird man in El Cotillo genauso wenig finden, wie klotzige Einkaufszentren, teure Juweliere und exklusive Boutiquen. Trotz der zunehmenden Gästezahlen blieb der Ort auf dem Teppich. Man lebt sozusagen hinter Corralejo in der zweiten Reihe und kommt anscheinend damit ganz gut über die Runden. Zwar hat sich auch hier in den letzten 20 Jahren einiges geändert, doch verglichen mit den ausufernden Hotellandschaften anderenorts nehmen sich die jüngst an

Mitte: Monumento al Pescadores - Hommage an die harte Arbeit der Fischer
Unten: Beschauliche Atmosphäre am Alten Hafen von El Cotillo

MAL EHRLICH

DER ATLANTIK IST KEINE BADEWANNE

Der Atlantik will nicht mit dem relativ zahmen Mittelmeer verwechselt werden. An den meisten Stränden der Westküste von Fuerteventura erlaubt die starke Brandung fast das ganze Jahr über keinen Badebetrieb. Anders die Ostküste, an der man in der Regel meist gefahrlos schwimmen kann. An den großen Stränden zeigt eine gehisste Fahne an, was gerade Sache ist: Rot = Baden verboten; Gelb = Aufgepasst; Grün = Alles paletti.

der Playa de los Lagos entstandenen Apartmentblocks wie eine Oase aus.

Alter und neuer Hafen

In El Cotillo drehte sich jahrhundertelang fast alles um den Hafen. Der früher als Puerto del Tostón bekannte Ort profitierte von einem von der Steilküste ausgesparten geschützten Naturhafen, der allerdings den Haken hatte, dass eine gehörige Portion an Geschick erforderlich war, um die Boote durch die nicht ungefährlichen Felsen vor der Einfahrt zu manövrieren. Ortsunkundige, sprich Piraten, hatten bei unruhiger See – und die gibt es an der rauen Nordwestküste öfters – ihre Probleme damit. Selbst die Fischer, die jeden Tag vom Meer zurückkamen, hatten es nicht immer einfach. Einmal sicher angekommen, wurden dann die kleinen Boote auf eine Rampe gezogen, erst dann konnte mit dem Anlanden des Fangs begonnen werden.

Nahe der Mole stellt eine Skulptur zwei Fischer dar, wie diese gerade ihr Boot an Land ziehen. Ein paar Schritte oberhalb davon versinnbildlicht das aus einem Basaltblock gehauene *Monumento al Pescador* des lanzarotischen Künstlers Paco Curbelo das nicht immer leichte Los der Fischerfamilien – es zeigt eine aufs Meer hinausschauende Frau, die auf die Heimkehr ihres Mannes wartet. Erst seit dem es ein Stück weiter südlich den von einer mächtigen Betonmole geschützten neuen Hafen gibt, ist ein gefahrloses Einlaufen nun auch für größere Schiffe möglich. Das Leben spielt sich jedoch nach wie vor im alten Hafen ab. Grund dafür sind die bei Feriengästen ausgesprochen beliebten Fischlokale, die ihre Terrassen aufs Meer ausgerichtet haben – nur wenig andere Plätze auf der Insel können von der beschaulichen Atmosphäre da mithalten.

AUTORENTIPP!

O LÀ LÀ!

Die französische Konditorei am nördlichen Ortsrand von El Cotillo genießt Kultstatus. Man reiht sich in der Hauptsaison gerne geduldig in die Warteschlange ein. Egal, ob man bereits kurz nach Sonnenaufgang zum Frühstücken oder nachmittags zu gutem Kaffee und Kuchen kommt oder sich auf die Schnelle ein frisches Baguette, belegte Brötchen, ein Stück Quiche oder eine Tüte voll süßer Teilchen mitnimmt, immer wird man von der Qualität des Angebots begeistert sein. Zu den Hits gehören das rustikale Bauernbrot mit Nüssen und die kleinen runden Früchtetörtchen. Der Milchkaffee heißt hier übrigens nicht *café con leche*, sondern *café au lait*, französisch eben …

El Goloso. Tgl. 7.30–14.30 und 17–20 Uhr, So nur vormittags.Calle Pedro Cabrera Saavedra 1 / Ecke Calle León y Castillo, Tel. 928 53 86 68.

AUTORENTIPP!

PLAYA DE ESQUINZO
Es gibt auf Fuerteventura nur wenige vergleichbar einfache Wanderungen, wie jene von El Cotillo zur Playa de Esquinzo. Ohne großes Auf und Ab kann man auf einem schön angelegten Küstenpfad immer am Rand der Steilküste nach Süden spazieren. Wer will, geht bereits von der Touristeninformation im alten Wachtturm los: Von dort wird zunächst die großartige Playa del Castillo umlaufen, nach der man dann auf den Wanderweg trifft. Nach etwa einer Stunde lohnt auf einem Treppenweg der Abstieg zur feinsandigen Playa del Àguila (Adlerstrand), diese ist jedoch genauso wie die Playa del Castillo und die noch eine halbe Stunde weiter südlich gelegene Playa del Esquinzo mehr zum Sonnenbaden als zum Schwimmen geeignet ist.

Gehzeit: hin und zurück etwa 3,5 Stunden;
Einkehr: Keine am Weg, von daher reichlich Wasser mitnehmen.

Ein Piratenausguck

Auf dem Plateau über der Steilküste steht nur unweit des neuen Hafens der Torre El Tostón. Wie die anderen Kanaren war Fuerteventura bis weit ins 18. Jahrhundert hinein wiederholt das Ziel von Piraten. Zum Schutz vor Angreifern ließ man in El Cotillo ebenso wie in Caleta de Fuste und an der Südküste von Lanzarote Festungstürme errichten. 1740 beauftragte der Militärgouverneur von La Oliva den italienischen Festungsbaumeister Claudio de L'Isle mit dem Bau des aus dunklem Vulkangestein errichteten Rundturms, dessen kleiner Eingang mit einer Fallbrücke gesichert wurde. Das Innere bot Platz für eine Besatzung von zwölf Mann, denen im Ernstfall drei auf dem Dach des Turms in Stellung gebrachte Eisenkanonen zur Verfügung standen. Das dafür notwendige Schießpulver wurde in einer Kammer gleich neben dem Eingang gelagert. Auch gab es innerhalb des Turms eine Zisterne. Der Wehrturm überdauerte praktisch unbeschadet die Zeit. Heute sind darin das Büro der Touristeninformation und eine kleine Ausstellung untergebracht. Besucher können gegen eine kleine Gebühr auf das Dach steigen und den Rundblick genießen. Der Blick fällt dabei auch auf drei runde Kalköfen. Der einst dort gebrannte Kalk war mit ein Grund, worauf es die Piraten abgesehen hatten. El Cotillo war zu jener Zeit einer von drei Inselhäfen, die das Recht hatten, den damals begehrten Rohstoff ins Ausland auszuführen.

El Cotillo und seine Strände

Warum El Cotillo noch bis weit in die 1990er-Jahre im Dornröschenschlaf schlummerte, liegt am Strand. Zwar gehört die fast ein Kilometer lange Playa del Castillo südlich der Ortschaft zu den schönsten Inselstränden, doch zugleich machen dort die ungestüm heranrollenden Brandungswellen die meiste Zeit des Jahres einen Badebetrieb unmöglich. Auch die Unterströmungen sind nicht ohne. Am goldgelben Sandstrand kann man jedoch wunderbar sonnenbaden und sich in der auslaufenden Gischt die Füße vertreten; doch dabei sollte man es dann auch belassen. Für Surfer sind die bis zu sechs Meter hohen Wellen dagegen ideal. Sie waren die ersten, die vor 25 Jahren El Cotillo entdeckten und mit ihren Campingbussen direkt auf der Steilküste parkten. Nach und nach öffneten dann für die neuen Gäste eine Handvoll kleine Familienpensionen, bis schließlich nördlich vom alten Ortskern auch einige größere Apartmentkomplexe entstanden. Dort gibt es mit der Playa de los Lagos ein paar bildhübsche Badebuchten, die sich durchaus für den Familienurlaub eignen. Feiner heller Sand füllt die teils winzigen Strände auf und kontrastiert effektvoll mit dem türkisfarbenen Wasser und den schwarzen Basaltzungen, selbst Kleinkinder können sich hier im Flachwasser gefahrlos vergnügen. Eine Strandbar sorgt für Snacks und Erfrischungen.

Die Leuchttürme

Von der Playa de los Lagos führt eine Straße in die nordwestlichste Inselecke zum Faro del Tostón. Genauer gesagt handelt es sich um zwei Leuchttürme: den in rot-weißen Signalfarben gestrichenen 30 Meter hohen neuen Turm von 1985 und seinen kleineren achteckigen Vorgängerbau (1955). Im alten Leuchtturm hat man jüngst ein kleines Museum eingerichtet, das den Fischern von El Cotillo gewidmet ist. In der mit Infotafeln vollgepackten Ausstellung gibt es viel zu lesen, manches davon ist hochinteressant, etwa die Familiensaga der Familie Hierro, die seit vier Generationen in El Cotillo in einer kleinen Schiffszimmerei Holzboote herstellt. Oder das Leben der Thunfischfischer, deren Fang früher gepökelt auf

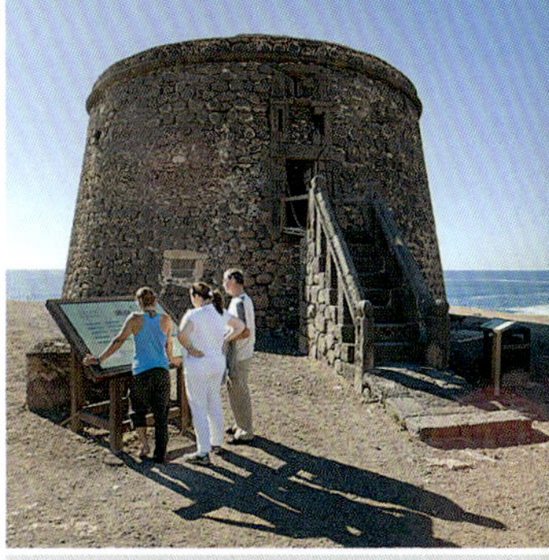

Oben: Ein Kalkofen aus dem 19. Jahrhundert über dem Neuen Hafen von El Cotillo
Mitte: An Cotillos Stränden kontrastieren schwarze Basaltzungen mit goldgelbem Sand.
Unten: Im alten Wehrturm hat sich das Touristenbüro eingerichtet.

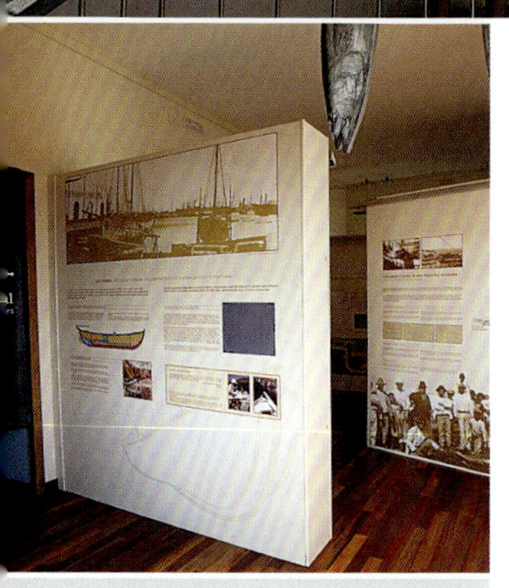

Oben: Ausblick vom Leuchtturm in die nordwestlichste Inselecke
Unten: Im Leuchtturm widmet sich ein kleines Museum der traditionellen Fischerei.

dem Rücken von Eseln in die Inseldörfer transportiert und zum Verkauf angeboten wurde. Auch wird von einer alten Fangmethode der kanarischen Ureinwohner berichtet. Die sollen den Saft der giftigen Wolfsmilch in kleine Meeresbecken gekippt haben, die Fische wurden dadurch leicht betäubt und ließen sich mit den bloßen Händen fangen.

Nicht nehmen lassen sollte man es sich auf die Aussichtsplattform des Leuchtturms zu steigen, die einen weiten Ausblick hinüber nach Lanzarote erlaubt. Neben den Leuchttürmen kann man auf einem 800 Meter langen Lehrpfad (*sendero autoguida*) allerlei Wissenswertes zur anspruchslosen Flora auf dem flachen Küstenplateau erfahren, auch Umweltfragen, etwa die Ölverschmutzung des Meeres, werden thematisiert.

Infos und Adressen

SEHENSWÜRDIGKEITEN

Museo de la Pesca Tradicional. Fischereimuseum im Faro del Tostón, Di–Sa 10–18 Uhr, Tel. 928 85 89 98.

ÜBERNACHTEN

Casa Tile. Das kleine Ferienhaus mit Wohnküche und zwei Schlafzimmern befindet sich im Weiler El Roque einen guten Kilometer von El Cotillo und dem Meer entfernt. Im gemütlichen Innenhof gibt es neben einem Minipool auch eine Grillecke und einen Holzbackofen. Tel. 0208/66 33 25, www.finca-kanaren.de

Cotillo Lagos. Die Bungalowanlage ist schon etwas in die Jahre gekommen, doch sie liegt sehr schön an einer familienfreundlichen Badebucht. Urb. Los Lagos, Tel. 928 17 53 88, www.cotillolagos.com

Hotel Soul Surfer (Marea Viva). Einfaches Zweisternehaus mit sauberen Zimmern zum kleinen Preis und einer aussichtsreichen Dachterrasse. Calle San Pedro 2, Tel. 928 53 85 98, www.hotel-cotillo.de

ESSEN UND TRINKEN

La Vaca Azul. Die namensgebende blaue Kuh auf der Dachterrasse avancierte zum heimlichen Wahrzeichen des Ortes. Der Ausblick über den alten Hafen ist phänomenal und der Fisch ganz ordentlich. Tgl. 12–22 Uhr, Calle Requena 9, Tel. 928 53 86 85.

El Mirador. Ein weiteres Terrassenlokal am alten Hafen, die Küche kann allerdings mit der Aussicht nicht ganz mithalten. Tgl. 12–23.30 Uhr, Muelle de Pescadores 19, Tel. 928 53 88 38, Tel. 687 96 89 02.

AKTIVITÄTEN

Granja Tara. Der Reitstall in El Roque bietet geführte Ausritte für die Großen und Ponyreiten für die Kleinen an. Auf Wunsch mit Hotelabholung. El Roque, Tel. 607 55 26 61, www.reitstall-fuerteventura.de

INFORMATION

Información Turística. Castillo El Tostón (im Wehrturm), Mo–Fr 9–15 Uhr, Sa/So 9–14 Uhr, Tel. 928 86 62 35.

Das Hotel Soul Surfer bietet einfache Zimmer zum kleinen Preis.

Mitte: In der alten Inselhauptstadt regierten einst die Militärs.
Unten: Hinter dem Eingangsportal der Casa de los Coroneles befand sich einst das Machtzentrum der Insel, heute erzählt eine Ausstellung von der Geschichte des Hauses.

16 La Oliva

Alte Hauptstadt mit bewegter Geschichte

Der Ortsname weckt Assoziationen an mediterrane Olivenhaine, doch von dem einstmals kleinen Bestand der von den spanischen Eroberern eingeführten Ölbäume ist praktisch nichts mehr zu sehen. Die alte Hauptstadt macht vielmehr durch außergewöhnliche koloniale Bauten auf sich aufmerksam und Kunstliebhaber erhalten einen guten Einblick in das Schaffen der kanarischen Kunstszene.

Fast anderthalb Jahrhunderte stand La Oliva im Zentrum der politischen Macht, bis es 1860 die Hauptstadtfunktion an Puerto de Cabras, dem heutigen Puerto del Rosario, abgeben musste. Trotz einiger sehenswerter historischer Gebäude besuchen wenige Touristen den Ort, so kann man sich meist in Ruhe umsehen. Bei einem Rundgang wird offensichtlich, dass La Oliva seine Blütezeit längst hinter sich hat, wenn auch in jüngster Zeit etliche der verfallenen Gebäude restauriert wurden und mit einigen repräsentativen Neubauten, etwa dem Rathaus, ein frischer Wind in das Ortsbild Einzug gehalten hat. Ermöglicht haben dies die sprudelnden Einnahmen aus dem Tourismus – vom Rathaus in La Oliva werden die Ferienorte Corralejo und El Cotillo verwaltet. Dennoch wirkt der Ort nicht unbedingt, wie man es von einer ehemaligen Hauptstadt erwartet hätte, vor allem fehlt ihm die eigentliche Mitte.

Casa de los Coroneles

Erster Anlaufpunkt der in den Jahren von 1834 bis 1860 offiziellen Hauptstadt Fuerteventuras ist die

Casa de los Coroneles, sowohl architektonisch als auch aus geschichtlicher Sicht gilt sie als einer der wichtigsten Profanbauten der Kanarischen Inseln. In dem für Inselverhältnisse riesigen Gutshof herrschten ab 1708 die Militärkommandanten (Coroneles). Über dem Eingangsportal prangt das Wappen der Familie Cabrera Béthencourt, die über mehrere Generationen hinweg den Coronel stellte. Der Coronel hielt schon lange bevor La Oliva offiziell Inselhauptstadt war de facto die politische Macht in den Händen, er war zugleich mit fast einem Drittel der Inselfläche der größte Grundbesitzer. Auch nach der Ablösung der Militärs durch eine Zivilregierung und der zeitweiligen Nutzung durch die Franco-Administration blieb die Casa im Besitz der Familie Béthencourt, bis nach langem Leerstand und langwierigen Verhandlungen die Inselregierung 1994 das Anwesen von der Erbengemeinschaft erwarb und es nach umfangreichen Sanierungsarbeiten mit Mitteln aus dem EU-Regionalfonds wieder auf Vordermann brachte. 2006 konnte die Casa de los Coroneles schließlich von dem spanischen Königspaar höchstpersönlich als Kulturzentrum eröffnet und der Öffentlichkeit zugänglich gemacht werden. Der zweigeschossige Komplex mit quadratischem Grundriss und einem zentralem Innenhof wird von mit Zinnen bekrönten vier Ecktürmen eingefasst. Im Erdgeschoss befanden sich einst Lagerkontore und Stallungen, gewohnt wurde im Obergeschoss, in dem man auch einen Blick in die ehemalige Hauskapelle werfen kann. Eine Dauerausstellung beleuchtet unter anderem die eng mit der Casa de los Coroneles verbundene Rolle des Militärs auf Fuerteventura, die Säle im Erdgeschoss werden für wechselnde Ausstellungen vornehmlich kanarischer Künstler genutzt. Schön ist, dass für Besucher auch der Wehrgang auf dem Dach zugänglich gemacht wurde, von dem sich ein reizvoller Ausblick auf die umliegenden Vulkankegel ergibt.

AUTORENTIPP!

LANDHOTEL MAHOH

Typischer geht es kaum! In dem Anwesen aus dem Anfang des 19. Jahrhunderts setzen sich die unverputzten Natursteinmauern bis in die neun individuell gestalteten Zimmer fort und sorgen zusammen mit Terrakottaböden und antikem Mobiliar für ein betont rustikales Flair. In einigen der leider etwas dunklen Räume wird in Himmelbetten geschlafen. Zugeständnisse an die Moderne sind Flachbildschirme und ein Kühlschrank in jedem Zimmer. Zum Haus gehört ein viel gelobtes Lokal (Mi Ruhetag) mit guter kanarischer Küche und einer Spielecke für die Kleinen. Eine Wucht ist der kleine botanische Garten rund um das Anwesen, in dem Dattelpalmen, Sukkulenten und haushohe Kakteen stehen.

Hotel Rural Mahoh. Carretera FV-101 s/n, Villaverde,
Tel. 928 86 80 50, www.mahoh.com

AUTORENTIPP!

RINGKAMPF AUF KANARISCH

Lucha canaria ist auf den Kanarischen Inseln der Volkssport schlechthin, einem Wettkampf beizuwohnen lohnt sich auch für Außenstehende. Auf Fuerteventura hat jeder größere Ort einen *terrero de lucha* (Ringkampfarena), in der regelmäßig Wettkämpfe ausgetragen und vom Lokalfernsehen übertragen werden. Die Regeln sind relativ einfach: Zwei Mannschaften mit je zwölf Sportlern kämpfen in Einzelkämpfen gegeneinander, wer zuerst zu Boden geht, hat verloren, wobei Tritte und Schläge verboten sind, dafür wird reichlich an den Trikots gezerrt und auch Beinstellen ist erlaubt. Die besten Kämpfer werden *pollo* (Hähnchen) genannt und genießen einen Starkult wie anderenorts Fußballspieler. Besonders emotional geht es bei den Ligakämpfen gegen Mannschaften von den Nachbarinseln zu. Termine erfährt man über die Touristenbüros.

Pfarrkirche und Pfarrhaus

Die frühere Bedeutung La Olivas ist auch an der ansehnlichen Pfarrkirche Candelaria abzulesen, deren Anfänge auf den Beginn des 18. Jahrhunderts datiert werden, also in jene Zeit, in der sich auch die Militärkommandantur in La Oliva niederließ. Für den Glockenturm wurde dunkler Vulkanstein verwendet, der den wehrhaften Charakter des wuchtigen Turmes noch verstärkt, tatsächlich hielt darin einst ein Wachposten nach eventuellen Angreifern Ausschau. Durch ein Renaissanceportal betritt man den großzügigen Innenraum der dreischiffigen Kirche. Bedeutendster Kunstschatz ist eine drei mal vier Meter große Darstellung des Jüngsten Gerichts an der linken Wand. Im Hochaltar wird eine kleine Skulptur der Schutzpatronin Candelaria verehrt, sehenswert sind auch die fein gearbeiteten hölzernen Mudéjardecken. Der Pfarrer wohnte ursprünglich in der Casa del Capellán am südlichen Ortsrand. Noch bis vor wenigen Jahren glich das Haus einer Ruine und drohte einzustürzen, bis sich jüngst die Gemeinde zur Restaurierung durchringen konnte. Herausragend sind die Steinmetzarbeiten an Türen und Fensterfassungen. Man nimmt an, dass die ornamentalen Muster ähnlich wie jene an der Fassade der Pfarrkirche von Pájara auf lateinamerikanische Einflüsse zurückgehen.

In der äußerlich schlichten Casa de la Cilla an der Straße nach El Cotillo wurden früher die in Form von Getreide geleisteten kirchlichen Abgaben, der Zehnte, gelagert. Kleine Belüftungsschächte unter dem Dach sorgten dafür, dass das Korn nicht vorzeitig verschimmelte. Mit seinem Satteldach ist das Zehnthaus ein typisches Beispiel für die traditionelle Landarchitektur aus dem 19. Jahrhundert. 1997 richtete der Inselrat darin ein Getreidemuseum ein, das Museo del Grano, in dem Holzpflü-

Der Turm der Pfarrkirche von La Oliva kann seinen wehrhaften Charakter nicht verbergen.

Oben: Im alten Zehnthaus belegt ein Getreidemuseum, dass auf Fuerteventura in größerem Umfang Getreide angebaut wurde.
Mitte: Skulpturengarten im Centro de Arte
Unten: Moderne Kunst von Octavio del Torro bis César Manrique

ge, Dreschflegel und was man sonst noch alles früher zur Feldbestellung und Ernte benötigte, ausgestellt werden. Verblichene Fotos zeigen, dass auch Dromedare zum Einsatz kamen. Heute liegen die meisten Felder rund um den Ort brach.

Centro de Arte Canario

Dem grancanarischen Mäzen und Sammler Manuel (Mané) Delgado Camino gebührt die Ehre auf Fuerteventura das erste Forum für kanarische Malerei und Plastik ins Leben gerufen zu haben. Nahe der Casa de los Coroneles werden in einem Herrenhaus aus dem 19. Jahrhundert Werkgruppen von etwa 25 Künstlern und damit eine der umfangreichsten Sammlungen zeitgenössischer kanarischer Kunst ausgestellt. Man betritt den Komplex durch den subtropischen Garten, der für sich allein schon eine Sehenswürdigkeit ist; er wird durch eine Doppelreihe aus Goldkugelkugelkakteen, besser bekannt als Schwiegermutter-Sessel, in zwei Hälften geteilt. Zwischen die Sukkulenten und Kakteen sind Skulpturen und Installationen eingestreut, sowie 72 Ziegen in Form rostiger Metallschnitte – die Hommage an das wichtigste Nutztier Fuerteventuras schuf der katalanische Künstler Albert Argulló. Im Parterre füllen unter anderem Aquarelle des Surrealisten Alberto Manrique zwei Säle aus. Bemerkenswert ist sein Pferd im Porzellanzimmer. Das Herzstück des Kunstmuseums liegt unter der Erde, eine Rampe führt in eine an die hundert Meter lange rechtwinklige schmale Halle. Als wichtigster Künstler der Kanaren ist hier César Manrique (nicht mit Alberto Manrique verwandt) mit etlichen Bildern vertreten. Interessant sind daneben die Arbeiten von Octavio del Torro, dessen Markenzeichen skurrile Gestalten mit verdickten Extremitäten sind. Im Untergeschoss kann man in der umfangreichen Kunstbuchhandlung stöbern.

Infos und Adressen

SEHENSWÜRDIGKEITEN

Casa de los Coroneles. Di–Sa 11–14 und 16–18 Uhr, Haus der Militärs, Tel. 928 86 82 80, www.lacasadeloscoroneles.org

Casa del Capellán. Ehemaliges Pfarrhaus, Calle Juan Cabrera Méndez s/n (nahe der Casa de los Coroneles). Besichtigung nur von außen möglich.

Centro de Arte Canario. Mo–Fr 10–17, Sa 10–14 Uhr, Calle Salvador Manrique de Lara s/n, Tel. 928 86 82 33, www.centrodeartecanario.com

Iglesia de Nuestra Señora de Candelaria. Tgl. 9–17 Uhr, Plaza de Candelaria

Museo del Grano La Cilla (Getreidemuseum). Di 10–18 Uhr, Mi–Sa 10–15 Uhr, Calle La Orilla s/n, Tel. 928 86 87 29.

ÜBERNACHTEN

Casa Vieja Hotel. Das Nichtraucherhotel an der Straße nach Villaverde besteht aus einem alten Herrenhaus, das 2007 durch elf schicke Duplex-Villen mit Platz für bis zu sechs Personen erweitert wurde, zu jeder davon gehört ein eigener Minipool. Carretera General de La Oliva, Tel. 928 86 19 87, www.oasiscasavieja.com

Alte Gerätschaften im Museo del Grano

Aloe-Vera-Produkte sind ein gefragtes Mitbringsel.

ESSEN UND TRINKEN

Hijos de Suarez. Die schlichte Bar gegenüber von der Pfarrkirche gehört zu den wenigen Einkehrmöglichkeiten im Ort, angeboten werden verschiedene Tapas und frisch gepresster Orangensaft. Avenida Tababaire (Ex-General Franco), Tgl. 9–23 Uhr, Tel. 928 86 86 79.

Mucho Gusto. Kleine Pizzeria direkt neben Hijos de Suarez, in der es auch Nudelgerichte und gebratenen Ziegenkäse gibt. Di–So 11–15.30 Uhr und 18–23:30 Uhr, Avenida Tababaire 13, Tel. 928 86 81 95.

EINKAUFEN

Aloe Vera Fresca. In dem Museumsshop der italienischen Firma werden verschiedene Aloe-Vera-Produkte aus eigener Herstellung angeboten. Die Heilpflanze wächst direkt vor der Haustür. Tgl. 10–18 Uhr, Carretera General s/n, www.aloeveraonlineshop.com

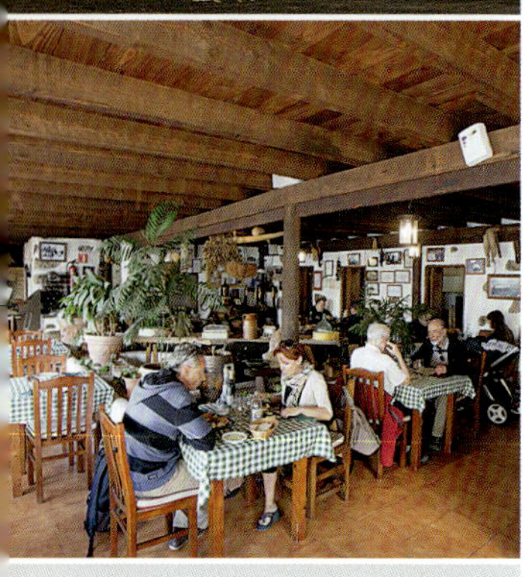

Mitte: Typische Landarchitektur in Villaverde
Unten: Im El Horno kommt Deftiges vom Holzkohlengrill auf den Tisch.

17 Villaverde
Grünes Dorf mit vulkanischem Erbe

Der Ortsname verspricht viel grün. Nach ausreichenden winterlichen Niederschlägen zeigen sich die von Wildblumen übersäten Felder und Wiesen um Villaverde tatsächlich erstaunlich bunt. Jenseits der Durchgangsstraße kann man in einer begehbaren Lavahöhle hautnah die vulkanische Vergangenheit Fuerteventuras erleben. Villaverde ist außerdem für seine guten Landgasthöfe bekannt.

Ein paar Tupfer Grün und Palmen am Straßenrand machen noch keinen Sommer. Die lang gestreckte Streusiedlung zwischen Corralejo und La Oliva entfaltet nur im zeitigen Frühjahr ihren Reiz, wenn die Wiesen zwischen den aus der Ebene ragenden Vulkanbergen mit einem bunten Wildblumenteppich überzogen sind. Etliche stattliche Bauernhöfe und von Lesesteinmauern eingefasste Felder zeugen davon, dass hier tatsächlich einmal in größerem Stil Feldwirtschaft betrieben wurde.

Landküche in rustikalem Rahmen

Unabhängig von der Jahreszeit wissen viele Ausflügler die gute Gastronomie in Villaverde zu schätzen, in ländlichem Ambiente lässt man es sich bei typisch kanarischer Küche gut gehen. Zu den Favoriten gehören El Horno und die Casa Marcos, beide liegen direkt an der Durchgangsstraße. Im El Horno sind Grillgerichte die Spezialität – Steaks, Lamm, Zicklein und Spanferkel kommen in großen Portionen auf den Tisch, sodass kaum noch Platz für die leckere Feigeneiscreme bleibt. In der Casa Marcos sitzt man an einfachen

Holztischen und wählt etwas aus dem großen Tapas-Angebot aus. Für beide Lokale gilt: Wer auf Nummer sicher gehen will, sollte unbedingt einen Tisch reservieren. Nach dem Essen kann man sich die Füße vertreten und auf einer der von der Durchgangsstraße abgehenden Pisten dem einen oder anderen Vulkankegel etwas näher kommen, beispielsweise der Montaña Escanfraga, an deren Fuß neben Aloe-Vera-Feldern auch ein Versuch mit Sisal-Agaven gestartet wurde.

Ein Museum unter der Erde

Beim Ausbruch der Montaña Escanfraga vor rund 800 000 Jahren bildete sich eine 650 Meter lange Vulkanröhre, die bis zu sechs Meter hoch ist. Bis zur touristischen Nutzung lagerte das spanische Militär zeitweise Sprengstoff in der unterirdischen Röhre und Ziegenhirten nutzten sie als Stallung, 2006 wurde sie schließlich als Cueva del Llano öffentlich zugänglich gemacht. Im Besucherzentrum erfährt man etwas über die erstaunliche Fauna: Paläontologen entdeckten Spuren einer seit 2000 Jahren ausgestorbenen Lavamaus. Als Sensation gilt eine Spinnenart (*Maiorerus randoi*), die ausschließlich hier vorkommt. Sie hat sich hervorragend an die Dunkelheit angepasst und kommt ohne Augen aus, ist also ausschließlich auf ihren Tastsinn angewiesen. Vor Ort wird man mit Schutzhelm und Stirnlampe ausgerüstet und kann unter fachkundiger Führung die ersten 200 Meter der Lavaröhre erkunden. Typisches Höhlengefühl ist garantiert, auch wenn es unterwegs nicht allzu viel zu sehen gibt. Spannend wird es, wenn der Führer bittet, die Stirnlampen auszuschalten und man in vollkommener Dunkelheit einen Moment innehält und vielleicht nachempfinden kann, wie es in so einem Lebensraum einer Spinne wohl gehen muss. Um die Spinne vor dem Aussterben zu schützen, ist der hintere Teil der Höhle gesperrt.

Infos und Adressen

SEHENSWÜRDIGKEITEN

Cueva del Llano. Die Zufahrt ist ab der Durchgangstraße in Villaverde ausgeschildert; Di–Sa 10–17.15 Uhr (2014 wegen eines Wassereinbruchs geschlossen).

ÜBERNACHTEN

Hotel Rural El Mahoh. Carretera FV-101 s/n, Villaverde, Tel. 928 86 80 50, www.mahoh.com

Villa Volcana. Am westlichen Ortsrand kann man sich in einem von drei gemütlich eingerichteten Studios mit hübsch gestaltetem Garten einmieten. Besitzerin Hannelore von der Twer arbeitet als Wanderführerin und hält viele Tipps aus erster Hand bereit. Calle la Berlina 11, Tel. 608 92 83 80, www.living-atlantis.com

ESSEN UND TRINKEN

Casa Marcos. Inselbekanntes Tapas-Lokal. Mo–Sa 13–23.30 Uhr, So bis 16 Uhr, Di Ruhetag, Carretera General 94, Tel. 928 86 82 85.

El Horno. Das rustikale Lokal an der Durchgangsstraße ist für seine Fleischgerichte vom Holzkohlengrill bekannt und meist gut besucht; es empfiehlt sich zu reservieren. Di–Sa 12.30–23 Uhr, So 12:30–16.30 Uhr, Carretera General 44 (am nördlichen Ortsausgang), Tel. 928 86 86 71.

18 Tindaya

Am Heiligen Berg der Ureinwohner

Das Wahrzeichen der seit Jahrhunderten von Ziegenhaltung geprägten Region um den Weiler Tindaya ist die Montaña Tindaya, die als pyramidenförmig aufgebauter Solitär 250 Höhenmeter aus der Ebene empor ragt und von den vorspanischen Ureinwohnern als *montaña sagrada*, als heiliger Berg, verehrt wurde. Erbittert geführte Diskussionen und Proteste lieferte das Vorhaben aus dem magischen Ort ein touristisches Disneyland zu schaffen.

Eines der ungelösten Rätsel Fuerteventuras sind die massenweise an der Montaña Tindaya gefundenen *grabados* (Felsritzungen) in Form von paarweise angeordneten Fußabdrücken. Die ersten davon wurden im Gipfelbereich 1978 entdeckt, mittlerweile belaufen sich die katalogisierten Funde auf rund 260. Wissenschaftler finden an der Montaña Tindaya ihre Theorie bestätigt, dass die kanarischen Ureinwohner von nordafrikanischen Berbervölkern abstammen – in Libyen fand man ganz ähnliche Felszeichnungen. Warum die Fußspuren auf den Kanarischen Inseln ausschließlich an der Montaña Tindaya vorkommen und was sie letztendlich aussagen, bleibt anscheinend das Geheimnis der Menschen, die sie geschaffen haben. Wie so vieles, was nicht erklärbar ist, werden die Fußabdrücke mit magisch-religiösen Riten in Verbindung gebracht, zumal im Gipfelbereich auch Grabreste gefunden wurden. Wanderer können mit einer Genehmigung der Umweltbehörde in der Tasche auf dem »Heiligen Berg« auf Spurensuche gehen und vom Gipfel eines der schönsten Panoramen über den Inselnorden genießen.

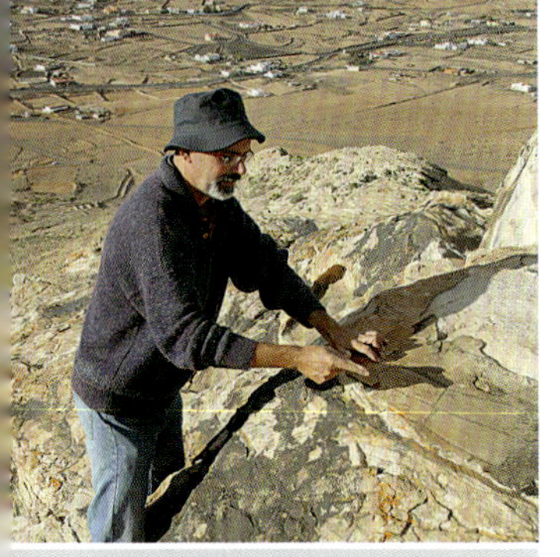

Mitte: Fuerteventuras heiliger Berg gibt den Archäologen so manches Rätsel zu knacken.
Unten: Auf der Montaña Tindaya ist ein Führer des Umweltamtes bei der Spurensuche nach Relikten der Ureinwohner behilflich.

Das Chillida-Projekt

Berlin-Besuchern ist die Arbeit des baskischen Bildhauers Eduardo Chillida (1924–2002) durch eine rostige Eisenskulptur vor dem Bundeskanzleramt bekannt, Fuerteventura wartet noch immer auf das Hauptwerk des Künstlers. Chillida hatte in den 1990er-Jahre die Idee einen Berg auszuhöhlen, die bald zu seinem großen Lebenstraum werden sollte. Nach vergeblicher Suche in andern Ländern entdeckte er schließlich die Montaña Tindaya auf Fuerteventura, die er am besten geeignet fand, seine Vision zu verwirklichen. Die Inselpolitiker zeigten sich sogleich aufgeschlossen, sahen sie in dem ambitionierten Großprojekt doch ein enormes Potenzial, die Insel um eine Touristenattraktion von internationalem Rang zu bereichern. Chillidas Plan war es, einen begehbaren würfelförmigen Raum mit einer Seitenlänge von 50 mal 50 Metern in den Berg zu fräsen und diesen durch zwei Schächte mit Himmel und Meer zu verbinden. Ein Monument der »Leere und Toleranz« sollte es werden. Ganz nebenbei würden beim Bau über 100 000 Kubikmeter Trachyt-Stein als »Abraum« anfallen, einem wegen seiner rötlichen Farbe begehrtem Baustoff.

Protestwelle

Die Umweltschützer liefen Sturm gegen das Vorhaben. Sie sahen vor allem den kulturellen Wert des von den Ureinwohnern verehrten Berges in Gefahr und fürchteten um die von ihnen hinterlassenen *grabados*. Sie fragten zu Recht, warum erst ein Naturdenkmal zerstört werden soll, um dafür ein anderes zu schaffen. Mit der von den Ureinwohnern magischen Aura sei es jedenfalls endgültig vorbei, wenn Bau- und Bohrmaschinen den Berg auseinander nehmen und Hunderttausende von Besuchern im Jahr die Stille der Tin-

AUTORENTIPP!

ABSTECHER NACH VALLEBRÓN
Von Tindaya kommend zieht eine schmale Landstraße einen Pass hinauf. Zu Fuß kommt man von dort in wenigen Minuten zum Mirador Montaña de la Muda hinauf, von dem sich die Aussicht in das zwischen zwei Bergzügen eingepasste Hochtal von Vallebrón öffnet. Zurück genießt man das ultimative Panorama auf die Montaña Tindaya. Im Frühjahr zeigt sich das Tal von Vallebrón mitunter richtig grün, da sich an den bis zu 500 Meter hohen Bergen die Passatwolken stauen und für etwas mehr Niederschläge sorgen als in anderen Inselteilen üblich. Terrassierte Felder und vereinzelte Maulbeer- und Feigenbäume zeugen noch davon, dass hier früher viel Landwirtschaft betrieben wurde. In dem kaum vom Tourismus berührten Ort finden sich einige schöne Beispiele kanarischer Landarchitektur. Reizend ist die kleine Ermita de San Juan, ihr Portal füllt fast die ganze Giebelfront aus.

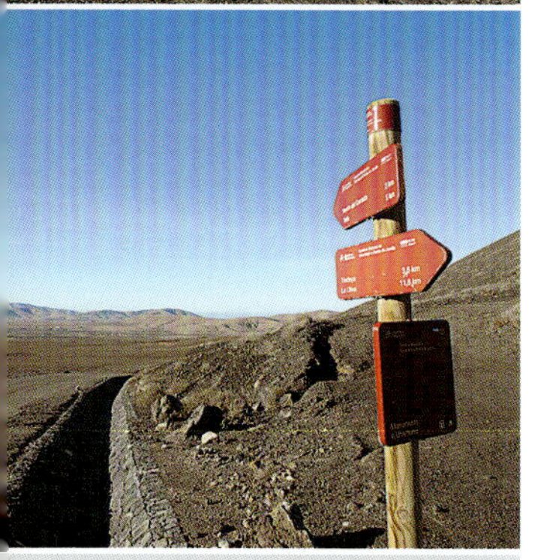

Oben: Die Ermita Nuestra Señora de la Caridad in Tindaya
Mitte: Allein auf weiter Flur – ein Denkmal würdigt den Philosophen und Dichter Miguel de Unamuno.
Unten: Der gut ausgeschilderte Fernwanderweg GR 121 macht auch in Tindaya Station.

daya stören würden. Mitten im Planungsstadium schien dann 2002 mit dem Tod des Künstlers auch das Projekt begraben zu sein. Doch die Inselregierung trieb ungeachtet der Proteste die Planung voran und investierte einen Millionenbetrag in eine Machbarkeitsstudie. Noch ist das ambitionierte Projekt nicht vom Tisch. Ungeklärt ist nach wie vor, woher die geschätzten Investitionen von etwa 76 Millionen Euro kommen sollen.

Ein Denkmal für den Verbannten

Südlich von Tindaya zweigt von der FV-10 eine Zufahrt zu einem am Fuß der Montaña Quemada stehenden Denkmal ab. Es erinnert an den baskischen Philosophen Miguel de Unamuno, der wegen seiner regimekritischen Äußerungen von der rechtslastigen Madrider Zentralregierung 1924 nach Fuerteventura verbannt wurde (siehe Highlight 1, S. 30f.). Um das von dem grancanarischen Bildhauer Juan Borges Linares (1951–2004) geschaffene schlichte Monument gab es erheblichen Wirbel. Der Künstler hatte es schon 1970 fertiggestellt, doch es konnte nicht seiner Bestimmung übergeben werden, weil damals Spanien unter der Diktatur von General Franco stand. Dieser war ein entschiedener Gegner der freiheitsliebenden Philosophie Unamunos. Selbst nach Francos Tod 1975 tat man sich mit dem Denkmal schwer, offiziell wurde es erst 1980 eingeweiht.

Infos und Adressen

SEHENSWÜRDIGKEITEN

Ermita de Nuestra Señora de la Caridad. Weiß getünchte Kirche mit kunstvoll gestaltetem Altarraum und Glockenturm aus dunklem Vulkanstein.

ESSEN UND TRINKEN

Bar González. Einfache Bar an der Dorfstraße nahe der Kirche.

AKTIVITÄTEN

Montaña Tindaya. Für die Besteigung des Berges ist eine kostenlose schriftliche Erlaubnis notwendig. Man erhält diese gegen Vorlage des Personalausweises in Puerto del Rosario im Büro von Medio Ambiente (Umweltbehörde), Calle Lucha Canaria 112/Ecke Avenida Juan de Betancourt, Mo–Fr 8–14 Uhr.
Von der Kirche in Tindaya folgt man der Dorfstraße an der Bar González vorbei zu einem Trafoturm hinab. Kurz nach diesem biegt man in eine Schotterpiste ein und hält dann an der nächsten Gabelung rechts auf zwei verfallene Häuser am Fuß der Südflanke des Berges zu, hinter denen der Steig zum Gipfel (399 m) beginnt. In der Regel kontrolliert ein Mitarbeiter der Umweltbehörde das Permit und führt die Wanderer auf den Gipfel. Man sollte trittsicher sein und ein bisschen Erfahrung im Bergwandern mitbringen, Wanderstiefel sind ein Muss. Gehzeit gesamt etwa 2 Std., mit Führung 3 Std.

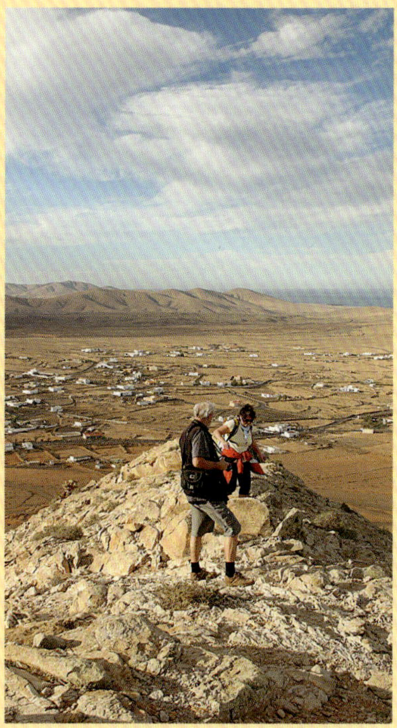

Beim Aufstieg zur Montaña Tindaya sind weite Ausblicke garantiert.

Ausgangspunkt für den Weg zum Gipfel ist die kleine Dorfkirche von Tindaya.

INSELMITTE

S. 114/115: Die Windmühle von Tefia
Mitte: Rustikale Bruchsteinmauern stellen den äußeren Rahmen des Hotel Rural Mahoh in La Oliva.
Unten: Eine gute Adresse für das Wohnen auf dem Lande ist die Casa Isaitas in Pájara.

19 Landhotels und Fincas
Schöner wohnen auf dem Lande

Wahrscheinlich 99 Prozent aller Gäste auf Fuerteventura wollen dicht am Wasser wohnen, wenn nicht gleich in der meist etwas teureren ersten Reihe, dann möchte man zumindest vom Balkon aus das Meer sehen und den Strand in Fußnähe haben. In das Inselinnere verschlägt es bislang lediglich eine winzige Minderheit von Individualisten, die ihre schönsten Tage des Jahres möglichst ruhig und ab vom Schuss verbringen wollen.

Von jedem Punkt Fuerteventuras ist das Meer nie mehr als 20 Fahrminuten entfernt. Da viele der Dörfer im Inselinneren keine besonders gute Busanbindung haben, ist die erste Voraussetzung für das Wohnen auf dem Lande ein Mietwagen. Dieser wird nicht nur für den Strandausflug gebraucht, auch der nächste größere Supermarkt liegt meist einige Kilometer vom Feriendomizil entfernt. Das Reisebudget wird dadurch nicht außerordentlich mehr belastet, Mietautos kosten auf der Insel nicht viel und das Benzin ist im Vergleich zu Mitteleuropa spottbillig.

Schmucke Fincas

Auf den Kanaren boomt der Finca-Tourismus vor allem auf den Nachbarinseln Teneriffa und La Palma. Dort wurden mit dem von der Europäischen Union geförderten Turismo-Rural-Projekt viele alte Bauernhäuschen wieder originalgetreu instandgesetzt und in den Dienst des Fremdenverkehrs gestellt. Doch auch auf Fuerteventura gibt es einige wirklich hübsche Landhäuser, sie werden meist über Agenturen angeboten oder von privat vermietet. El Sitio de Jaifa beispielsweise ist eine typische kleine Finca im Hinterland von Puerto del Rosario. In dem Natursteinhaus aus dem Ende des 19. Jahrhunderts gibt es zwei Schlafzimmer, einen gemütlichen Wohnbereich und eine gut ausgestattete Küche, die ganz auf Selbstversorger ausgerichtet ist. Sonnenkollektoren sorgen für Strom und Warmwasser. Natürlich sind auch schicke Villen und neue Bungalows mit Designermöbeln und eigenem kleinen Pool im Angebot, alles ist immer nur eine Frage des Preises.

Rustikale Landhotels

Wer sich nicht selbst versorgen will und Wert auf einen gedeckten Frühstückstisch legt und auch auf einen Zimmerservice nicht verzichten will, ist in einem der kleinen Landhotels, etwa dem Hotel Rural Mahoh in La Oliva (siehe Autorentipp, S. 103, Highlight 16), gut aufgehoben. Meist handelt es sich dabei um einen restaurierten Gutshof aus dem vorletzten Jahrhundert mit teils meterdicken Natursteinmauern und antik möblierten Zimmern. Auf modernen Komfort muss dabei nicht unbedingt verzichtet werden, wenn auch Ausstattung und Poolgröße nicht mit einem Vier- oder Fünfsternehaus an der Küste vergleichbar sind, doch Internetzugang und Sat-Fernsehen gehören auch auf dem Lande zum Standard. Keines der Hotels hat mehr als ein Dutzend Zimmer, von Massentourismus also keine Spur. Meist sind die Hotels familiär geführt und nicht selten sorgen die Eigentümer für eine individuelle Betreuung ihrer Gäste. Die Atmosphäre ist betont ländlich und man kann die Haustüre verlassen ohne gleich in hektischem Trubel zu versinken. In der unmittelbaren Umgebung gibt es immer Möglichkeiten für ruhige Spaziergänge oder Wanderungen.

Infos und Adressen

FINCAS

Casa Mirala. Schmuckes kleines Ferienhaus am Ortsrand von Lajares, ideal für zwei Personen. Mit Minipool und Außengrill. Buchbar über die deutsche Agentur Las Islas Reisen (siehe unten).

El Sitio de Jaifa. Mit Platz für maximal sechs Personen. La Asomada, Tel. 67 09/96 34 39, www.fincaelsitiodejaifa.com

AGENTUREN

Ferienhaus-Vermittlung Fincaferien. Hainbergstr. 18, 31167 Bockenem, Tel. 05067/65 26, www.fincaferien.de

Las Casas Canarias. Über das deutschsprachige Internetportal können Ferienhäuser und Villas u.a. in Tuineje, La Asomada (nahe Puerto del Rosario), Triquivijate (bei Antigua) und Tindaya gebucht werden. Tel. 928 58 00 30, www.lascasascanarias.com

Las Islas Reisen. Im Angebot sind u.a. Häuser in La Pared, Lajares und Tuineje. Am Thie 3, 31171 Nordstemmen, Tel. 05069/348 70, www.las-islas.reisen.de

Triquivijate
Betancuria
Antigua
Vega de Río Palmas
20 Route der Windmühlen
Valles de Ortega
Toto
Pájara
Tiscamanita
Tuineje
Tenicosquey

20 Route der Windmühlen

Durch die ehemalige Kornkammer

Von was lebten die Einwohner eigentlich, bevor sie ihr Geld mit den Touristen verdienten? Auf einer Rundfahrt durch das mehr als karge Hinterland mag man kaum glauben, dass Fuerteventura einmal eine Kornkammer der Inselgruppe war. An die 40 mit Wind angetriebene Kornmühlen, die meisten davon in den letzten Jahren hübsch restauriert, stehen als stumme Zeitzeugen über die Insel verteilt, zwei davon können auch von innen besichtigt werden.

Voll funktionsfähig – die Windmühle in Antigua

Kornkammer und Armenhaus lagen auf Fuerteventura immer eng beieinander. Bis ins 20. Jahrhundert hinein führte die Insel Getreide auf die Hauptinseln Gran Canaria und Teneriffa aus. Dort wurde es dringend gebraucht, da man auf den Feldern mehr gewinnbringende Monokulturen wie Zuckerrohr, Wein und später auch Bananen kultivierte, das war im wasserarmen Fuerteventura nicht möglich. Auch der Anbau von Getreide gestaltete sich mitunter mehr als schwierig. Blieb der Winterregen einmal aus, drohten Hunger und Emigration. Aus den Jahren 1769 bis 1772 ist bekannt, dass praktisch kein Regen fiel, die Zisternen waren bis auf den letzten Tropfen leer und die Felder vertrocknet. Es herrschte nackte Not. Wer konnte, kehrte der Insel den Rücken zu und wanderte aus, bevorzugt nach Kuba und Venezuela, wo heute noch viele Nachkommen der Majoreros leben. Umgekehrt haben Rückkehrer aus Lateinamerika Musik, Mentalität und Sprache der Kanaren beeinflusst. Das drückt sich vor allem im Karneval aus.

Geschlechtermühlen

Windmühlen lösten gegen Ende des 18. Jahrhunderts die bis dato auf der Insel gebräuchlichen Hand- und Zugmühlen ab, letztere wurde mit Hilfe von Maultieren oder Dromedaren angetrieben. Zunächst das kuriose vorneweg: Auf Fuerteventura wird je nach Bauweise zwischen der weiblichen *molina* und dem männlichen *molino* unterschieden. Der *molino*, er wird auch »macho« genannt, ähnelt von Typ und Funktionsweise ein bisschen der Holländermühle. Ein meist zweistöckiger Rundbau aus Natursteinen wird von einer hölzernen »Mütze« abgeschlossen, an der ein Steuerbalken angebracht ist, mit dem die mit Segeltuch bespannten Flügel in die jeweilige Windrichtung gestellt werden. Bei der *molina* dagegen sind die Flügel auf einem Holzaufbau angebracht, der auf einer drehbaren Eisenplatte steht, sie kommt von daher ohne Steuerbalken aus. Sobald man davor steht, wird der Unterschied offensichtlich.

Ein guter Start für die Mühlenroute ist Lajares, wo sich die beiden Mühlentypen unmittelbar gegenüberstehen. Obwohl die *molina* leichter zu bedienen ist, konnte sie sich nicht durchsetzen, außer in Lajares gibt es sie nur an einigen wenigen anderen Standorten. Lajares war zusammen mit Villaverde und La Oliva das landwirtschaftliche Zentrum in Nordfuerteventura. In La Oliva ist noch das Zehnthaus zu besichtigen, in dem früher der Zehnte, die kirchlichen Abgaben, gelagert wurden.

Freilichtmuseum

In Tefia setzt ein gutes Stück jenseits des Dorfes eine allein auf weiter Flur stehende *molino* eine weithin sichtbare Landmarke. Die abseitige Lage wurde aus dem einfachen Grund gewählt, weil dort der Wind beständiger weht als unmittelbar

AUTORENTIPP!

GOFIO

Von alters her wird auf den Kanaren das gemahlene Korn zu Gofiomehl verarbeitet. Schon den Ureinwohnern diente es als Grundnahrungsmittel und ist trotz »neumodischer« Trends wie Paella, Pasta und Pizza im ganzen Archipel nach wie vor hoch geschätzt. Ursprünglich wurde dazu Gerste verwendet, erst in den letzten Jahrzehnten haben sich Mais und Weizen durchgesetzt. Noch vor dem Mahlen wird das Getreide in einer großen Schale, dem *tostador*, geröstet, dabei entwickelt sich das typische Aroma von Gofio. Es ist in verschiedenen Sorten in jedem Supermarkt zu haben, in Lokalen mit kanarischer Küche steht es auch auf der Speisekarte. Der Geschmack ist sicherlich gewöhnungsbedürftig, doch wer Polenta mag, wird auch Gofio mögen. Klassisch dient es beispielsweise zum Andicken der Fischsuppe, als Dessert kommt es als *Mousse de Gofio* auf den Tisch, und in manchen Eisdielen kann man Gofio-Eiscreme probieren.

Oben: Die »männliche« Mühle in Valles de Ortega
Mitte: In den Räumen des Mühlenmuseums in Tiscamanita wohnte einst der Müller.
Unten: Ein Rundgang erschließt das Museumsdorf Tefia.

im Dorf. Mühlenfans geraten bei ihrem Anblick ins Schwärmen: als einer der wenigen *molinos* ist diese Mühle nicht mit vier, sondern mit sechs Windflügeln ausgestattet. Im Ort selbst macht ein liebevoll gestaltetes Freilichtmuseum mit der landwirtschaftlichen Tradition bekannt (siehe Highlight 21, S. 124). Südlich von Tefia steht in Los Llanos de la Concepción eine weitere männliche Windmühle, auf einem runden Dreschplatz daneben wurde das Korn einst gedroschen. In dem Ort baute man im 19. Jahrhundert außer Weizen und Gerste auch etwas Wein an, heute werden die kleinen Felder mit noch etwas Gemüse für den privaten Verbrauch bestellt.

Die Mühlendörfer Antigua und Tiscamanita

Mit Antigua ist schließlich das alte landwirtschaftliche Zentrum erreicht. Die einst führende Stellung der großen Ortschaft lässt sich auch daran festmachen, dass diese zeitweise als Inselhauptstadt fungierte. Auf Initiative der Inselregierung wurde in den 1990er-Jahren zusammen mit einem alten Gutshof die erste Windmühle restauriert und zum Mittelpunkt von einem Museumskomplex ausgebaut, in dem man sich neuerdings auch über den auf der Insel hergestellten Ziegenkäse informieren kann. Auf einer engen Treppe kann man zum Mahlwerk ins zweite Stockwerk der Mühle aufsteigen und sich ein Bild davon machen, wie schwer es für den Müller war, die Getreidesäcke hoch zu schleppen. Rund um die Anlage gibt es einen wunderschönen kleinen botanischen Garten mit riesigen Kakteen und giftigen Wolfsmilchgewächsen.

Auf halbem Weg zwischen Antigua und Tiscamanita wartet der Weiler Valles de Ortega genau wie Lajares mit beiden Mühlentypen auf. Man sollte

Route der Windmühlen

A Lajares. Zwei Windmühlen an der Straße nach La Oliva (Calle Central/Ecke Calle San Antonio).

B La Oliva. Getreidemuseum. Mo–Fr 10–14 Uhr, Calle la Orilla, Richtung El Cotillo.

C Tefia. Freilichtmuseum (Di–Sa 10–18 Uhr). Windmühle an der FV-221 Richtung Los Molinos.

D Llanos de Concepción. *Molino* mit Dreschplatz neben der FV-30 am östlichen Ortsrand.

E Antigua. Museum mit Windmühle an der FV-20 am nördlichen Ortseingang, Di–Sa 10–18 Uhr, *Molino* am Camino El Molino.

F Valles de Ortega. *Molina* an der FV-20, zum *molino* muss man dort die Durchgangsstraße verlassen und sich im Ort links halten. Die Ermita San Roque liegt zwischen Valles de Ortega und Casillas de Morales.

G Tiscamanita. Mühlenmuseum (Di–Sa 10–18 Uhr). Gezeigt werden Handmühlen und ein hölzernes Mühlrad. Der *molino* ist begehbar.

H Puerto Lajas. *Molina* südlich des Ortes, 150 m vor der Küste; am nördlichen Ortsrand steht ein alter Kalkbrennofen.

AUTORENTIPP!

SCHMECKT MIR GUT!

Übersetzt man *bien me sabe* wörtlich, heißt es tatsächlich »schmeckt mir gut«. Sicherlich trug der griffige Name einiges dazu bei, die leckere Mandelcreme zum mit Abstand beliebtesten Dessert der kanarischen Küche zu machen. Außer geriebenen gerösteten Mandeln nimmt man dazu als weitere Zutaten Eigelb und Zucker und schmeckt mit einer Messerspitze Zimt und etwas Zitronensaft ab. Am besten mundet die kanarische Mandelcreme frisch zubereitet, doch man kann sich natürlich auch ein oder zwei Gläschen davon mit nach Hause nehmen. Nach traditioneller Art wird es beispielsweise von der Dulcería Nublo in Tejeda (Gran Canaria) hergestellt und in vielen Läden Fuerteventuras verkauft. Doch Vorsicht, reichlich zugesetzter Zucker machen »schmeckt mir gut« zu einer ausgesprochenen Kalorienbombe.

Gofio gibt es in vielen Sorten in jedem Supermarkt der Insel.

hier nicht versäumen auch einen Blick auf die Ermita San Roque zu werfen. Sie wurde 1732 von einem wohlhabenden Grundbesitzer gestiftet und dem Pestheiligen Rochus geweiht – zehn Jahre zuvor hatte eine Pestepidemie unter der Bevölkerung viele Opfer gefordert.

Für einen weiteren Höhepunkt an der Mühlenroute sorgt das Mühlenmuseum in Tiscamanita. Auch der dortige vorbildlich restaurierte *molino* kann begangen werden, gelegentlich demonstriert der Müller, wie die Mühle funktioniert, ein Päckchen fertiges Gofio (Maismehl) kann man für wenig Geld in dem kleinen Museum kaufen. Es ist im ehemaligen Wohnhaus des Müllers untergebracht und informiert über die verschiedenen Mühlentypen, wobei auch einige alte Handmühlen ausgestellt sind. Sofern man wieder in den Norden zurückfährt, wartet an der Ostküste nördlich von Puerto del Rosario in Puerto Lajas eine letzte *molina* auf den Besuch. Am dortigen Kieselstrand kann man die Rundfahrt in einem der Fischlokale ausklingen lassen.

Infos und Adressen

ÜBERNACHTEN

Hotel Rural Mahoh. Carretera FV-101 s/n, Villaverde, La Oliva, Tel. 928 86 80 50, www.mahoh.com

Era de la Corte. Calle La Corte 1, Tel. 928 87 87 05, www.eradelacorte.com

ESSEN UND TRINKEN

El Artesano. Die Cafeteria mit Bar und kleiner Außenterrasse, zu der auch eine Pension gehört, liegt an der Durchgangsstraße und hält Tapas und Bocadillos bereit. Tgl. 12–18 Uhr, Calle Real 23, Antigua, Tel. 678 73 60 47.

Bar Tiscamanita. In dem einfachen kleinen Dorfgasthof (auch Casa Luis genannt) an der Hauptstraße von Tiscamanita kommt nur typisches aus der Inselküche auf den Tisch. Zicklein und Kaninchen werden mit Runzelkartoffeln und Mojo serviert, die Portionen sind groß, die Preise vernünftig. Mo–Sa 13.30–20 Uhr, Calle Principal 6, Tiscamanita, Tel. 928 16 41 79.

Klassische kanarische Landküche – Runzelkartoffeln mit grünem Mojo

Im Aufenthaltsraum des Hotels Era de la Corte fühlt man sich fast wie im eigenen Wohnzimmer.

21 Tefia

Ein Freilichtmuseum mit lebendiger Bauernkultur

Unter den in den letzten Jahren neu eröffneten Inselmuseen gehört das Freilichtmuseum in Tefia sicherlich zu den interessantesten. Ein ganzer Ortsteil wurde aus dem Dornröschenschlaf geweckt und originalgetreu wieder hergerichtet. Bei einem Rundgang erfährt man anschaulich, wie die Menschen früher wohnten und wie sie mit Landwirtschaft und Handwerk über die Runden kamen.

Das Freilichtmuseum ist nicht nur eine Zeitreise in die ländliche Wohnkultur: Mit dicken Natursteinmauern, Satteldächern aus Lehm und Stroh und gestampften Böden gibt es zugleich einen hervorragenden Einblick in die traditionelle Landarchitektur. Nicht nur die Häuser selbst, auch das Drumherum, etwa Stallungen, Zisternen, Backöfen und Dreschplätze wurden der Vergangenheit entrissen und vermitteln so ein authentisches Gesamtbild eines Dorfes von anno dazumal. An der fachlichen Umsetzung des Projektes war maßgeblich die Universität von Las Palmas de Gran Canaria beteiligt, die finanziellen Mittel kamen zum großen Teil aus den Strukturfonds der Europäischen Union.

Mitte: Kanarische Bauernarchitektur in Tefia
Unten: Brot gebacken wurde früher im Backofen vor dem Haus.

Rundweg durch das Dorf

Der Rundgang beginnt an der Rezeption neben dem Parkplatz, in der auch eine kleine Cafeteria und ein Handwerksgeschäft untergebracht sind. Man löst eine Eintrittskarte und bekommt einen Lageplan samt einer deutschsprachigen Infobroschüre in die Hand gedrückt. Zum Freilichtmuseum gehören sieben Bauernhäuser, fünf davon können auch von innen besichtigt werden. Jedes Haus trägt den Namen der letzten Eigentümer. Angesichts der großen Landflucht stand manches davon bis zur Restaurierung in den 1990er-Jahren schon mehrere Jahrzehnte leer und war halb verfallen.

Gut 100 Meter südlich von dem Rezeptionsgebäude zeigt die Casa Señora Herminia den Lebensstil der Bauern in seiner ganzen Bescheidenheit. Das Haus ist ohne Mörtel aus Natursteinmauern errichtet worden, wobei man sich lediglich an den Ecken den Luxus von behauenen Quadersteinen leistete. Die drei fensterlosen kleinen Schlaf- und Wohnräume hatten gestampfte Lehmböden, die Miniküche bestand im Grunde nur aus einer einfachen Kochstelle.

Haustiere und altes Handwerk

Gegenüber von Herminias Haus steht auf der anderen Straßenseite der um einen zentralen Innenhof großzügig gestaltete Hof von Teodosio Ramos. Im Außenbereich weisen ein aus Lehmziegeln geschichteter Backofen und eine Zugmühle, die man mit Eseln oder einem Dromedar antrieb, auf die gehobene Stellung des Großbauern innerhalb der Dorfgemeinschaft hin. Oft steht in der Nähe des Hauses ein angepflockter Esel, und auch die beiden typisch kanarischen Hunderassen, der kanarische Podenco und der Bardino, können hier kennengelernt werden. Der Podenco ist wegen seines ausgezeichneten Geruchssinns auch heute noch ein unermüdlicher Begleiter bei der Kaninchenjagd, der Bardino dagegen hatte mehr die Aufgabe, Haus und Hof zu bewachen, als Hirtenhund begleitet er noch heute die Ziegenherden zu ihren Weideplätzen. Im Wappen der Kanaren sind übrigens auch zwei Hirtenhunde abgebildet.

AUTORENTIPP!

KANARISCHER KARNEVAL
Verglichen mit den Hochburgen auf Gran Canaria und Teneriffa nimmt sich das närrische Treiben auf Fuerteventura zwar relativ bescheiden aus, dennoch ist der Karneval neben den kirchlichen Feiertagen der mit Abstand wichtigste Event im Jahr. Mit an Rhein und Ruhr üblichem Fasching oder der alemannischen Fasnacht hat kanarischer Karneval allerdings wenig zu tun, man orientiert sich vielmehr am großen Vorbild Rio. Gemeinsamer Nenner ist lediglich die Lust sich fantasievoll zu kostümieren und eine Königin zu wählen. Ansonsten bestimmen Sambagruppen das Straßenbild. Originell ist auch, wie am Aschermittwoch (wird meist auf ein Wochenende verlegt) der Karneval in Form einer großen Sardine zu Grabe getragen wird. Unbestrittene lokale Hochburg ist die Hauptstadt Puerto del Rosaria, einer der Höhepunkte der *Regata de los Achipencos* (Karnevalsregatta).

Oben: Ein ethnografisches Museum zeigt Handwerksgeräte von anno dazumal.
Unten: Die hübsche Ermita de San Agustín steht einsam am Ortsrand.

Altes Handwerk wird in der Casa de los Herrera vorgestellt, in kleinen Ateliers zeigen Töpfer und Korbflechter ihre Kunst, und in einem Webstudio kann man zuschauen, wie ein Flickenteppich entsteht. In der benachbarten Casa de los Cabrera finden sich weitere Werkstätten, darunter auch eine Schreinerei. Nahe der Häuser stehen verwilderte Feigenkakteen und Agaven, beide waren in der Region um Tefia einst geschätzte Nutzpflanzen. Die Kakteen dienten als Wirtspflanze für die Cochenille-Schildlauszucht und den daraus gewonnenen karminroten Farbstoff, aus der Agave wurde Sisalhanf hergestellt.

Arabische Kirchenkunst

Vom Freilichtmuseum erreicht man auf einem Teersträßchen die Ermita de San Agustín am östlichen Rand der weitläufigen Streusiedlung. Die strahlend weiß gekalkte Kapelle am Fuß von dem 625 Meter hohen Cuchillos geht auf das Jahr 1714 zurück, ihre Kuppel über dem Chor ist sichtlich arabisch inspiriert und auch die von Zinnen bekrönte Umfriedungsmauer weist auf maurische Einflüsse hin. Unmittelbar neben der Kapelle befindet sich die Ringkampfarena, in der sich regelmäßig die Lucha-Canaria-Kämpfer des Dorfes mit anderen Mannschaften von der Insel messen.

Infos und Adressen

SEHENSWÜRDIGKEITEN

Ecomuseo de la Alcogida. Das Freilichtmuseum liegt an der FV-207 am südlichen Ortsausgang von Tefia. Di–Sa 10–18 Uhr, Eintritt 5 €, Tel. 928 17 54 34.

ESSEN UND TRINKEN

Cafeteria im Freilichtmuseum. Hier gibt es nur Happen für zwischendurch; das nächstgelegene Lokal namens Casa Pon findet sich an der Westküste in Puertito de Los Molinos. (siehe Highlight 30, S. 171). Dort gibt es immer frischen Fisch! Di–Sa von 10–18 Uhr, Tel. 928 17 54 34.

EINKAUFEN

Tienda de Artesanía de Tefia. In dem Kunsthandwerksgeschäft wird eine repräsentative Auswahl an Stickereien, Töpferware und Flechtarbeiten angeboten, diese werden von im Freilichtmuseum arbeitenden Handwerkern hergestellt. Das Geschäft ist im Gebäude der Rezeption untergebracht.

Stickereidemonstration im Freilichtmuseum

Aus Palmblättern werden Korbwaren und Lampenschirme hergestellt.

22 Mirador Morro Velosa

Fuerteventuras berühmteste Aussicht

An spektakulären Aussichtswarten mangelt es Fuerteventura nicht: Als eine der schönsten gilt der Mirador Morro Velosa auf dem gleichnamigen Gipfel im Bergland von Betancuria. Schon bei der Anfahrt ist der exponiert auf den Berg gesetzte Gebäudekomplex weithin sichtbar. Mitunter ist es auf dem Gipfel kühl und ziemlich windig, eine Wind- oder Fleecejacke dabei zu haben kann von daher nicht schaden.

Egal, ob man auf der FV-30 von Valle de Santa Inés im Norden oder von Betancuria im Süden anfährt, immer muss auf der serpentinenreichen schmalen Landstraße zu einer Passhöhe hochgefahren werden. Am Mirador Corrales de Guize auf dem Pass fallen zwei viereinhalb Meter hohe Bronzeskulpturen des kanarischen Bildhauers Emiliano Hernández auf. Sie zeigen Guize und Ayose, die letzten beiden Könige der Ureinwohner, die bis zur Ankunft der Spanier vor 600 Jahren auf der Insel das Sagen hatten. Der Künstler stellt sie in stolzer Pose mit lockiger Haarpracht und nur mit einem Lendenschurz bekleidet vor, wie sie aufrecht stehend Lanzen in den Händen halten. Nach der spanischen Eroberung sollen sie den christlichen Glauben angenommen haben und auf die Namen Luis und Alfonso getauft worden sein. Vom Parkplatz auf der Passhöhe gewinnt man einen ersten Überblick über das raue Bergland und in das Hochtal von Betancuria. Überraschenderweise stehen am Straßenrand vom Wind zerzauste verwilderte Ölbäume, die daran erinnern, dass es selbst hier einst Olivenhaine gab.

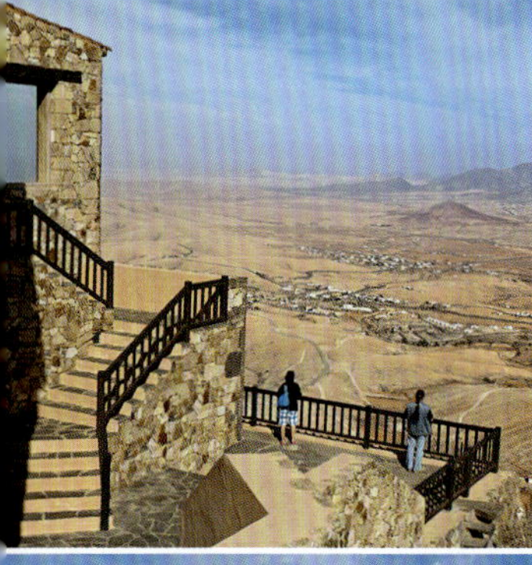

Mitte: Die Aussicht von dem exponierten Gipfel reicht bis hinüber nach Lanzarote.
Unten: Guanchenskulpturen auf der Passhöhe zwischen Betancuria und Valle de Santa Inés.

Lanzarote lässt grüßen

Von dem Denkmal zweigt eine Stichstraße zum Morro Velosa ab, die an einem weiteren Parkplatz endet. Man betritt den Mirador durch ein Eingangsportal aus rotem Vulkanstein, hinter dem sich ein von niedrigen Mauern eingefasster kleiner Garten öffnet, in dem sich zunächst ein Blick auf die dort wachsenden Pflanzen lohnt. Diese kommen ausschließlich auf den Kanaren vor, neben verschiedenen Wolfsmilchgewächsen auch der Seidenhaarige Goldstern, der zur Blütezeit im Winter seinem Namen alle Ehre macht. Der Baustil des mit einem Kiosk, Veranstaltungsraum und Aussichtsterrassen ausgestatteten Gebäudes erinnert an ein spanisches Herrenhaus. Die ersten Skizzen für den mit großzügigen Panoramascheiben versehenen Natursteinbau entwarf der lanzarotische Künstler César Manrique. Nach seinem tragischen Unfalltod wurde der Bau dann 1997 von seiner Nichte, der Architektin Blanca Cabrera Morales, fertiggestellt. An der Finanzierung waren maßgeblich die Strukturfonds der Europäischen Union beteiligt.

Und was kann man nun alles sehen? Dank der exponierten Kammlage auf 675 Meter Höhe öffnet sich ein grandioses 360-Grad-Panorama: Nach Norden schaut man auf die sanft gewellten von tiefen Erosionsfurchen geprägten ockerfarbenen Berge und die Ebene von Llanos de la Concepción hinab, ganz weit in der Ferne, noch jenseits der hellen Wanderdünen von Corralejo, zeichnet sich am Horizont die Silhouette von Lanzarote ab. In südlicher Richtung zeigt sich hinter dem markanten Gipfel des Cardón die gezackte Bergkette auf der Halbinsel Jandía, und im Westen können bei optimalen Wetterbedingungen auch Gran Canaria und der Pico del Teide auf Teneriffa ausgemacht werden.

Infos und Adressen

SEHENSWÜRDIGKEITEN

Mirador Morro Velosa. Außerhalb der Öffnungszeiten ist die Zufahrt durch eine Schranke gesperrt, der Aussichtpunkt kann dann jedoch zu Fuß in wenigen Minuten erreicht werden. In der 2013 neu gestalteten Anlage wird auf zwei Ebenen eine Dauerausstellung über Flora und Fauna des Naturparks Betancuria gezeigt. Di–Sa 9–17 Uhr (im Sommer auch länger).

ESSEN UND TRINKEN

Mirador Morro Velosa. In dem Panoramapavillon gibt es einen kleinen Kiosk mit Erfrischungen, Kaffee, Chips und Süßigkeiten. Di–Sa 9–17 Uhr.

AKTIVITÄTEN

Wanderung. Vom Mirador kann auf dem gut begehbaren Kamm in südlicher Richtung über den Tegú (647 m) zur Degollada del Marrubio gewandert werden. Dort trifft man auf den markierten GR 131, auf dem der Abstieg nach Betancuria oder Vega de Rio Palmas möglich ist.

23 Antigua

Mühlen- und Käsezentrum von anno dazumal

Das Landstädtchen liegt mitten im geografischen Zentrum der Insel. Bis auf ein paar Tagesausflügler spürt man hier relativ wenig vom Tourismus – ausgenommen von dem Museumskomplex am Ortseingang, der mit einer pittoresken Windmühle eines der Wahrzeichen der Insel stellt. Im alten Ortskern lohnt in der großen Pfarrkirche ein Blick auf die alte Mudéjardecke.

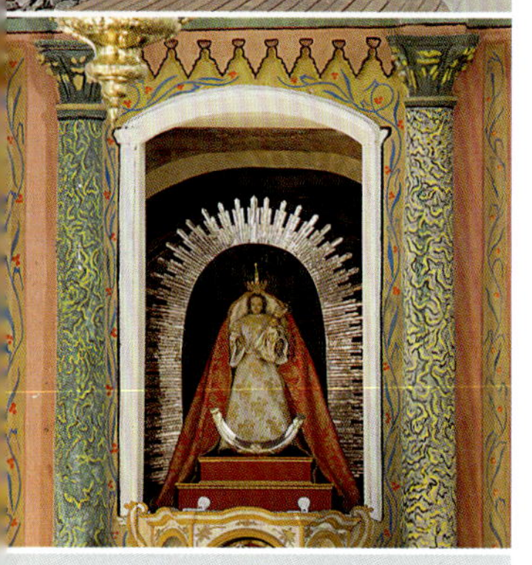

Mitte: Fächerpalmen beschatten den Kirchplatz von Antigua.
Unten: Die Mondsichelmadonna von Antigua

Die größte Ortschaft im Landesinneren liegt am Rande einer weiten Ebene am Fuß der bis zu 700 Meter hohen Bergkette des Betancuriamassivs. Die relativ fruchtbaren Lößböden machten die Region zum landwirtschaftlichen Zentrum der Insel, neben Getreide baute man früher auch verschiedene Hülsenfrüchte an. Der Ort wurde im 15. Jahrhundert von vornehmlich andalusischen Siedlern gegründet, stand jedoch lange im Schatten der Hauptstadt Betancuria, da sich die Bauern per Gesetz verpflichtet fühlten, in Betancuria zu wohnen, um die dort schon bald einsetzende Abwanderung zu stoppen. Schließlich konnte sich Antigua von der Hauptstadt lösen und bald wohnten in der Ebene mehr Einwohner als in Betancuria. Die verkehrsgünstige Lage verhalf dem Ort in der ersten Hälfte des 19. Jahrhunderts selbst in die Hauptstadtrolle zu schlüpfen, wenn auch nur für kurze Zeit. Der Niedergang der Landwirtschaft ist auch in Antigua offensichtlich, nur noch vereinzelt werden die von Lesesteinmauern eingerahmten Felder mit etwas Kartoffeln und Gemüse bestellt, zukünftig könnte der Anbau von Aloe Vera wieder Anreiz sein mehr zu investieren.

Heute ist Antigua eine der sechs Inselgemeinden mit eigenem Rathaus. Zum Gemeindegebiet gehört die Ferienstadt Caleta de Fuste, die in den letzten Jahren reichlich Steuereinnahmen in die Kassen gespült hat und unter anderem den Bau einer großzügigen Ringkampfarena ermöglichte, in der alljährlich im Mai eine vielbesuchte Kunsthandwerksmesse abgehalten wird. Entsprechend aufgeräumt präsentiert sich der Ort, wenn auch auf den Straßen wie überall im Inselinneren kaum was los ist. Dank Caleta de Fuste zählt die Gemeinde zwar wieder mehr als 10 000 Einwohner, davon leben allerdings lediglich 2300 in Antigua.

Rund um die Pfarrkirche

Der kleine Altstadtkern wird von der weißen Kuppel der Iglesia Nuestra Señora de Antigua überragt. Schön an der 1785 erbauten Kirche ist zunächst, dass man tagsüber nie vor verschlossener Tür steht. Man betritt die einschiffige Kirche durch ein von rotem Trachyt-Stein eingefasstes Bogenportal. Im Chor ist die prächtige Mudéjardecke aus dem Kernholz der Kanarischen Kiefer sehenswert, der neoklassizistische Altar rechts daneben birgt eine Marienfigur der Mondsichelmadonna mit dem Jesuskind auf dem Arm. Im Hochaltar wird die Statue der Jungfrau von Antigua verehrt; es ist der älteste Kirchenschatz, der vermutlich bereits im 17. Jahrhundert im Gepäck andalusischer Siedler auf die Insel kam. Den kleinen Stadtpark an der Kirche machen Pfeffer- und Drachenbäume zu einer schattigen Oase.

Im Ortskern stehen auch einige schöne Beispiele kanarischer Landarchitektur. Herausragend ist das Gebäude der Biblioteca Municipal gegenüber der Kirche, in dem herrschaftlichen Anwesen mit schönem Innenhof wohnte früher ein Großgrundbesitzer. Viel fotografiert wird auch eine von Fei-

AUTORENTIPP!

FERIA INSULAR DE ANTIGUA

Jedes Jahr wird im Mai in der Ringkampfarena von Antigua eine große Kunsthandwerksmesse veranstaltet, zu der mehr als 200 Handwerker von allen Kanarischen Inseln zusammenkommen, ihre Produkte vorstellen und vor Ort zeigen, wie geflochten und gewebt wird. Die viertägige Messe ist zugleich Bühne für Folkloregruppen, zu fortgeschrittener Stunde darf dann auch zu eingängigen Latino-Rhythmen getanzt werden. Die Schau wird seit 1988 vom Kollektiv Mafasca organisiert. Die rührige Stiftung nennt sich nach einem Irrlicht, um das sich etliche Legenden ranken – es soll vornehmlich in mondhellen Nächten rollend oder hüpfend durch die Gegend spuken und dabei schon so manchen späten Wanderer erschreckt haben …

Kollektiv Mafasca. Programm und genaue Termine über die Touristenbüros, www.fundacionmafasca.org

AUTORENTIPP!

HOTEL ERA DE LA CORTE
Das kleine Landhotel gehört zu den ländlichen Unterkünften der ersten Stunde. Auch wenn so manches mittlerweile in die Jahre gekommen ist, verspricht es durch seine Lage etwa zehn Gehminuten außerhalb vom Ortszentrum von Antigua viel Ruhe und Abgeschiedenheit. Keines der elf Doppelzimmer gleicht dem anderen, wie bei vielen anderen Landhäusern sind die Räume mit antikem Mobiliar eingerichtet, manche habe eine Sitzbank am Fenster, wie es früher in wohlhabenden Häusern üblich war. Schmuckstück des um 1890 erbauten Hauses ist der überdachte Patio, in dem die freundlichen Gastgeber eine gemütliche Bibliothek eingerichtet haben. Das Dach kann als Sonnenterrasse genutzt werden und Kinder finden ein vom kleinen Pool abgetrenntes noch kleineres Planschbecken, man kann Tennis und Boule spielen oder sich ein Fahrrad ausleihen.

Era de la Corte. Calle La Corte 1, Tel. 928 87 87 05, www.eradela corte.com

genkakteen umwucherte türkisfarbene Jugendstilvilla aus dem Jahr 1900; jüngeren Datums ist das Monumento al Milenio, das seit 2001 an der Durchgangsstraße steht.

Molino de Antigua

Antiguas Hauptanziehungspunkt liegt ein Stück außerhalb am nördlichen Ortseingang. Die fachgerecht restaurierte Windmühle ist nicht nur das pittoreske Wahrzeichen von Antigua, sondern der ganzen Insel. Dank der großzügigen Unterstützung durch die EU ist sie Teil eines mittlerweile größeren Museumskomplexes, der 1998 von der Inselregierung als eines der ersten touristischen Vorhaben im Landesinneren eröffnet werden konnte. Eine enge Treppe führt zum Mahlwerk der voll funktionsfähigen Mühle hinauf. In dem ehemaligen runden Kornspeicher gegenüber der Mühle entstand nach Plänen des lanzarotischen Künstlers César Manrique ein extravagantes Restaurant, das allerdings schon seit Jahren geschlossen ist und auf einen neuen Pächter wartet. Ein ethnografisches Museum informiert auf großen Bildtafeln über die untergegangene Kultur der kanarischen Ureinwohner. Ausgestellt werden neben einigen Schädelfunden teils mit geometrischen Mustern verzierte und ohne Töpferscheibe hergestellte Keramikschalen. Jüngst hinzugekommen ist ein Ziegenkäsemuseum (geplante Eröffnung Ende 2014), in dem das wichtigste landwirtschaftliche Produkt der Insel auch verkostet werden kann.

Im Videoraum läuft ein Film über das Biosphärenreservat, mit berauschenden Bildern von den verschiedenen Natur- und Lebensräumen, die zeigen, dass Fuerteventura weitaus mehr als nur Strände und Halbwüsten zu bieten hat. Die Museen liegen inmitten von einem wunderschönen kleinen botanischen Garten. Im Winter blühen hier blaue Natternköpfe und Schlangenhalsagaven recken ihre bis zu zwei Meter langen Blütenstände in den Himmel. Dazu gibt es junge Drachenbäume, Riesenwolfsmilchgewächse, mexikanische Säulenkakteen und einen vor fünfzehn Jahren aufgeforsteten Palmenhain – alles in allem also eine Runde Sache.

Kunsthandwerk von der Insel

Auf dem Mühlengelände betreibt die Inselregierung ein gut sortiertes Kunsthandwerksgeschäft, das einen Überblick über die Handwerkstradition der Insel gibt. Hier kann man sicher sein, dass nichts aus Fernost stammt – es werden ausschließlich auf Fuerteventura hergestellte Produkte verkauft. Typisch sind die aus Palmblättern geflochtenen großen Trachtenhüte, die noch heute von den Frauen auf Fiestas getragen werden; dazu gibt es Körbe, Taschen, Stickereien und schöne Keramik. Alle Produkte tragen ein Gütesiegel, das

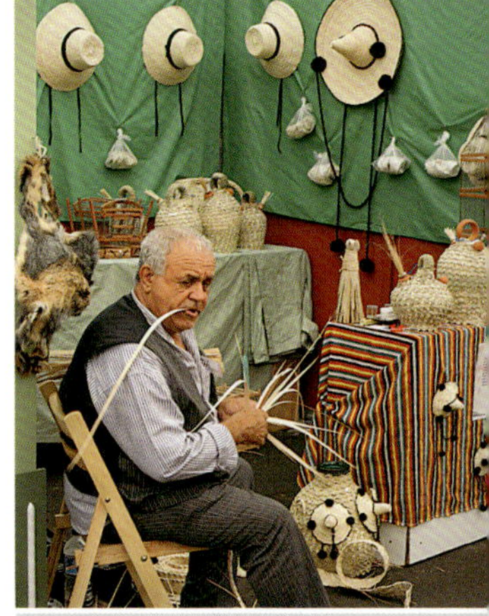

Oben: Riesenwolfsmilch im Botanischen Garten von Molino de Antigua
Unten: Ein Palmblattflechter bei der Arbeit

Oben: Die Windmühle von Antigua ist eines der Wahrzeichen von Fuerteventura, davor steht ein junger Drachenbaum.
Unten: Zwillingsglockengiebel in Valles de Ortega.

die Echtheit garantiert, auf vielen ist auch der Name des Handwerkers vermerkt – transparenter geht es nicht. Der Zwischenhandel ist ausgeschaltet, sodass der größte Teil des Verkaufspreises den Produzenten zugute kommt.

Königsweg nach Betancuria

Wer sich etwas die Füße vertreten will, kann auf einem alten Königsweg nach Betancuria wandern. Der früher vielbegangene Weg zwischen den beiden einst wichtigsten Inselorten beginnt westlich der Pfarrkirche und steigt gut sichtbar die Ostflanke des Betancuria-Massivs zu einer 580 Meter hohen Passhöhe auf. Von dem meist windigen Kamm ergibt sich ein tolles Panorama auf die malerisch in ein Hochtal platzierte alte Hauptstadt.

Ein Abstecher lohnt sich auch in den Nachbarort Aguas de Bueyes, dessen hübsche Dorfkirche alljährlich im Mittelpunkt einer großen Fiesta steht. Auf halbem Weg kommt man in Valles de Ortega vorbei, die dortige Ermita wurde im 18. Jahrhundert zum Andenken an eine Pestepidemie erbaut.

Infos und Adressen

SEHENSWÜRDIGKEITEN

Molino de Antigua. Di–Sa von 10–18 Uhr, der Museumskomplex liegt direkt an der FV-20.

ÜBERNACHTEN

Era de la Corte. (siehe Autorentipp S. 132).

Finca Piedra Blanca. Zu der Finca im Weiler Triquivijate östlich von Antigua gehören zwei hübsche Ferienhäuser im kanarischen Stil, die getrennt oder auch zusammen gebucht werden können. Insgesamt verfügen die Häuser über vier Schlafzimmer mit Platz für maximal 8 bis 10 Personen. Zur Anlage gehört ein kleiner Pool, auf der teils überdachten Terrasse gibt es auch einen alten Ziehbrunnen. Mindestmietdauer eine Woche, buchbar über www.lascasascanarias.com, Tel. 928 58 00 30.

Hostal El Artesano. Günstige kleine Familienpension an der Durchgangsstraße, in der zugehörigen Cafeteria gibt es Tapas und Bocadillos. Calle Real 23, Tel. 928 87 80 39 und 678 73 60 47.

ESSEN UND TRINKEN

La Flor de Antigua. Sofern der Landgasthof an der Straße nach Betancuria nicht gerade von ein Busgesellschaft in Beschlag genommen wird, eine annehmbare Adresse für typisch kanarische Kost.

Auf dem Pferdehof in Triquivijate können Ausritte unternommen werden.

In dem großen Gastraum hinter der Bar feiern die Majoreros gelegentlich Hochzeiten und andere Familienfeste. Carretera del Valle s/n (an der Ortsausfahrt nach Betancuria), Mo–Sa 12–15.30 und 19–22 Uhr, Tel. 928 87 81 68.

AKTIVITÄTEN

Crines del Viento. Auf dem Pferdehof in Triquivijate kann man Reitstunden nehmen oder auf Ausritten das Umland entdecken. Der Ort liegt an der Straße nach Caleta de Fuste 5 km östlich von Antigua. Triquivijate, Tel. 678 21 31 08, www.crinesdelviento.com

Im Landhotel Era de la Corte.

24 Betancuria

Die alte Inselhauptstadt in den Bergen

Das hübsche Ortsbild mit seinen unter Denkmalschutz gestellten historischen Bürger- und Adelspalästen macht die geschichtsträchtige alte Hauptstadt zum beliebtesten Ausflugsziel Fuerteventuras. Auf einem Bummel durch den in einem lang gestreckten Hochtal platzierten Ort kommt man sich fast wie in einem großen Freilichtmuseum vor. Kanarische Palmen und ein paar in den Hausgärten stehende Feigen- und Orangenbäume sorgen für grüne Farbtupfer.

Mitte: Die Pfarrkirche Santa María gehört zu den ältesten Gotteshäusern der Kanarischen Inseln.
Unten: Die Casa Santa María – Restaurant, Souvenirgeschäft und ethnografisches Museum in einem

Betancuria ist ein touristisches Muss. Das hat sich herumgesprochen, denn spätestens gegen Mittag sind die Parkplätze entlang der Dorfstraße in der Regel voll belegt. Wer die beschauliche Atmosphäre in aller Ruhe genießen möchte, sollte von daher früh am Morgen oder am späten Nachmittag kommen, wenn die meisten Ausflügler schon wieder auf dem Rückweg in ihre Ferienquartiere sind. Zu beachten ist dabei allerdings, dass einige der Geschäfte und Lokale bereits nach 16 Uhr schließen.

Ausflug in die Geschichte

Jean de Béthencourt war kein Kind von Bescheidenheit: Ganz im Stil der großen Eroberer und Entdecker gab er der ersten Stadtgründung auf kanarischem Boden seinen eigenen Namen. Kurz nach der Landung im Jahr 1405 wählte der Normanne das geschützte Hochtal mit seinen damals fruchtbaren Böden als Inselhauptstadt aus und ließ dort Bauern, Schreiner und Schmiede aus der

Normandie und Andalusien ansiedeln. Einen herben Rückschlag erhielt Betancuria 1593, als nordafrikanische Piraten unter der Führung von Morata Arraez, der bereits einige Jahre zuvor Lanzarotes Hauptstadt Arrecife geplündert hatte, brandschatzend durch die Stadt zogen und einen Trümmerhaufen hinterließen. Auch nach dem Wiederaufbau wollte es nie so recht vorangehen. Die abgeschiedene Lage stellte sich bald als nachteilig heraus, bis schließlich Betancuria 1835 die Hauptstadtrolle abgeben musste. Immerhin ist dem Ort ein Rathaus geblieben, wenn von diesem auch gerade mal 770 Einwohner verwaltet werden – in Betancuria selbst leben gar nur 215 Menschen. Und trotz der guten Geschäfte mit den Fremden werden es angesichts der dürftigen Infrastruktur eher weniger als mehr, es gibt nicht einmal einen ordentlichen Supermarkt.

Rund um den Kirchplatz

Die meisten Besucher zieht es zunächst zur Pfarrkirche Santa María. Von dem Parkplatz an der Durchgangsstraße führt ein gepflasterter Fußgängerweg zu der über dem Talgrund gelegenen Plaza Santa María hinauf. Das historische Ensemble rund um den Platz gilt mit seinen zweigeschossigen ehemaligen feudalen Adelspalästen als der schönste Dorfplatz, die an der Nordseite stehende Pfarrkirche als der bedeutendste Sakralbau der Insel. Die heutige Bausubstanz der 1405 sofort nach der Eroberung begonnenen Kirche geht im Wesentlichen auf die erste Hälfte des 17. Jahrhunderts zurück. Als Konsequenz aus den verheerenden Piratenüberfällen trägt sie mit ihrem quadratischen Turm sichtbare Züge einer Wehrkirche, in die sich die Einwohner zurückziehen konnten.

Man betritt das dreischiffige Gotteshaus durch ein prächtiges Portal im Stil der Spätrenaissance. Von

AUTORENTIPP!

KANARISCHE BAUERNKÜCHE
Die meisten Feriengäste buchen Fuerteventura pauschal mit Halbpension oder alles inklusive. Da bleibt in der Regel nicht viel Platz die kanarische Küche zu testen, denn in den großen Resorts wird dem breiten Massengeschmack entsprechend überwiegend international gekocht. Schade eigentlich, hat doch die kanarische Landküche so manch Außergewöhnliches zu bieten. Typisch sind *papas arrugadas*, in Meerwasser gekochte Kartoffeln, die samt Schale zusammen mit einer grünen oder roten pikanten Soße (*mojo*) verzehrt werden. An Fleisch stehen Lamm, Kaninchen und Zicklein im Vordergrund, dazu gibt es Eintöpfe wie etwa den gehaltvollen *puchero*. In der Regel kommt das Ganze allerdings schnörkellos und mitunter ziemlich deftig auf den Tisch. Fündig wird man vor allem in Ausflugslokalen und Landgasthöfen abseits der Küste.

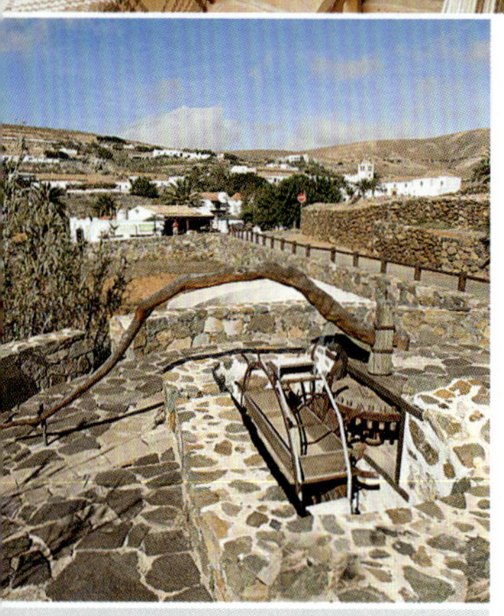

Oben: Ein Weber in der Casa Santa María zeigt seine Fingerfertigkeit. **Unten:** Das arabische Wasserschöpfrad wurde mit Hilfe eines Maultieres betrieben, zur Not auch mit menschlicher Muskelkraft.

dem gotischen Vorgängerbau blieb noch eine kleine Taufkapelle im Turm erhalten, in der wohl so manch ein Ureinwohner die Zwangstaufe empfing. Beachtenswert sind der von Holzbohlen aufgelockerte Steinfußboden und die prächtige Deckentäfelung in der Sakristei. Der Hochaltar (1684) präsentiert sich mit reichlich ornamentalem Musterwerk und von Blattgold überzogen in typisch kanarischem Inselbarock, in der zentralen Nische beherbergt er die Figur der Heiligen María de Buenaventura. Als ältestes Ausstattungsstück gilt eine schlichte Figur der Heiligen Katharina im linken Seitenaltar, sie soll noch aus der Zeit der Inseleroberung stammen. Auf die einst engen Beziehungen des spanischen Königreiches zu Flandern weisen einige von flämischen Malern geschaffene Ölgemälde hin, eines davon ist das *Jüngste Gericht* im rechten Seitenschiff. Die Kirche stellt vorübergehend zudem etliche Exponate des schon seit Jahren wegen Baufälligkeit ge-

Rundgang durch Betancuria

A Iglesia Santa María – Bedeutendste Inselkirche mit 600-jähriger Geschichte; in der Regel tgl. 10–12.30 und 13–15.50 Uhr.

B Museo de Arte Sacro – Das ehemalige Presbyterium ist vorübergehend geschlossen, ein Teil der sakralen Kunstgegenstände wird derzeit in der Pfarrkirche ausgestellt.

C Casa Santa María – In dem 400-jährigen ehemaligen Herrenhaus lädt das schönste Inselrestaurant zur Einkehr, außerdem gibt es ein ethnografisches Museum und eine Multivisionsschau. Mo–Sa 10–15.30 Uhr, Plaza Santa María 1, Tel. 928 87 82 82, www.casasantamaria.net

D Casa Saavedra – Das alte Herrenhaus beherbergt heute das Restaurant Princess Arminda (s. Infos und Adressen). Calle Juan Béthencourt 2.

E Casa Los Manrique de Lara – Der kleine Adelspalast (17. Jh.) wird seit 2002 als Rathaus genutzt, zu den Bürozeiten kann man einen Blick in den schönen Innenhof werfen. Calle Juan Béthencourt 8.

F Convento de San Buenaventura – Die Ruine des ehemaligen Franziskanerklosters liegt etwas außerhalb an der Straße zum Mirador Morro Velosa und ist jederzeit zugänglich.

G Ermita de San Diego – Die bis ins 16. Jahrhundert zurückreichende Kapelle gegenüber vom Kloster San Buenaventura ist leider meist geschlossen.

Der Ruine des Franziskanerklosters fehlt das Dach.

H Centro Cultural – In dem ehemaligen Kulturzentrum des Dorfes hat ein Kunsthandwerksgeschäft Platz gefunden (siehe S. 141).

I Museo Arqueológico de Betancuria – In dem kleinen Museum sind vor allem die Exponate aus der Zeit der Ureinwohner interessant. Di–Sa 10–18 Uhr, Calle Roberto Roldán 12.

J Noria del Pozo – Aus dem jüngst restaurierten Brunnen versorgten sich die Dorfbewohner bis in die Mitte des letzten Jahrhunderts mit Trinkwasser. Das hölzerne Schöpfrad wurde von einem Maultier angetrieben und konnte pro Umdrehung 100 Liter Wasser fördern. Calle San Buenaventura.

Autorentipp!

KÄSEPROBE
Ziegenkäse ist auf Fuerteventura das mit Abstand bedeutendste landwirtschaftliche Produkt. Probieren kann man die verschiedenen Sorten in der Hofkäserei Granja Las Alcavaneras (auch als Finca Pepe bekannt), die ihre Produkte unter dem Markennamen El Convento vermarktet. Am nördlichen Ortsrand von Betancuria zweigt von der FV-30 in Höhe der Klosterruine Buenaventura eine schmale Teerstraße ab, auf der man zunächst am Hofladen der Quesería La Villa (wo es ebenfalls Käse gibt) vorbeikommt und nach insgesamt zwei Kilometern die ab vom Schuss gelegene Ziegenfarm erreicht. Auf den ersten Blick gleicht die rustikale Finca eher einem ethnografischen Museum als einem modernen Käsebetrieb, doch gerade das bäuerliche Flair scheint viele Besucher anzuziehen; auch Rundfahrtenbusse legen hier einen Stopp ein.

Granja Las Alcavaneras. Tgl. 10–18 Uhr, Betancuria, Llanos de Santa Catalina s/n.

schlossenen Museo de Arte Sacro aus, darunter das Eroberungsbanner aus dem 15. Jahrhundert.

Casa Santa María

An der Südseite des Kirchplatzes findet sich mit der Casa Santa María (um 1600) ein schönes Beispiel spanischer Kolonialarchitektur, nicht zuletzt deswegen, weil es von dem deutschen Eigentümer, dem Fotografen Reiner Loos, vorbildlich restauriert worden ist. Der Komplex beherbergt neben einem detailverliebt gestalteten Restaurant und einem gut sortierten Souvenirgeschäft auch ein kleines ethnografisches Museum, in dem Trachten und bäuerliche Arbeitsgeräte ausgestellt werden und verschiedene Kunsthandwerker ihre Ateliers haben. In einem Vorführungssaal werden in einer Multivisionsschau in perfekt in Szene gesetzten Bildern die schönsten Ecken der Insel vorgestellt.

Archäologisches Museum

An der Durchgangsstraße liegen einige der ältesten Häuser der Stadt, in einem davon eröffnete 1984 die Inselregierung ein kleines Museum. Besonders stolz ist man auf die vor dem Eingang aufgestellten beiden rostigen Kanonen; es sind Beutestücke aus der Schlacht von Tamasite, als die Insulaner einen Angriff englischer Piraten erfolgreich abwehren konnten. Die archäologische Sammlung zeigt einige interessante Exponate aus der Zeit der kanarischen Ureinwohner, darunter aus Stein gehauene Idole, die vermutlich kultischen Zwecken dienten. Sie stammen aus einem Lavatunnel bei Villaverde, der nach den Fundstücken Cueva de Idoles benannt wurde. Als eines der bedeutendsten Ausstellungsstücke gilt ein ebenfalls im Inselnorden gefundener Relief-Fries, in den sieben weibliche Figuren eingeritzt sind. Infotafeln machen mit verschiedenen Felsbildstellen auf Fuerteventura bekannt, etwa den berühmten »Fußabdrücken« auf der Montaña Tindaya (siehe Highlight 18, S. 110) oder einem Segelschiff, das im Barranco de Cavadero nahe La Oliva entdeckt wurde. Die überschaubare Sammlung wird durch Mörser, Handmühlen und Keramik aus der Zeit nach der Eroberung komplettiert. Auch das kleine Museumsgebäude selbst ist mit dem hübschen Patio eine nähere Betrachtung wert. Mit seinen dicken Steinmauern überdauerte es die bewegte Piraten-Ära ganz gut.

Ein Kloster ohne Dach

Die vor gut 30 Jahren restaurierte Ruine des Convento de San Buanaventura (1416) steht etwas verloren in einer Talsenke an der nördlichen Ortsausfahrt der alten Hauptstadt und kann jederzeit frei besichtigt werden. Von der einst großen Klosteranlage blieben leider nur einige Teile erhalten. Der Konvent wurde bereits wenige Jahre nach der Eroberung von sieben Franziskanermönchen gegründet. Mindestens zwei Mal gebrandschatzt und wiederaufgebaut, wurde das Kloster 1836 säkularisiert und danach sich selbst überlassen. Wer Baumaterial benötigte, bediente sich einfach. Von der Mudéjardecke wird erzählt, dass sie ein Mönch verkauft haben soll. Nur die Außenmauern und ein paar Rundbögen überstanden die Wirren der Geschichte, doch lassen diese zumindest noch etwas von der Größe des einst stolzen Gebäudes erahnen.

Gegenüber von der Klosterruine steht die dem aus Sevilla stammenden Heiligen Diego de Alcalá (1400 bis 1463) geweihte Ermita de San Diego (1593). Leider ist die Kapelle nur zu besonderen Anlässen geöffnet, die kunstvoll gearbeitete Decke im inseltypischen Mudéjarstil liegt von daher meist im Verborgenen.

AUTORENTIPP!

KUNSTHANDWERK VON DER INSEL

Die Artesanía an der Durchgangsstraße von Betancuria ist eine von vier unter der Regie der Inselverwaltung betriebenen Kunsthandwerksläden, die ausschließlich auf Fuerteventura hergestellte Produkte anbieten. Ein Gütesiegel weist auf die Echtheit hin und nennt vielfach auch den Kunsthandwerker beim Namen. Das Geschäft liegt gleich neben dem Museum im ehemaligen Kulturzentrum. Zur Auswahl stehen Mitbringsel aus Leder, Keramik und Filz, dazu gibt es arbeitsaufwendige Hohlsaumstickereien und aus Palmwedeln geflochtene Korbwaren. Schön sind vor allem die nach traditionellen Vorgaben gefertigten Stücke, unter den modernen Arbeiten ist allerdings auch viel unnützer Nippes dabei.

Artesania de Fuerteventura. Tgl. 10–13 und 14–18 Uhr. Calle Roberto Roldán 17.

Infos und Adressen

SEHENSWÜRDIGKEITEN

Casa Santa María. 3D-Multivisionsschau und ethnografisches Museum. Mo–Sa 10–15.30 Uhr, Plaza Santa María 1, www.casasantamaria.net

ÜBERNACHTEN

Casa Princess Arminda. Das historische Haus aus dem 17. Jahrhundert ist derzeit die einzige Übernachtungsmöglichkeit im Ort. Es verfügt über

Die Casa Santa Maria war einst ein Adelssitz.

vier etwas dürftig beleuchtete Zimmer. Im Winter sollte bedacht werden, dass auf 400 Meter über Null abends die Temperaturen ohne Heizung etwas frisch sein können. Dafür sitzt es sich im Sommer im Patio umso angenehmer, die Atmosphäre des Hauses ist zudem familiär und herzlich, und die Zimmerpreise sind relativ günstig. Calle Juan Béthencourt 2, Tel. 928 87 89 79, www.princessarminda.com, buchbar auch über www.booking.com

Casa Santa María. Für 2015 ist von den Eigentümern der Casa Santa María zusammen mit dem deutschen Rockstar Peter Maffay die Eröffnung eines schmucken Landhotels geplant.
Tel. 928 87 82 82, www.casasantamaria.net

ESSEN UND TRINKEN

Casa Princess Arminda. In dem Lokal oberhalb der Kirche gibt es einfache Landküche in netter Atmosphäre, nach hinten raus mit kleiner Gartenterrasse. Calle Juan de Béthencourt 2,
tgl. 12–17 Uhr, Tel. 928 87 89 79,
www.princessarminda.com

Casa Santa María. Vom Ambiente ist das in einem historischen Herrenhaus untergebrachte Lokal mit zwei lauschigen Innenhöfen kaum zu schlagen. Die Preise liegen dafür auch deutlich über dem Inseldurchschnitt, Spezialität des Hauses ist das im Ofen gegarte Zicklein, klassisch der warme Apfelstrudel mit Vanillesauce. Der Service ist allerdings mitunter etwas gewöhnungsbedürftig. Tgl. 11–16 Uhr, Plaza Santa Maria 1,
Tel. 928 87 82 82, www.casasantamaria.net

Bar Valtarajal. Einfacher Landgasthof direkt neben dem Archäologischen Museum. Der Speisekarte merkt man kaum an, dass die Wirtsleute deutsche Wurzeln haben. Es werden verschiedene Tapas serviert, zum Dessert ist das *Mousse de Gofio* einen Versuch wert, zum Milchkaffee kann man den hausgemachten Gofiokuchen probieren. So–Fr 10–18 Uhr, Calle Roberto Roldán 6,
Tel. 928 94 94 54.

Bodegón Don Carmelo. Das kleine Lokal ist auf jeden Fall eine Entdeckung, es liegt etwas abseits der touristischen »Rennstrecke« in einer kopfsteingepflasterten Nebenstraße. Die Küche bietet Tapas und typisch kanarische Kost, man sitzt wahlweise in der behaglichen Gaststube oder an einem der Tischchen vor dem Haus in der Sonne. Tgl.
10–18 Uhr, Calle Alcalde Carmelo Silvera 4,
Tel. 928 87 83 91.

EINKAUFEN

Aloe vera Fresca. Verkauf von Frischpflanzen und daraus hergestellte pflegende Produkte, die Rohstoffe werden nach den Richtlinien der ökologischen Landwirtschaft angebaut. Calle Roberto

Die Käserei Las Alcavaneras

Roldán s/n (am Ortsausgang in Richtung Betancuria), www.alefresca.com

Granja La Villa. Im Hofladen der Käserei werden verschiedene Sorten von Ziegenkäse angeboten. Von Betancuria kommend biegt man am nördlichen Ortsausgang in Höhe der Klosterruine in ein aufwärts führendes Sträßchen ab und folgt diesem etwa 1,5 km. Tgl. 10–20 Uhr, Llano de Santa Catalina s/n, www.granjalavilla.com

Quesería la Villa. Nahe der Klosterruine Buenaventura lädt der Hofladen der Granja Las Alcavaneras am Abzweig der FV-30 Richtung Hofkäserei zu einem ersten Zwischenstopp ein; tgl. 10–18 Uhr, siehe Autorentipp S 140.

Tienda Santa María. Gut sortiertes Souvenirgeschäft, in dem es neben Kunsthandwerk auch pikante Mojo-Saucen und exotische Konfitüren aus Papayas und Feigenkaktus sowie eine schöne Postkartenedition gibt. Mo–Sa 10–15.30 Uhr, Plaza Santa María 1, Tel. 928 87 82 82, www.casasantamaria.net

AKTIVITÄTEN

Wandern. Betancuria ist ein sehr guter Ausgangspunkt für Bergtouren, z.B. über den Höhenweg nach Vega de Río Palmas. (siehe Highlight 25, S. 145).

INFORMATION

Oficina de Turismo. Kiosk an der Durchgangsstraße (am kleinen Parkplatz am Aufgang zur Kirche); Mo–Sa 10–14 Uhr, Tel. 928 87 80 92, www.aytobetancuria.org

In der Bodega Don Carmelo wird typisch kanarisch gekocht.

25 Naturpark Betancuria

Im Reich der Schmutzgeier

Abseits der Ferienorte an der Küste überrascht Fuerteventura mit einem unverbrauchten Hinterland. Das Kerngebiet des Berglandes im Zentrum der Insel ist seit 1987 als Parque Natural de Betancuria ausgewiesen, höchste Erhebung ist der namensgebende 724 Meter hohe Pico de Betancuria. Trotz oder gerade wegen der kaum existenten Vegetation sind grandiose Landschaftserlebnisse garantiert.

Mit 165 Quadratkilometern umfasst der Naturpark etwa zehn Prozent der Inselfläche. Rechnet man die übrigen Schutzgebiete Fuerteventuras hinzu, steht mehr als ein Drittel der gesamten Inselfläche unter Schutz. Das Gebiet erstreckt sich von Los Molinos im Norden bis Pájara im Süden und ist nur sehr dünn besiedelt, etwa 1000 Menschen wohnen in den gerade mal fünf Dörfern. Auf den ersten Blick mag die Natur ohne viel Grün öde erscheinen, doch viele Ausflügler entde-

MAL EHRLICH

DIE FALSCHE AUSRÜSTUNG

Das Wandergebiet ist zwar nicht mit den Alpen vergleichbar, dennoch sollte man vernünftig ausgerüstet sein. Es müssen nicht unbedingt die schwersten Wanderstiefel sein, auch auf Gore Tex & Co. kann angesichts der geringen Niederschläge verzichtet werden. Doch die Schuhe sollten auf alle Fälle bequem und gut eingelaufen sein, auf ruppigen Küstentrails dürfen sie gerne auch knöchelhoch sein. Ganz wichtig: Nehmen Sie immer reichlich Wasser mit, die Einkehrmöglichkeiten unterwegs sind dünn gesät.

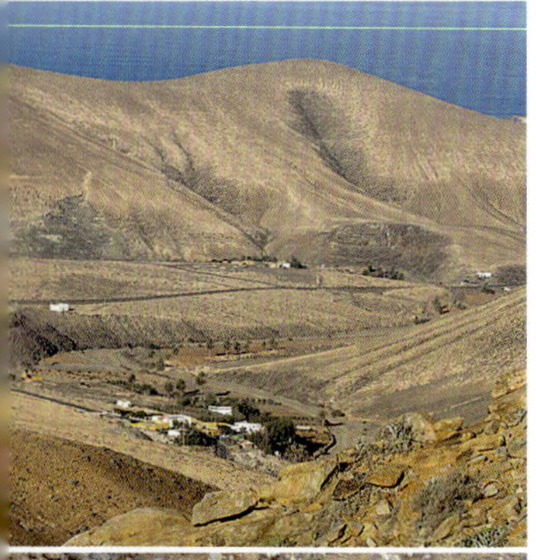

Mitte: Erdfarbene Hänge prägen die Berglandschaft im Naturpark Betancuria.
Unten: Der Naturpark gilt als Wanderparadies und ist auch für Spaziergänger attraktiv.

Der Höhenweg von Betancuria nach Vega de Río Palmas

Ausgangspunkt: Hauptstraße in Betancuria.
Schwierigkeitsgrad: leicht
Höhenunterschied: etwa 350 m
Länge: Etwa 8 km, Gehzeit für den Hinweg zweieinhalb Stunden; sofern man nicht mit Bus oder Taxi nach Betancuria zurückfährt, kann auf der FV-30 in einer guten Stunde nach Betancuria zurückgegangen werden.
Wegbeschaffenheit: Relativ bequem begehbare Wege, der letzte Teil der Tour läuft durch ein etwas ruppiges trockenes Flussbett. Unterwegs gibt es nur auf dem Waldpicknickplatz etwas Schatten.
Ausrüstung: Wanderschuhe empfehlenswert; unterwegs keine Einkehrmöglichkeit, ausreichend Trinkwasser mitnehmen.

A Betancuria – Der Einstieg für die Tour befindet sich am südlichen Ortsausgang kurz nach der Bar Valtarajal. Dort biegt man von der Durchgangsstraße links in die Calle San Buenaventura ein.

B Degollada del Marrubio – Auf der meist windigen, doch aussichtsreichen Passhöhe ist der zentrale Gebirgskamm erreicht, ein Picknicktisch lädt zu einer Atempause ein.

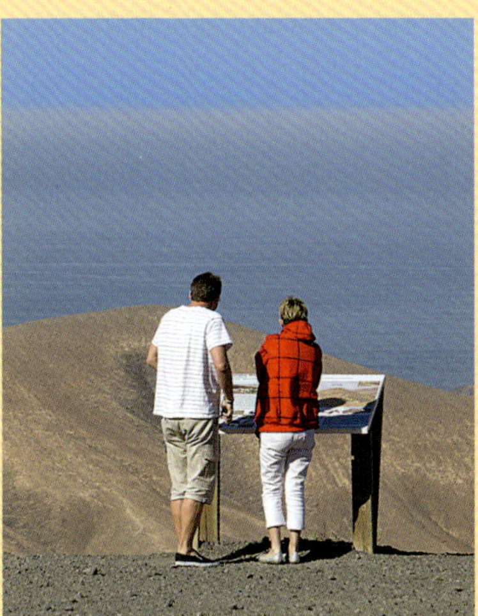
Aussichtspunke laden zum Verweilen ein.

C Morro del Cortijo – Auf dem 637 m hohen Aussichtsgipfel steht man auf dem höchsten Punkt der Wanderung.

D Degollada de los Pasos – In der Einsattelung vor dem von Sendemasten bestandenen Morro Janana (672 m) wird der Kammweg rechts abwärts verlassen.

E Castillo de Lara – Der Waldpicknickplatz überrascht mit einem für Fuerteventura ausgedehnten Kiefernbestand, die Picknicktische im Schatten geben einen guten Rastplatz ab.

F Casa de los Padrones – Von der jüngst restaurierten, doch nicht bewirtschafteten staatlichen Berghütte senkt sich der Weg zur Landstraße (FV-30) ab.

G Vega de Río Palmas – Am Kirchplatz erwartet den Wanderer einer der besten Landgasthöfe der Insel. Don Antonio (siehe Autorentipp, S. 149)

AUTORENTIPP!

PICKNICK IM KIEFERNWALD
Ein Kastell darf nicht erwartet werden, dafür gibt es in Castillo de Lara ein mit Picknicktischen, fließend Wasser und WC-Häuschen voll erschlossenes Freizeitgelände, und das Überraschende: Es liegt mitten in einem Kiefernwald. Auf dem schattigen Platz ist meist nur an Sommerwochenenden etwas los, wenn die Majoreros mit Kind und Kegel angefahren kommen und unter freiem Himmel ausgiebig tafeln. Während die Kids auf dem Spielplatz toben, sind die Großen an den Grillplätzen beschäftigt. Auch wenn der Kiefernwald mit europäischen Maßstäben verglichen sehr bescheiden ausfällt – für Fuerteventura ist er eine Sensation. Damit das auch zukünftig so bleibt, hat man das Gelände großzügig mit Feuerlöschern ausgestattet …

Castillo de Lara. Die Anfahrt erfolgt über eine von der FV-30 zwischen Betancuria und Vega de Río Palmas abzweigende ausgeschilderte Erdstraße.

cken in der kargen Mittelgebirgslandschaft die auf das Wesentliche reduzierte spröde Schönheit der Insel. Sanft gerundete Bergzüge mit dazwischen platzierten Palmenoasen prägen das Bild, jede erklommene Kuppe überrascht mit einer neuen Aussicht. Autofahrer können das Bergland auf der FV-30 entdecken, die als schmales Band den Naturpark von Nord nach Süd durchquert – die Straße wird zu Recht als die schönste Panoramastrecke der Insel gerühmt. Man sollte sich Zeit nehmen für die Aussichtsplätze unterwegs, spektakulär ist etwa der Mirador Morro Velosa (siehe Highlight 22, S. 128), von dessen wie ein Adlerhorst auf eine Bergkuppe gesetztem Panorama-Ausguck sich die halbe Insel überblicken lässt.

Lohnende Touren

Am besten wird die stille Landschaft natürlich zu Fuß erfahrbar. Von den vielen tausend Strandläufern einmal abgesehen ist das Wandern abseits vom Meer noch nicht das große Thema. Doch es herrscht eine Aufbruchstimmung im wahrsten Sinne des Wortes. Die Inselregierung hat jüngst einige teils sehr reizvolle Wege neu angelegt und nach internationalen Richtlinien markiert. Bester Ausgangspunkt ist die alte Hauptstadt Betancuria, von der sich gleich mehrere Touren anbieten. Der Ort ist allerdings nicht besonders gut ans öffentliche Busnetz angeschlossen. Doch für kleinere Touren reicht das Zeitfenster bis zur Rückfahrt aus. Sofern man sich etwas sputet, ist auch der Höhenweg von Betancuria nach Vega de Río Palmas zu schaffen. Der Weg ist eine Tagesetappe des ausgeschilderten Fernwanderweges GR 131, der von Corralejo im Norden die ganze Insel durchquert und nach 135 Kilometern am Leuchtturm an der Punta de Jandía endet. Am südlichen Ortsausgang von Betancuria zweigt von der Dorfstraße ein anfangs gepflasterter Weg ab, der durch aufgelassene Terrassen an Agaven, Feigenkakteen und verwilderten Mandelbäumen zur Degollada del Marrubio hinaufzieht, von der sich über die Zentralebene bis zur Ostküste schauen lässt. Das letzte Stück führt dann durch das trockene Flussbett des Río Palmas zum Dorfplatz von Vega de Río Palmas, an dem der Landgasthof Don Antonio kalte Drinks und gutes Essen bereithält.

Der Schmutzgeier ist zurück

Der Naturpark Betancuria ist zugleich als Vogelschutzgebiet ausgewiesen und nicht nur Ornithologen kommen ins Schwärmen, wenn im Bergland von Betancuria ein Kanarischer Schmutzgeier seine Kreise zieht. Die auf Fuerteventura vorkommende Unterart ist mit einer Flügelspannweite von 1,65 Metern der größte Vogel im Archipel. In größerer Zahl kommt er außer auf Fuerteventura nur auf Lanzarote vor, auf den übrigen Inseln ist er fast ausgestorben. Dank eines EU geförderten Schutzprogramms von LIFE hat sich der Bestand erholt. So wurden Hochspannungsleitungen mit Fähnchen markiert, auch legte man einen Fütterungsplatz an, in dem Fleischabfälle aus einem Schlachthof deponiert werden. Mittlerweile sind auf Fuerteventura wieder rund 50 Brutpaare heimisch, als »Gesundheitspolizisten« spielen die Großvögel eine wichtige Rolle im Ökosystem.

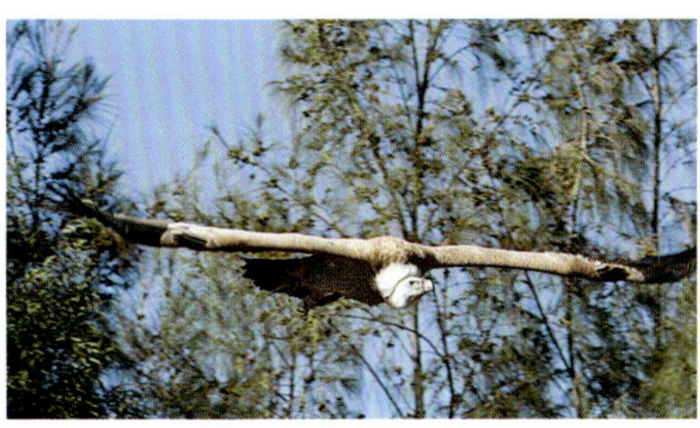

Beachtliche Flügelspannweite – ein Geier im Landeanflug

Infos und Adressen

ESSEN UND TRINKEN

Landgasthöfe in Betancuria und Vega de Río Palmas. (siehe HL 24, S. 142 und HL 26 / Autorentipp, S. 149).

ANFAHRT

Bester Ausgangspunkt zur Erkundung des Naturparks ist die alte Hauptstadt Betancuria an der FV-30. Von Norden kommend erreicht man den Ort über La Oliva und Tefia, von Süden über Tuineje und Antigua.

BUS

Linie 2. Von Puerto del Rosario fährt drei- bis vier Mal täglich ein Linienbus über Betancuria nach Vega de Río Palmas, in der Regel morgens um 11 Uhr hin und um 16.30 Uhr zurück, (Rückfahrt ab Betancuria gegen 16.45 Uhr). Sofern man die vorgeschlagene Wanderung unternimmt, sollte man sich jedoch unbedingt über den aktuellen Fahrplan informieren (www.maxoratabus.com/tiadhe/de).

GEFÜHRTE WANDERUNGEN

Time for Nature. Wer nicht auf eigene Faust wandern möchte, kann sich dem deutschsprachigen Team von Time for Nature anschließen. Neben Touren durch die Naturparks Jandía und Betancuria gehört auch eine Exkursion nach Lobos zum Programm. Gäste aus den Ferienorten auf der Halbinsel Jandía werden vom Hotel abgeholt.
Tel. 928 87 25 45,
www.timefornature.de

INFORMATION

Greifvogelhilfe. Über den Kanarischen Schmutzgeier (*Neophron percnopterus majorensis*) informiert die Webseite der Greifvogelhilfe Mönchengladbach, www.greifvogelhilfe-mg.de

26 Vega de Río Palmas

Palmenoase mit Wallfahrtskirche

In dem schroffen Bergland überrascht ein weites Palmental, das von einer großen Streusiedlung mit Fuerteventuras berühmtester Wallfahrtskirche ausgefüllt wird. Gegenüber davon lädt ein stilvoller Landgasthof zur Einkehr. Von der Kirche kann man auf einer kurzen Wanderung zu einer in einer Felsschlucht versteckten Kapelle pilgern – die Schlucht gehört zu den eindrucksvollsten Naturwundern der Insel.

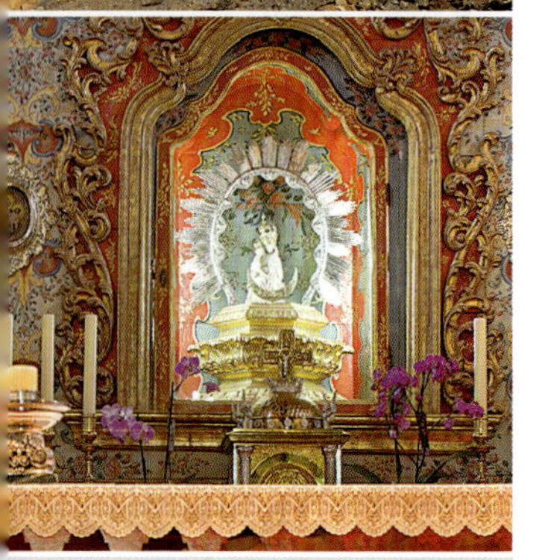

Mitte: Das Tal von Vega de Río Palmas
Unten: In der Wallfahrtskirche wird die Jungfrau de la Peña verehrt.

Von Pájara schlängelt sich ein spektakuläres Bergsträßchen durch eine wildromantische, wenn auch kahle Mittelgebirgslandschaft. Schmal und kurvenreich führt es zur Degollada de los Granadillos am Kilometerstein 25 hinauf. An dem Parkplatz auf dem Pass (426 m) sollte man unbedingt einen Stopp einlegen, hat man doch von hier bereits einen Vorgeschmack auf den zu Füßen liegenden verlandeten Stausee von Vega de Río Palmas. Das volle Panorama erschließt sich durch einen kurzen Spaziergang über einen vorgelagerten Bergrücken. Von einer Parkausbuchtung knapp zwei Kilometer weiter öffnet sich dann der Blick in eine enge Schlucht, aus der die weiß gekalkte Ermita de la Peña herausleuchtet.

Durstige Palmenoase

Die Kanarische Dattelpalme gehört zu den schönsten ihrer Art, weltweit hat sie sich zu einem Exportschlager entwickelt und ziert Straßen und Plätze auf allen Kontinenten. Schon bevor die spanischen Eroberer ihren Fuß auf Fuerteventura setzten gab es überall auf der Insel kleinere und größere Palmenhaine der von den Botanikern *Phoenix canariensis* getauften Art. In Vega de Río Palmas gibt es gleich so viele davon, dass der Baum Eingang in den Ortsnamen gefunden hat. Bei einem Spaziergang durch den Palmenhain wird allerdings ein Problem offensichtlich, das auch die übrigen Palmenbestände auf der Insel betrifft. Nicht wenige der majestätischen Schattenbäume stehen nicht gut im Saft, sprich es fehlt an Wasser. In den letzten 600 Jahren ist das Klima viel trockener geworden, der Grundwasserspiegel reicht vielerorts nicht mehr aus. Vertrocknete Wedel oder Stämme ohne Krone sind leider keine Seltenheit, es herrscht akuter Handlungsbedarf.

Wallfahrtskirche der Felsenjungfrau

In der großen Streusiedlung führt kein Weg an der Dorfkirche vorbei. Schon der dreieckige Kirchplatz mit von Palmwedeln beschatteten Bänken und einer hübschen Häuserzeile im Stil der traditionellen Landarchitektur ist eine Augenweide. Die Iglesia de Nuestra Señora de la Peña gilt zu Recht als eine der schönsten Inselkirchen, ein schmuckes Renaissanceportal gibt den Eingang in das einschiffige Langhaus frei. Verehrt wird eine Heiligenfigur in Form einer 23 Zentimeter hohen Alabasterstatue, die auf einer versilberten Mondsichel und von einem Strahlenkranz umgeben in einer verglasten Vitrine im barocken Hochaltar steht. Die Marienfigur soll vor 600 Jahren von dem Eroberer Jean de Béthencourt auf die Insel gebracht worden sein und zunächst in der Pfarrkirche von Betancuria gestanden haben. Kurz bevor 1593 Piraten plündernd in der damaligen Hauptstadt wüteten, brachte man sie nach Vega de Río Palmas in Sicherheit, doch dann verlor sich ihre Spur. Einer Legende zufolge fand man die Figur Jahrzehnte später in einer Felsnische verborgen im Barranco

AUTORENTIPP!

LANDGASTHOF DON ANTONIO

Es gibt nur wenige andere Dorfgasthöfe, die es mit dem Don Antonio am Kirchplatz von Vega de Río Palmas aufnehmen können. Man sitzt wahlweise in der heimeligen Gaststube oder dem schattigen Innenhof, wer will kann auch draußen unter einem Sonnenschirm verweilen und bei Tapas und einem Gläschen Wein die beschauliche Atmosphäre des Platzes aufnehmen. Den Gast erwartet gehobene internationale Küche, die auch einige kanarische Elemente einbezieht und mit hausgemachten Spätzle auf die deutschen Wirtsleute hinweist. Für Inselverhältnisse ist das Ganze nicht unbedingt billig, für ein Hauptgericht sollten 20 bis 25 Euro einkalkuliert werden, doch stilvolles Ambiente und gute Qualität haben nun mal ihren Preis.

Restaurante Don Antonio. Di–So 11–17 Uhr, Plaza Iglesia, Tel. 928 87 87 57.

Oben: Schutzsuchend duckt sich die winzige Kapelle in die Felsschlucht.
Unten: Kanarische Dattelpalmen im Tal von Río Palmas

de las Peñitas und brachte sie daraufhin in die Kirche von Vega de Río Palmas. Die wundersame Wiederentdeckung zog sogleich Pilger von der ganzen Insel an, und die fortan als Felsenjungfrau verehrte Statue wurde bald zur Schutzpatronin Fuerteventuras ernannt. Ihr zu Ehren findet jedes Jahr im September die größte Inselwallfahrt statt.

Zur Ermita in der Felsschlucht

Wallfahrtsziel ist die Fundstelle der Heiligenfigur mitten in einer über einen gut ausgebauten Pilgerweg zugänglichen Schlucht. Dort errichtete man eine schlichte Kapelle, die Ermita de la Peña. Der Weg führt zunächst am verlandeten Nordufer der Embalse de las Peñitas entlang. Wer schwindelfrei ist, genießt von der Mitte der Staumauer einen spektakulären Blick in die enge Felsenschlucht und auf die nur noch wenige Minuten entfernte Kapelle. Ihre Tür steht immer offen, Pilger können sich in ein Buch eintragen und, sicherlich noch wichtiger, durch den vergitterten Marienschrein der Madonna einen Bittbrief zukommen lassen.

Infos und Adressen

SEHENSWÜRDIGKEITEN

Iglesia de Nuestra Señora de la Peña. Die Wallfahrtskirche am Dorfplatz ist täglich von 10.30–13 und 16–18.30 Uhr geöffnet.

WANDERUNG

Ermita de la Peña. Wer mit dem Bus anfährt, beginnt die kleine Wanderung zur Wallfahrtskapelle am Kirchplatz. Etwa 400 m unterhalb der Kirche zweigt von der Durchgangsstraße ein schmales Teersträßchen ab, auf dem nach gut 15 Min. eine Brücke erreicht wird (Autofahrer können hier den Wagen abstellen). Vor der Brücke wird das Sträßchen in einen anfangs geschotterten Weg verlassen, der an einem trockenen Bachbett entlang durch den Palmenhain zur Staumauer der Embalse de las Peñitas führt, von der auf dem gepflasterten Pilgerweg zur Kapelle in der Schlucht abgestiegen wird. Ab Kirchplatz sollten hin und zurück etwa zwei Stunden eingeplant werden.

BUS

Vega de Río Palmas. Ab Puerto del Rosario ist Vega de Rio Palmas 2-mal tgl. mit Buslinie 2 erreichbar.

Die Wallfahrtskirche in Vega de Río Palmas …

FIESTA

Romería de Nuestra Señora Virgen de la Peña. Die große Wallfahrt zu Ehren der Inselheiligen findet jedes Jahr in der dritten Septemberwoche statt.

… ist auch das Ziel von so manchem Schulausflug.

27 Tuineje

Im Käsezentrum der Insel

Rund 100 000 Ziegen soll es auf der Insel geben, fast so viele wie Menschen. Bei Tuineje wird ein hervorragender Ziegenkäse hergestellt, er liegt in verschiedenen Sorten und Reifegraden in vielen Supermärkten aus. Man kann sich jedoch auch vor Ort in der modernen Käserei eindecken. Außerdem wartet der geschichtsträchtige Gemeindesitz Tuineje mit einer interessanten Pfarrkirche auf.

Mitte: Das Dromedar spielt in der Ortsgeschichte eine herausragende Rolle, …
Unten: … es kann auch auf einem Tafelbild in der Pfarrkirche entdeckt werden.

Tuineje hat einen festen Platz in der Inselgeschichte sicher. Am 12. Oktober 1740 gingen im Hafen von Gran Tarajal 53 englische Piraten an Land. Sie hatten es auf die Hauptstadt Betancuria abgesehen, die aus eben diesem Grunde bewusst ab vom Meer im Bergland angelegt wurde. Auf ihrem Weg dorthin zogen sie plündernd über die Insel und stießen dann plötzlich auf Widerstand. Am Fuß der Montañeta del Tamasite kam es am 13. Oktober zur entscheidenden Schlacht. Die zahlenmäßig unterlegenen und auch schlecht ausgerüsteten Bauern begegneten den schwer bewaffneten Piraten mit einer List: quasi als Kugelfang trieben sie eine Herde Dromedare vor sich her. Bis die Engländer ihre Vorderlader nachgeladen hatten, brauchte es seine Zeit, 22 von ihnen wurden dabei erschlagen, der Rest flüchtete zum Hafen. Zwei zurückgelassene Kanonen stehen heute vor dem Eingang des Archäologischen Museums in Betancuria.

Tafelbilder in der Pfarrkirche

In der Pfarrkirche San Miguel Arcángel zeigen zwei Tafelbilder Szenen aus der Schlacht von Tamasite, sie befinden sich links und rechts im unteren Aufbau des prächtigen Hochaltars. Um Details zu erkennen, muss man sich ziemlich tief bücken. Vor der Kirche erinnert ein liegendes Dromedar an die historische Begebenheit. In ihrer heutigen Form geht die dem Erzengel Michael geweihte Kirche auf das Jahr 1790 zurück, mit ihrem viereckigen Glockenturm hinterlässt sie einen etwas abweisenden Eindruck. Der wehrhafte Charakter wird durch eine aus dunklem Vulkanstein errichteten Mauer an der Westfassade und die an den Rändern farblich abgehobenen Steine noch verstärkt, diese sind jedoch zugleich auch als Zierde gedacht. Wie in fast allen Inselkirchen wurde auf große Glasfenster verzichtet, für gedämpft einfallendes Licht sorgen lediglich zwei kleine Oberlichter und ein paar schmale Fenster.

Alles Käse

Auf der FV-20 in Richtung Gran Tarajal hat knapp sechs Kilometer südlich von Tuineje die Käserei Maxorata ihre Produktionshallen. Es ist der größte Käseproduzent der Kanarischen Inseln, der seine Produkte europaweit vermarktet. Eine romantische Hofkäserei darf nicht erwartet werden; in dem modernen Betrieb wird Käse ausschließlich aus Ziegenmilch von der Insel hergestellt und unter den Marken *Maxorata* und *El Pastor* angeboten, letzterer ist ein reiner Rohmilchkäse. Beide Marken tragen die geschützte Herkunftsbezeichnung *denominación de origen* und sind im Hofladen in verschiedenen Reifegraden und Sorten erhältlich. Junger Käse (*tierno*) reift lediglich zwischen acht und zwanzig Tagen, dem parmesanartigen Hartkäse (*curado*) lässt man dagegen mindestens sechs Monate Zeit, um sein volles Aroma zu entfalten. Manche Sorten werden mit Paprikapulver oder geröstetem Gofio (Maismehl) eingerieben und erhalten so eine zusätzliche Ge-

AUTORENTIPP!

LOGENPLATZ FÜR DEN SUNDOWNER

Die Lage des inselbekannten Ausflugslokals Bahía La Pared könnte besser nicht sein: Man sitzt auf einer großen Terrasse über einer meist wellengepeitschten Bucht und genießt das Panorama auf Meer und Berge, bevorzugt zum Sonnenuntergang, wenn das weiche Licht die Landschaft in verschiedene Rottöne einlullt. Zu essen bekommt man natürlich auch etwas, die Küche ist ganz auf Fisch und Paella spezialisiert, doch die Qualität ist mitunter von der Tagesform des Kochs abhängig. Nichts auszusetzen haben Kids, sie sind bestens auf dem zugehörigen Spielplatz und in dem Pool aufgehoben, in dem es sogar eine Riesenwasserrutsche gibt.

Bahía La Pared. Man erreicht das Lokal an der Westküste von der Urbanisation La Pared aus über eine Stichstraße. Tgl. 12–22 Uhr, Playa de La Pared, Tel. 928 54 90 30.

schmackskomponente. Der Maxorata-Käse wurde bereits mehrfach mit internationalen Auszeichnungen prämiert, etwa mit dem in Birmingham verliehenen *World Cheese Award*, der in der Käsebranche mit dem Oscar der Filmindustrie verglichen wird.

Oben: Malpais Grande – eine ausgebrannte Vulkanlandschaft
Unten: Der Balsam-Wolfsmilch kann das trockene Inselklima nichts anhaben.

Vulkanisches Erbe

Östlich von Tuineje erstreckt sich auf einer Fläche von mehreren Quadratkilometern das Malpaís Grande, eine unwirtliche Lavalandschaft, die in ihrer Eintönigkeit schon wieder faszinierend wirkt. Das Malpaís geht auf Vulkanausbrüche vor etwa 10 000 Jahren zurück, Eruptionszentrum war die Caldera de La Laguna, von der aus sich ein glühender Lavastrom zur Ostküste wälzte und sich schließlich bei Pozo Negro ins Meer ergoss. In dem menschenleeren Ödland ist bis heute keine landwirtschaftliche Nutzung möglich, einzige Farbtupfer setzen Pionierpflanzen wie der anspruchslose Dornlattich und die Balsam-Wolfsmilch. Das Gebiet ist lediglich über ungeteerte Pisten zugänglich, eine beliebte Wanderung führt zum Kraterrand der Caldera de los Arrabales hinauf.

Infos und Adressen

SEHENSWÜRDIGKEITEN

Iglesia San Miguel Arcángel. Sofern die Pfarrkirche geschlossen sein sollte, bekommt man den Schlüssel vis-à-vis im Haus 7.

ÜBERNACHTEN

Casa Rural Tamasite. Unweit vom Ortskern wurde ein 200 Jahre altes Gehöft zu vier rustikalen Ferienwohnungen umgebaut, die entweder einzeln oder zusammen für eine Gruppe von 12 bis 15 Personen gebucht werden können. Viele der Räume haben alte Balkendecken und sind teilweise mit antikem Mobiliar eingerichtet. Relativ günstig! Calle Tamasite 9, Tel. 928 16 49 91, www.casatamasite.com.

Finca Las Toscas. Das geräumige Ferienhaus mit Platz für maximal vier Personen liegt von einem großen Grundstück umgeben am Ortsrand von Tuineje. Die Zimmer mit unverputzten Natursteinmauern sind im Landhausstil eingerichtet. Zu den Extras gehören die windgeschützte Terrasse und ein solarbeheizter Pool, neben dem es eine Gelegenheit zum Grillen gibt. 13 km bis zum Strand Gran Tarajal, 35 km zum Flughafen. Buchbar über die Agentur Las Casas Canarias, Tel. 928 58 00 30, www.lascasascanarias.com

Ab Hof-Verkauf in der Käserei Maxorata

Casa Rural Tamasite – eine Alternative zur Bettenburg am Strand

EINKAUFEN

Quesería Maxorata. Direktverkauf von Ziegenkäse – alle Sorten gibt es praktischerweise in Vakuumverpackungen mit monatelanger Haltbarkeit, man kann sich also mit einem größeren Vorrat eindecken und auch ein Mitbringsel für die Daheimgebliebenen mitnehmen. Llanos de la Higuera (an der FV-20, km 5,5), Tel. 928 87 08 90, www.maxorata.es

FIESTAS

Fiestas Juradas de San Miguel. Um den 12. Oktober wird die Schlacht von Tamasite in einem Historienspektakel nachgestellt (genauer Termin über die Touristenbüros).

28 Tiscamanita

Ein Mühlendorf mit Wüstenlilien

Tiscamanita liegt auf halbem Weg zwischen Antigua und Tuineje und gehörte früher genauso wie seine Nachbarorte zur Kornkammer der Insel. Eine pittoreske Windmühle mit angeschlossenem Museum erzählt davon, wie das Korn noch bis ins 20. Jahrhundert gemahlen wurde. Für eine unverhoffte Renaissance der Landwirtschaft sorgt neuerdings der Anbau der als Heilpflanze geschätzten Echten Aloe.

Mitte: Schon bei der Anfahrt weist die Mühle von Tiscamanita den Weg zum Mühlenzentrum.
Unten: Zur Gofioherstellung wird das Korn vor dem Mahlgang zunächst geröstet.

Stammgäste, die Tiscamanita vielleicht noch aus den frühen 1990er-Jahren kennen und den Ort immer links liegen gelassen haben, werden sich über die Wiederauferstehung verwundert die Augen reiben. Damals glich das arg von der Landflucht gebeutelte Dorf einem Trümmerfeld aus halb verfallenen Bruchsteinhäusern. Einige davon gibt es immer noch, Wolfsmilchgewächse und Opuntien haben so manche Ruine in Besitz genommen. Doch dazwischen zeigen einige wieder aufgebaute kleine Gehöfte und etliche neue Häuser an, dass das Schlimmste wohl überstanden ist.

Das Mühlenzentrum

Wirklich schmuck präsentiert sich das kleine Ensemble des Mühlenmuseums. Egal aus welcher Richtung man kommt, die mit weißem Segeltuch bespannte vierflügelige Windmühle weist den Weg. Unübersehbar thront sie auf einer kleinen Anhöhe keine hundert Meter oberhalb der Durchgangsstraße. Vor der Mühle gibt es einen kleinen eiförmigen Lehmbackofen, wie er früher vor vielen wohlhabenden Landhäusern stand. Das ehemalige Wohnhaus des Müllers fungiert nun als Museum, in dem die auf der Insel gebräuchlichen Mühlentypen vorgestellt werden. Von den kanarischen Ureinwohnern wurden einfachste Mörser verwendet, sie waren oftmals nichts weiter als ein ausgehöhlter Stein, in welchem das Korn mit einem zweiten harten Stein zerrieben wurde. Die ersten spanischen Siedler benutzten Handmühlen aus dunklem Granit – zwei mit einem Loch in der Mitte versehene übereinander angeordnete runde Mahlsteine wurden einfach mit einem Hebel gedreht. Später kamen dann von Dromedaren oder Eseln angetriebene Zugmühlen in Gebrauch, sofern keine Tiere verfügbar waren, musste auch menschliche Muskelkraft herhalten. Geradezu revolutioniert wurde die Müllerei durch Windmühlen wie jene in Tiscamanita, die ersten davon baute man auf Fuerteventura im ausgehenden 18. Jahrhundert. Der Mühlentyp kommt ursprünglich aus La Mancha, jener Region, in der Don Quijote seinen berühmten Kampf gegen die Windmühlen ausfocht. Gerne kann man sich ein Bild von der Funktionsweise machen und auf der engen Treppe ins obere Stockwerk zum Mahlwerk hochsteigen. Für den Müller war dies der schwerste Teil seines Berufs, denn er hatte dabei meist einen 25 Kilo schweren Getreidesack auf dem Rücken.

Wundersame Wüstenlilie

Es gibt noch einen zweiten Grund, um nach Tiscamanita zu kommen. Kurz nach dem südlichen Ortsausgang liegt unterhalb der Landstraße die Fabrikhalle einer Aloe-Vera-Farm. Direkt davor wird auf einem mit Lavagranulat abgedeckten großen Feld die auch als Wüstenlilie bekannte Heilpflanze kultiviert. In Reihe und Glied stehen die bis zu ein Meter hohen Pflanzen nebeneinander. Anspruchslos wie sie sind, kommen sie mit

AUTORENTIPP!

GRAN MONTAÑA

Die Inselregierung weiß auch in punkto Wandern, was sie ihren Gästen schuldig ist. Einer von den jüngst eröffneten neuen Wanderwegen verbindet Tiscamanita mit Vega de Río Palmas, wobei der zentrale Bergkamm überquert werden will. Los geht es in der Ortsmitte von Tiscamanita an einem von der Durchgangsstraße (FV-20) abzweigenden Sträßchen, das nach gut zwei Kilometern an einem Unterstand endet (Selbstfahrer können dort parken). Ein von Steinen eingefasster markierter Bergpfad steigt dann zur Kammhöhe Morro Jorjado auf, von der sich links ein kurzer Abstecher zur Gipfelsäule der Gran Montaña (711 m) geradezu aufdrängt. Von dort kann man wunderbar den südlichen Inselteil überblicken. Nach Vega de Río Palmas folgt man einfach weiter dem markierten Pfad talwärts.

Gehzeit: hin und zurück etwa dreieinhalb Stunden

Einkehr: Landgasthof Don Antonio Di–So 11–17 Uhr, Plaza Iglesia, Tel. 928 87 87

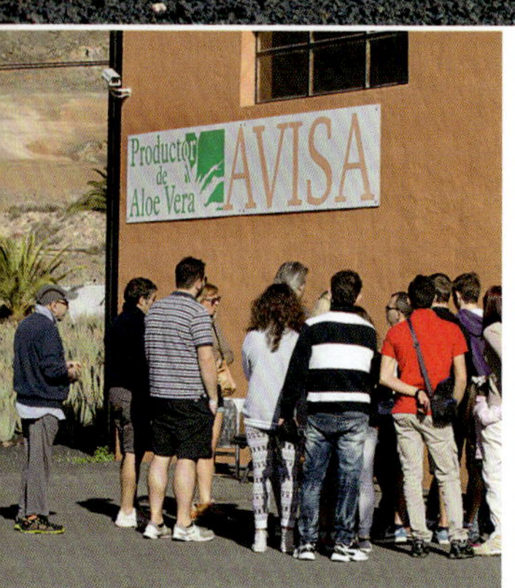

Oben: Aloe Vera-Plantage in Tiscamanita
Unten: Während einer Betriebsbesichtigung auf der Aloe-Vera-Farm erfährt man alles Wissenswerte zum Thema.

dem trockenen Inselklima gut klar und brauchen fast kein Wasser. Bis die dickfleischigen Blätter erntereif sind, vergehen etwa drei bis vier Jahre. Wer davon leben will, muss also einen langen Atem haben. Doch das Geschäft floriert, wie kaum eine andere Pflanze hat sich die zur Familie der Affodillgewächse gehörende Aloe jüngst einen guten Ruf als Naturheilmittel verschafft, ihre Wirkstoffe helfen bei Sonnenbrand und können auch leichte Schnittwunden und Hautirritationen lindern. Bei einem Rundgang durch die Fabrik kann man sich mit der Weiterverarbeitung der Pflanze vertraut machen. Abgesehen hat man es auf das glibberige fast transparent wirkende Fleisch der Blätter, aus denen ein Gel gefiltert wird. Dieses dient als Grundlage für verschiedene kosmetische und pflegende Produkte – billig sind die Produkte nicht gerade, doch im Fabrikverkauf sind Rabatte möglich.

Infos und Adressen

SEHENSWÜRDIGKEITEN

Aloe-Vera-Farm. Die Fabrik von Avisa liegt etwa 800 m südlich von Tiscamanita an der FV-20. Mo–Fr 10–18 Uhr, Carretera General de Sur, km 30, Tel. 928 16 42 40, www.aloetiscamanita.com und www.aloe-vera-fuerteventura.com

Centro de Interpretación Los Molinos. Gelegentlich demonstriert der Müller, wie Mehl gemahlen wird. Di–Sa 10–18 Uhr (Mühle und Museum). Termine unter Tel. 928 16 42 75.

Ermita de San Marcos. Die hübsche Kapelle aus dem ausgehenden 17. Jh. ist zumindest einen kurzen Fotostopp wert; sie steht am südlichen Ortsrand und wird von einer Zinnenmauer eingefasst.

ESSEN

Bar La Parada. In der schlichten Dorfbar gegenüber von der Bushaltestelle gibt es bodenständige kanarische Kost. Calle Principal (Durchgangsstraße), Tgl. 11–23 Uhr, Tel. 638 73 49 41.

Bar Tío Pepe. Die Bar mit ein paar Tischchen auf dem Bürgersteig hält für den kleinen Hunger verschiedene belegte Bocadillos bereit. An der Durchgangsstraße (Calle Principal) nahe der Bushaltestelle, Mo–Sa 12–17.30 Uhr, Tel. 653 75 97 15.

Das Sortiment an Pflegemitteln mit heilender Aloe ist breit gefächert.

Bar Tiscamanita. Siehe Kap. 20, S. 123.

EINKAUFEN

Aloe-Vera-Farm. Ab Fabrik werden neben reinem Aloe-Vera-Gel auch verschiede Tag- und Nachtcremes und Balsame angeboten. Die Pflanzen werden nach den Richtlinien der biologischen Landwirtschaft angebaut. (Details siehe unter Sehenswürdigkeiten).

Dorftreff La Parada an der Durchgangsstraße

29 Pájara

Fuerteventuras reichste Gemeinde

Mit rund 1100 Einwohnern ist Pájara eine der größten Ortschaften im Inselinneren. Dazu beigetragen haben mag die geschützte Südlage am Fuß von bis zu 700 Meter hoch aufragenden Bergen, welche die Winde aus Nordost abhalten. Im kleinen Altstadtkern wartet eine sehenswerte Pfarrkirche darauf entdeckt zu werden, die für Autofahrer und Biker zugleich der Ausgangspunkt zu einer erlebnisreichen Rundfahrt durch die Berge ist.

Mitte: Kachelbild am Ortseingang.
Unten: Geschütze Lage am Fuß der Betancuriaberge

Das Landstädtchen macht einen sehr gepflegten Eindruck. Offensichtlich hat sich der Geldsegen aus dem Tourismus auf das Ortsbild positiv ausgewirkt. Vom Rathaus in Pájara wird die ganze Halbinsel Jandía verwaltet. Nicht nur Steuereinnahmen, auch Gelder durch die Vergabe von Baulizenzen fließen in die Gemeindekasse. Palmen, junge Drachenbäume und kleinere Grünanlagen sorgen für Farbtupfer, entlang des trockenen Flussbettes des Barranco de Toto, der fast mitten durch den Ort verläuft, wuchern üppige Bougainvilleen. Herrschaftliche alte Guts- und Herrenhäuser zeigen, dass es dem Ort auch vor dem Geschäft mit den Touristen so schlecht nicht ging. Zumindest der Landadel und Großgrundbesitz profitierte von den relativ fruchtbaren Böden der Region. Etliche der um die 200 Jahre alten Landhäuser geben sich frisch restauriert, kanarische Holzbalkone im Mudéjarstil zieren die Fassaden, in den Innenhöfen sorgen Kübelpflanzen für Farbtupfer. Das Selbstverständnis des Ortes spiegelt sich auch in der Statue eines ziegenmelkenden Bauern am Ortsausgang Richtung Puerto del Rosario.

Aztekische Steinmetzarbeiten an der Pfarrkirche

Radtour durch das Betancuriamassiv

Die Königsetappe Fuerteventuras kann sowohl mit dem Rennrad als auch mit einem Mountainbike gefahren werden. Die ganze Strecke verläuft auf geteerten, teils schmalen Landsstraßen, die Route ist auch bei Autofahrern beliebt. Früh morgens hält sich der Verkehr in Grenzen und von Wochenenden abgesehen ist auch tagsüber nicht allzu viel los.

An- und Abfahrt: Als Startpunkt bietet sich Pájara an (mit Pkw oder Taxi auf der FV-30; öffentliche Busse nehmen keine Räder mit), doch die Rundfahrt kann genauso gut in einem der anderen Etappenorte begonnen werden.
Schwierigkeitsgrad: anspruchsvoll, auf der Strecke sind vier längere Anstiege zu bewältigen.
Länge: ca. 75 Kilometer, mit Besichtigung der am Weg liegenden Dörfer sollte ein ganzer Tag eingeplant werden. Es empfiehlt sich zeitig aufzubrechen, da es von Pájara aus sogleich mit einem langen schweißtreibenden Anstieg losgeht.

Wichtige Stationen:
Ⓐ **Pájara** – ist Startpunkt und Ziel der Tour. Am frühen Morgen kann der sehenswerte Portalschmuck der Pfarrkirche noch in aller Ruhe besichtigt werden.

Ⓑ **Vega de Río Palmas** – Auf dem Kirchplatz bietet sich eine erste Erholungspause an. Der empfehlenswerte Landgasthof Don Antonio öffnet allerdings erst gegen 11 Uhr (Siehe Autorentipp Kapitel 26, S. 149).

Ⓒ **Betancuria** – In der alten Hauptstadt sollte man sich die Kirche und die Casa María ansehen und in einem der Landgasthöfe zu Mittag essen. (Siehe Kapitel 24).

Ⓓ **Mirador Morro Velosa** – An dem Panorama-Ausguck ist mit 675 m der höchste Punkt der Rundfahrt erreicht, ein Kiosk hält Erfrischungen bereit. Die kräftezehrenden Anstiege sind nun geschafft.

Ⓔ **Antigua** – Kurz vor dem Ortseingang lohnt ein Stopp an der Windmühle mit angeschlossenem Museumskomplex und Kunsthandwerksladen (Molino de Antigua). Museumskomplex Di–Sa 10–18 Uhr, Cafeteria: täglich geöffnet von 9.30–17.30 Uhr.

Ⓕ **Tuineje** – Von dem sehenswerten Landstädtchen kommt man auf der FV-30 wieder nach Pájara zurück.

Mehrere Anstiege machen die Rundtour zu einer anspruchsvollen Bergetappe.

0
1 km
N
Lomo las Casas
Mirador
Morro Velosa
D
Lomo del Pocillo
FV416
FV20
Presas de
Sta.Catalina
Bco. de la Peña
C
Betancuria
FV30
Antigua
E
Morro del Marrubio
La Atalaya
724
Bco. de Betancuria
Morro Janana
670
Lomo de la Silleta
La Corte
FV20
Vega de
Río Palmas
B
Bco. de Palmas
Bco. del Rodeo
Nuestra Señora
de la Peña
Fuente de
Tacha Blanca
Lomo de Majada Blanca
Bco. del Garabato
Cuchillo de la Erita
Valles
de Ortega
FV30
Risco Blanco
Gran Montaña
708
Casillas
de Morales
Agua
de Bueyes
Morro de las Ovejas
609
Lomo del Molino
Morro del Yugo
Morro de
las Cuevas
461
Toto
Bco. de Pájara
Los Paredones
FV30
Tiscamanita
A
Pájara
Tetúi
Morro de
la Caldera
570
Bárjeda
FV20
Los Trambos
Bco. de Tinarajo
La Atalaya
606
Lomo Corralito los Buenos
Teguerey
Bco. de los Arrabales
F
Tuineje

AUTORENTIPP!

CASA ISAÍTAS

In dem 200 Jahre alten Gutshof nimmt sofort die behagliche Atmosphäre gefangen. Bei der Restaurierung wurde so weit wie möglich auf alte Bausubstanz zurückgegriffen und die kanarischen Holzbalkone und zwei Innenhöfe detailgetreu wieder hergerichtet. Die Casa Isaítas ist in erster Linie ein kleiner Landgasthof, doch es werden auch vier liebevoll gestaltete Zimmer vermietet. Das Frühstück mit viel Obst, selbst gemachter Marmelade und Brot aus dem Holzofen wird in einem der lauschigen Innenhöfe serviert, ab Mittag gibt es dort auch feine Küche. Die reichhaltige Karte enthält neben Wurstspezialitäten, Zicklein aus dem Ofen und anderen kanarischen Klassikern auch eine gute Auswahl an vegetarischen Gerichten, wobei möglichst lokale Produkte auf den Tisch kommen. Wer auf ein ausgefallenes Dessert aus ist, sollte den Gofiokuchen mit Kaktusfeigen probieren.

Casa Isaítas. Tgl. 10.30–16.30 und 19.30–21.30 Uhr, Calle Guise 7, Tel. 928 16 14 02, www.casaisaitas.com

Aztekisch inspiriert

Auf dem gepflasterten Kirchplatz übernehmen alte Indische Lorbeerbäume die Funktion der Schattenspender, aus ihren Kronen dringt tagsüber ein vielstimmiges Vogelgezwitscher herab. Auch die Fassade der zweischiffigen Pfarrkirche Nuestra Señora de la Regla liegt die meiste Zeit des Tages im Schatten. Der sehenswerte Sakralbau aus dem 17. Jahrhundert gehört zum Pflichtprogramm einer jeden Fuerteventura-Reise. Außergewöhnlich ist bereits, dass der Portalschmuck des linken Kirchenschiffes (1687) bis unter den Dachaufbau hinaufreicht, noch ungewöhnlicher sind allerdings die aztekisch anmutenden Steinmetzarbeiten mit geometrischen Mustern und ineinander verschlungenen Ornamenten. Je länger man hinschaut, desto mehr Einzelheiten fallen auf: immer wiederkehrende Sonnensymbole, dazu Schlangen, Raubtiere und mit Federn geschmückte Köpfe von Indios. Wie die aztekischen Einflüsse nach Pájara kamen, lässt sich nicht mehr genau rekonstruieren, vermutlich hatte der Steinmetz ein in Italien erschienenes Vorlagenbuch zur Hand, in dem sich auch mexikanische Muster fanden. Der Innenraum der Kirche ist ziemlich schummrig, Abhilfe schafft gleich rechts neben dem Eingang ein Automat, der mit einer Münze für fünf Minuten den vergoldeten barocken Hochaltar (1785) ins rechte Licht rückt.

Arabisches Schöpfrad

Das moderne Rathaus gegenüber der Kirche macht architektonisch nicht allzu viel her, interessanter ist ein davor stehendes restauriertes Schöpfrad mit einem mechanischen Räderwerk aus Holz, und auch die Kübel, in denen das Brunnenwasser zutage gefördert wurde, sind aus Holz. Die Technik geht auf eine arabische Erfindung zu-

Wasserschöpfrad in Pájara

rück, der dafür gebräuchliche Name *Noria* entstammt ebenfalls dem Arabischen. Mit etwas Glück kann man vormittags beobachten, wie das Schöpfrad von einem Maultier vor den staunenden Augen einer Busgesellschaft in Gang gesetzt wird. Auch in anderen Inselorten, etwa in Betancuria und Llanos de los Concepción, waren Schöpfräder dieser Art bis in die Mitte des 20. Jahrhunderts in Betrieb, wie Windmühlen und Kalköfen gehören sie heute zum erhaltenswerten Kulturgut Fuerteventuras.

Rundfahrt durch die Berge

Betancuriamassiv wird das Bergland nördlich von Pájara genannt, das hört sich für ein Mittelgebirge mit maximal 700 Meter hohen Gipfeln ziemlich bombastisch an. Doch selbst Autofahrer kommen angesichts der kurvigen Straßen mitunter ins Schwitzen, und für Radler ist eine Bergfahrt eine echte Herausforderung und sollte nur von konditionsstarken Fahrern angegangen werden. Belohnt wird man mit außerordentlichen Landschaftsbildern, Aussichtspunkten und den beiden pittoresk in Palmentäler eingepassten Dörfern Vega de Río Palmas und Betancuria.

Infos und Adressen

ESSEN UND TRINKEN

Casa Fernando (Centro Cultural). Auf der kleinen überdachten Terrasse gibt es einfache kanarische Gerichte; großer Gastraum hinter der Bar mit Blick auf das Freibad. 8–24 Uhr, Plaza del Ayuntamiento (im Kulturzentrum neben Rathaus und Kirche), Tel. 928 16 14 40, www.larutadelbuenyantar.com/casafernando.html

La Fonda. Das Lokal gegenüber der Kirche wird wegen seiner gemischten Tapas-Platte gelobt, doch auch die gehaltvolle Kichererbsensuppe ist eine Empfehlung wert. Neben der Bar gibt es einen winzigen Nebenraum, in dem zwei rustikale Holztische Platz finden. Mo–So 10.30 bis 23 Uhr außer Mi, Calle Nuestra Señora Regla, Tel. 928 16 16 25.

EINKAUFEN

Molino de Antigua. Windmühle mit Museumskomplex sowie Cafeteria und gut sortiertem Kunstkandwerksgeschäft (siehe Radtour durch das Betancuriamassiv, S. 162).

AKTIVITÄTEN

Wanderung: Im benachbarten Weiler Toto beginnt an der Ermita de San Antonio ein jüngst restaurierter alter Dorfverbindungsweg, auf dem durch das Tal von Teguereyde zum Pass Degollada de los Granadillos (480 m) aufgestiegen und je nach Gusto nach Vega de Río Palmas abgestiegen werden kann. Für die einfache Strecke sind drei Gehstunden zu veranschlagen, wer zum Mietwagen zurück muss, macht auf der Passhöhe kehrt.

WESTKÜSTE

30 Los Molinos

Beliebtes Ausflugsziel an der Westküste

An der etwa hundert Kilometer langen Westküste Fuerteventuras gibt es gerade mal eine Handvoll kleine Siedlungen, eine davon ist das winzige Fischernest Puertito de los Molinos. Das beliebte Ausflugsziel liegt an der Mündung einer tief eingekerbten Schlucht, von der sich reizvolle Wanderungen entlang der Steilküste unternehmen lassen. Einkehren kann man in einem einfachen Fischlokal.

Von Tefia aus führt eine Stichstraße über eine karge Ebene zur Westküste, im Süden erheben sich die kahlen Bergkuppen des Betancuriamassivs, gut auszumachen ist der aus der Ferne etwas klotzig wirkende Panoramabau auf dem fast 700 Meter hohen Morro Velosa. Auf halbem Weg zur Küste lässt sich kurz nach dem Weiler Las Parcelas auf einer gut befahrbaren Erdstraße ein Abstecher zum Embalse de los Molinos machen, einem unter dem Franco-Regime in den 1940er-Jahren angelegten Stausee am Fuß der Berge. Mit seiner 42 Meter hohen Staumauer und einem Fassungsvermögen von einer Million Kubikmeter handelt es sich dabei um das größte Staudammprojekt auf der Insel, das allerdings die damit verbundenen hochgesteckten Erwartungen nie erfüllen konnte. Mit dem Wasser sollten die Felder einer landwirtschaftlichen Musterfarm versorgt werden. Angesichts der geringen Niederschläge ist die fast einen Kilometer lange Talsperre jedoch selten voll. Das Farmprojekt verlief wie so vieles auf der Insel im Sande. In der teils verlandeten Uferzone wachsen ein paar Tamarisken, sichtlich wohl fühlen sich etliche Vogelarten.

S. 166/167: Das Spiel der Wellen an der Westküste fasziniert.
Mitte: Wie der Ort selbst ist auch die in den Sand gesetzte Fischerkapelle ziemlich klein ausgefallen.
Unten: Der Stausee von Los Molinos inmitten nackter Hügellandschaft.

Überraschendes Grün

Nach Las Parcelas verläuft die Straße bald parallel zum Barrancos de los Molinos, der sich viele Monate im Jahr als grünes Band zum Meer schlängelt. Grund dafür sind einige kleine Süßwasserquellen, und wenn dazu noch im Winter ordentlich Niederschläge fallen, bilden sich im breiten Schluchtbett kleine Tümpel. Von einer Parkausbuchtung kann man auf einem markierten Pfad ein paar Minuten nahe der Abbruchkante der Schlucht zu einer Vogelbeobachtungshütte wandern und dabei in aller Ruhe die Aussicht auf die wie von Künstlerhand modellierten Basaltwände des kleinen Canyons genießen.

Puertito de los Molinos

Die Straße endet an einer großen Steinpyramide vor dem Ortseingang an einem kleinen Parkplatz. Geradeaus kommt man auf einem Treppenpfad zu einem famosen Aussichtspunkt über die von der Steilküste ausgesparte Bucht. Über dem Kieselstrand des winzigen Fischernestes verlieren sich gerade mal zwei Dutzend kubische Häuserwürfel, die meisten der Sommerhäuschen füllen sich nur am Wochenende mit Leben, wenn die Majoreros zum Angeln vorbeikommen und dann auch die beiden Ausflugslokale belagern. Am Parkplatz vor dem Ort gibt es einen winzigen Ententeich, der sich bei genauem Hinsehen als eine vom Meer abgeschnittene Lagune entpuppt, die bei hohem Wellengang mit Frischwasser versorgt wird. Am Kieselstrand mit im Sommer auch sandigen Abschnitten steht eine winzige halbrunde mit Muscheln verzierte Kapelle – eigentlich ist es nur ein zu Ehren der Schutzpatronin der Fischer errichteter Marienschrein. Zurück auf der Hauptstraße, geht es weiter südwärts über das Kirchdorf Casillas del Ángel nach Puerto del Rosario.

AUTORENTIPP!

ORNITHOLOGISCHE EXKURSIONEN

Wie überall am Meer gibt es auch auf Fuerteventura eine artenreiche Vogelwelt. Atlantikmöwen, Seidenreiher und Strandläufer sind allgegenwärtig, gelegentlich zeigen sich auch Gelbschnabelsturmtaucher und der endemische Kanarenschmätzer, eine Singvogelart aus der Familie der Fliegenschnäpper, dessen Gefieder einem Braunkehlchen ähnelt. Ornithologen haben insgesamt über 300 verschiedene Arten von Brut- und Zugvögeln auf der Liste. Viel Glück braucht es allerdings um in den landeinwärts gelegenen Dünenfeldern der Saharakragentrappe zu begegnen, einem als gefährdet eingestuften Wüstenvogel. Einfach ist es dagegen im Bergland, den Himmel nach einem Schmutzgeier (siehe S. 147) oder anderem Greifvogel abzusuchen. Ausgewiesene Vogelschutzgebiete sind neben dem Naturpark Betancuria und der kleinen Nachbarinsel Lobos auch der Barranco Los Molinos, an dessen Rand eine Beobachtungshütte bereitsteht (kurzer Fußweg ab dem Wanderparkplatz an der FV-221, nahe km 6). Fernglas nicht vergessen!

Oben: Überraschendes Grün im Barranco de los Molinos
Unten: Ein Seidenreiher in Wartestellung

Wanderungen an der Westküste

Von Los Molinos bieten sich gleich mehrere kleine Wanderungen an. Wer bei der Anfahrt an dem Barranco de los Molinos Gefallen gefunden hat, kann diesem nun von der Mündung einfach ein Stück weit inseleinwärts folgen und die artenreiche Flora von Nahem in Augenschein nehmen. Reizvoll ist der Ausflug zur weiter nördlich gelegenen Playa de Jarubio. Am Fischlokal Casa Pon führt eine Piste das Küstenplateau hinauf, von dort läuft man mehr oder weniger weglos immer an der Kante der Steilküste entlang, von der man wunderbar die auslaufenden Brandungswellen beobachten kann. Nach etlichen felsigen Buchten zeigt sich schließlich der goldgelbe Sandstrand der Playa de Jarubio. Meist hat man hier viel Platz, unter der Woche sonnen sich in den Dünen lediglich ein paar FKK-Anhänger, am Wochenende kommen dann auch Einheimische, die den Strand von Tindaya aus auf einer sieben Kilometer langen Ruckelpiste anfahren. Alternativ kann von Los Molinos einem teils schmalen und leicht ausgesetzten Küstenpfad nach Süden gefolgt werden – auch sehr schön!

Infos und Adressen

ESSEN UND TRINKEN

Casa Pon. In dem Fischlokal ist die Zeit mindestens gefühlte zehn bis zwanzig Jahre stehen geblieben; man sitzt etwas erhöht auf der Terrasse und genießt den Blick über die Bucht. Kulinarische Offenbarungen dürfen nicht unbedingt erwartet werden, am besten bedient wird man mit dem schnörkellos zubereiteten Fisch. Sa–So 10–19 Uhr, im Sommer bis 22 Uhr, Tel. 654 93 11 81.

WANDERUNGEN

Playa de Jarubio. Für die unschwierige Wanderung zu dem Strand nördlich von Los Molinos sind hin und zurück knapp zwei Stunden reine Gehzeit zu veranschlagen. Überwiegend weglos geht es über eine flache Küstenterrasse. Bequeme Halbschuhe reichen aus, doch sollte man ausreichend Trinkwasser mitführen, da es in Jarubio keine Strandbar gibt.

Barranco de la Fuente Blanco. Etwas anspruchsvoller ist der Küstentrail nach Süden. Vor dem Ortseingang von Los Molinos folgt man vom Ende der Straße dem gepflasterten Weg zu einer wenige Schritte entfernten Steinpyramide (toller Fotoblick über die Bucht) und quert dann auf dem immer an der Steilküste verlaufenden mitunter schmalen und stellenweise ausgesetzten Pfad mehrere Barrancos. Je nach Gusto kann der Küstenlinie bis zum etwa eine gute Wegstunde entfernten Barranco de la Fuente Blanco gewandert werden, an dem ein aufgelassenes Haus steht.

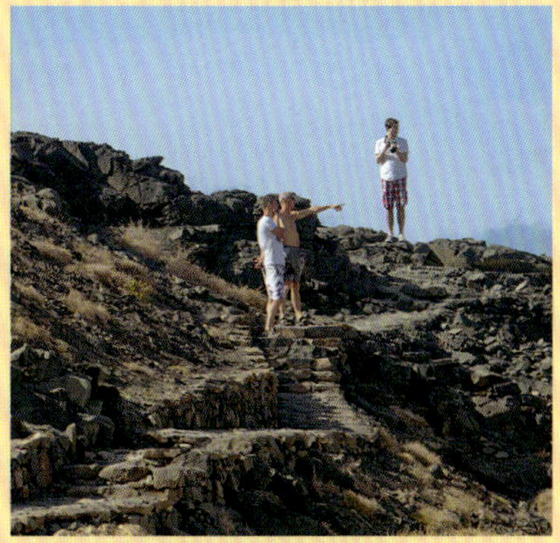

Auf dem Weg zur Playa de Jarubio

Die Casa Pon über dem Strand von Los Molinos

31 Ajuy

Imposante Naturwunder nahe dem Strand der Toten

Nicht nur der dunkelsandige Vulkanstrand von Ajuy ist sehenswert, man kann hier auch zauberhafte Küstenwanderungen unternehmen und dabei Meeresgrotten und ein großes Felstor entdecken, auch ein paar akzeptable Fischlokale haben sich auf Ausflügler eingestellt. Angesichts der meist ziemlich rauen See ist es kaum nachvollziehbar, dass die Bucht einst als Hafen der alten Hauptstadt Betancuria fungierte.

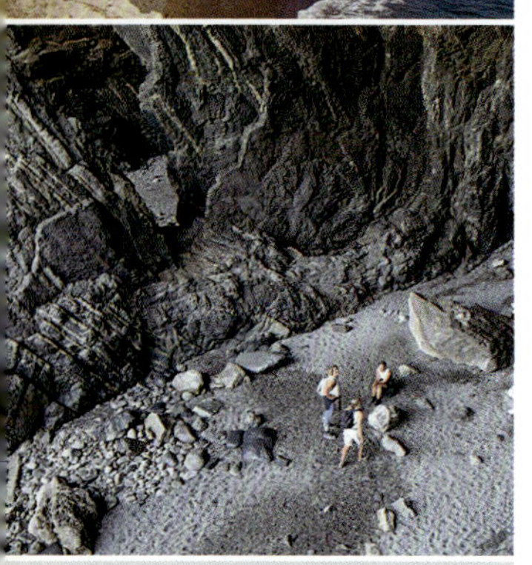

Mitte: Nicht immer zeigt sich der schwarze Sandstrand von Ajuy so friedlich.
Unten: Die Meeresgrotte Caleta Negra ist im ersten Teil bequem begehbar.

Von dem Landstädtchen Pájara führt eine gut ausgebaute Stichstraße zu einer der interessantesten Strandsiedlungen an der Westküste. Die meisten der bunt gestrichenen kubischen Häuser oberhalb vom Meer sind zwar unter der Woche unbewohnt, doch durch die zahlreichen Ausflügler herrscht immer etwas Betrieb. An Sommerwochenenden kann es rund um die schwarzsandige

MAL EHRLICH

HÜLLENLOS

Kaum eine andere Ferienregion unter südlicher Sonne gibt sich in Sachen Freikörperkultur so liberal wie Fuerteventura. An den kilometerlangen Sandstränden kann man stundenlang hüllenlos unterwegs sein. Dennoch sollte respektiert werden, dass das Nacktbaden bei vielen katholisch geprägten Spaniern gegen ihr Wertesystem verstößt. An besonders stark frequentierten Stränden im Bereich der Hotelzonen und an vornehmlich von spanischen Familien besuchten Stränden, etwa in Gran Tarajal, Tarajalejo und Ajuy, wäre FKK von daher ein Affront.

Bucht mitunter richtig voll sein, wenn viele Majoreros herkommen und die Fischtavernen belagern. Der hohe Wellengang erlaubt allerdings meist keinen Badebetrieb. Playa de los Muertos heißt der Strand, sein Name geht auf einen Piratenangriff zurück, bei dem etliche Majoreros den Tod fanden.

Zur Schwarzen Bucht

Vom Strand führt eine gepflasterte Rampe auf die Steilküste, die zeigt sich zunächst nicht schwarz, sondern fast kreideweiß. Die Kalkbänke sehen nicht nur toll aus, sondern sind auch geologisch interessant. Sie gehen bis in die Kreidezeit zurück, als es Fuerteventura noch gar nicht gab. Die Insel entstand »erst« vor gut 100 Millionen Jahren, wobei der auf dem Meeresboden abgelagerte Kalk durch Auffaltungsprozesse nach oben gedrückt wurde. Bis ins letzte Jahrhundert hinein wurde der begehrte Rohstoff abgebaut und vor Ort gebrannt. Ein schön angelegter Weg läuft über die Kalksedimente zu einem Aussichtspunkt, von dem man auch die Überbleibsel der vom Wellengang zerstörten Hafenanlage sehen kann, von welcher der Kalk einst auf Schiffe verladen wurde. Auf einem von einem Geländer gesicherten steilen Treppenweg kann schließlich zur Caleta Negra hinabgestiegen werden. Vorsicht, bei stürmischer See macht heraufsprühende Gischt den Weg rutschig, es gab hier schon tödliche Unfälle! Auf Meereshöhe angekommen öffnen sich zwei riesige Meeresgrotten; die erste davon ist begehbar. Ein enger Durchschlupf gibt den Weg in die benachbarte noch längere und stockdunkle Grotte frei, doch sollte diese nur von erfahrenen Höhlengängern mit entsprechender Ausrüstung begangen werden. Bis zu 600 Meter weiter graben sich die einstigen Piratenhöhlen ins Gestein. Sie stehen unter Naturschutz, da sie die ältesten Gesteinsformen der Kanaren bergen.

AUTORENTIPP!

GOLDKÄFIG

Der Jaula de Oro (Goldkäfig) ist in Ajuy das Lokal, in dem man Strand und Meer am nächsten kommt. Die zwar schmale, doch windgeschützte Terrasse wird bevorzugt von ausländischen Gästen bevölkert, während sich die Einheimischen meist drinnen an der Bar auf eine *copa* treffen. Bei vielen Stammgästen genießt das Lokal Kultstatus, es hält schon seit mehr als 30 Jahren die Stellung – und die Preise sind nach wie vor erschwinglich. Immer eine gute Wahl ist das Fischfilet von der heißen Platte, zu dem eine Salatgarnitur und Runzelkartoffeln mit grüner Mojosauce serviert werden. Während des Essens kann man in aller Ruhe beobachten, wie sich vor dem Strand die Wellen brechen.

Jaula de Oro. Tgl. 10–18 Uhr, Avenida de los Barqueros s/n, Tel. 928 16 15 94.

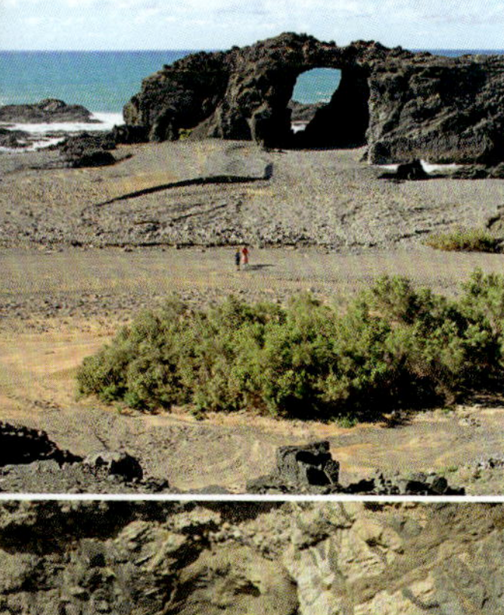

Oben: Kalkklippen über dem dunklen Strand
Mitte: Am Felstor Peña Horadada soll vor 600 Jahren Jean de Béthencourt an Land gegangen sein.
Unten: Mangels einer Hafenmole fahren von Ajuy aus nur kleine Boote aufs Meer.

Das Felstor

Die meisten Ausflügler gehen nach der Besichtigung der Meereshöhlen wieder nach Ajuy zurück, man kann jedoch an der Steilküste noch ein Stück weiter nach Norden wandern. Dabei wird zunächst die imposante schwarze Basaltwand der Caleta Negra umlaufen, bis wenige Minuten später die Peña Horadada auftaucht. Das Felstor, in manchen Inselkarten ist es auch als Arco del Jurado eingetragen, ragt nur wenige Schritte vor der Mündung des Barranco de la Peña aus dem Wasser. Es ist Naturdenkmal und ein wichtiger Ort in der Inselgeschichte. 1405 betrat hier angeblich der normannische Eroberer Jean de Béthencourt den Boden Fuerteventuras. Wahrscheinlich diente ihm das 20 Meter hohe Felstor als Landmarke, und vielleicht sogar als Einlandung hier an Land zu gehen.

Playa de la Solapa

Eine etwas längere Küstentour bietet sich südlich von Ajuy an, zwar dürfen dort nicht ganz so spektakuläre Naturwunder erwartet werden, doch eine kurzweilige Tour entlang der wildromantischen Felslandschaft ist ebenfalls garantiert. Vom südlichen Ende der Playa de los Muertos wendet man sich nach ein paar Bungalows rechts zu einem Landvorsprung und folgt dort dem am Rand der Steilküste entlang laufenden Pfad, bis das Küstenplateau sich zu den Basaltplatten über dem Wasser absenkt. Gelegentlich wollen kleinere Barrancos gequert werden, bis nach einer guten halben Stunde an der Küste kein Weiterkommen mehr möglich ist. Doch man kann auf einer Jeepspur einem Trockenbett kurz landeinwärts folgen und dann auf schmalem Pfad am Fuß eines unwirtlichen Küstenberges nach Süden zum Barranco de la Palmita wandern, an dessen Mündung der Küstenpfad sich fortsetzt und schließlich den feinen langen Sandstrand der Playa de la Solapa erreicht.

Infos und Adressen

ESSEN UND TRINKEN

Cuevas de Ajuy. In dem Fischlokal mit großer Terrasse herrscht am Wochenende oft Hochbetrieb, obwohl die Qualität mitunter von der Tagesform der Küche abhängig ist. Die *parrillada de pescado* (gegrillte Fischplatte) gibt es nur für zwei Personen, alternativ dazu bietet sich die Paella mit Meeresfrüchten oder eine Portion *chipirones* (kleiner Tintenfische) an. Tgl. 9–18 Uhr, Calle Gallegada, Tel. 928 16 17 20.

Puerto la Peña (Casa Pepín). Eine Schiefertafel macht in dem von Einheimischen bevorzugten Lokal darauf aufmerksam, was es gerade gibt, außer Fisch und Meeresfrüchten kann man hier auch einen kanarischen Eintopf probieren. Tgl. 12–18 Uhr, Calle Puerto Azul 4, Tel. 928 16 14 68.

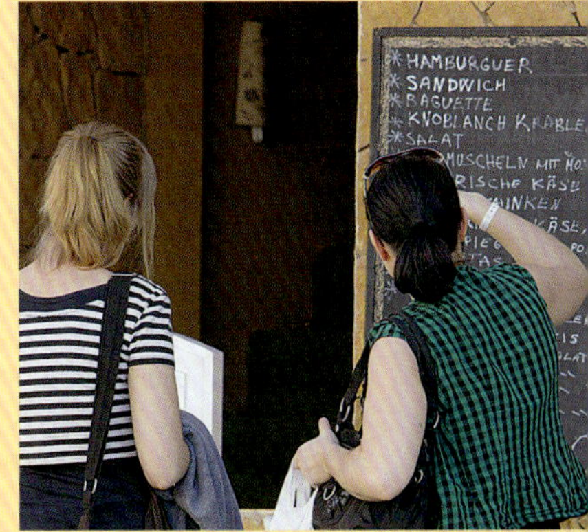

Was es gerade frisch gibt, wird auf einer Schiefertafel angezeigt.

WANDERUNGEN

Peña Horadada. Für die Kurzwanderung zum Felstor einschließlich des Abstiegs zu den Meeresgrotten sollte man hin und zurück gut anderthalb Stunden einplanen.

Playa de la Solapa. Auf dem Küstenpfad südlich von Ajuy ist die Orientierung nicht immer ganz einfach, doch die Küste gibt die Richtung vor, verirren kann man sich nicht. Für den teils ruppigen Pfad empfehlen sich Wanderschuhe, auch sollte reichlich Trinkwasser mitgeführt werden, da es an der Playa de la Solapa keine Einkehrmöglichkeit gibt. Hin und zurück sind etwa dreieinhalb Stunden zu veranschlagen.

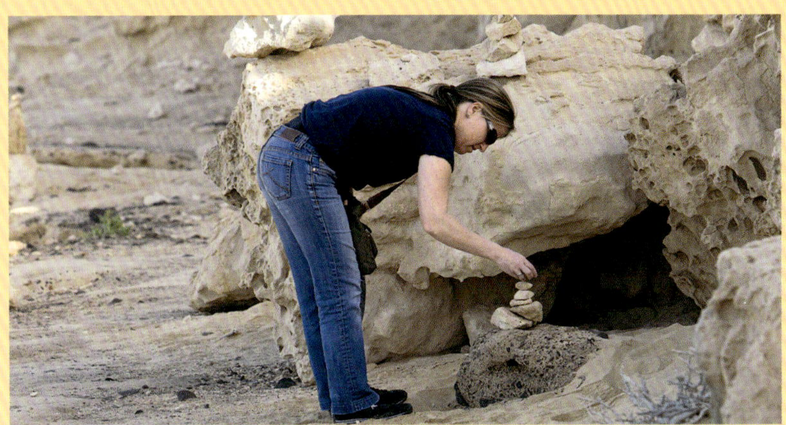

Steinmännchen bauen und schauen, ob es beim nächsten Besuch noch steht.

32 Von Valle de Santa Inés zur Playa del Valle

Abseits der Touristenpfade

Die Playa del Valle gehört zu den wenigen Plätzen an der Westküste, die durch eine geteerte Zufahrt erschlossen sind. Dennoch verirren sich nur wenige Ausflügler an den wildromantischen Küstenstrich. Wer sich etwas Zeit nimmt, kann von der kleinen Bucht aus auf rauen Pisten und teils scharfkantigen Pfaden die vom Vulkanismus geprägte Landschaft erkunden.

Nach Jahren des Stillstands und Verfalls zeigt sich Valle de Santa Inés im namensgleichen Tal sichtlich aufgehübscht, etliche der alten Landhäuser wurden jüngst restauriert und mit neuem Leben erfüllt. Im Unterschied zu so manch anderer Ortschaft im Inselinneren gibt es sogar eine akzeptable Einkehrmöglichkeit: Am besten merkt man sich das Lokal von »Opa Alfredo« gleich mal für die Rückfahrt vor. Das Töpferhandwerk, für das der Ort einst bekannt war, ist allerdings ausgestorben. Anlaufpunkt ist die Ermita San Bartolomé, eine bis ins 17. Jahrhundert zurückreichende typische kleine Landkirche. Sofern das prächtig geschnitzte Eingangsportal (1968) gerade offen stehen sollte, kann man einen Blick auf den barocken Hochalter werfen. Die Kapelle soll von dem in der Region ansässigen feudalen Landvogt gestiftet worden sein, dessen Gemahlin Inés Peraza dem Dorf zu seinem Namen verhalf. Aus einer Tafel ist zu entnehmen, dass Santa Inés zu den ersten Dorfgründungen auf Fuerteventura gehört.

Der Abstecher an die Westküste beginnt auf der FV-30 knapp zwei Kilometer weiter nördlich in der Siedlung Los Llanos de la Concepción. Von der Bar

Mitte: Stilvoller Landsitz in Valle de Santa Ines.
Unten: Schnitzkunst am Portal der Ermita San Bartolomé.

García weist ein Schild in Richtung Aguas Verdes. Die Stichstraße führt zunächst zur Degollada de Santa María Magdalena hinauf, einer meist windigen Passhöhe, von der sich ein weiter Rückblick in die Zentralebene ergibt. Oft sind hier weidende Ziegenherden auf der Suche nach dem letzten Grün anzutreffen. Noch besser wird die Aussicht, wenn man den Wagen kurz stehen lässt und rechter Hand auf Jeepspuren ein Stück aufwärts zu einer der beiden gerundeten Kuppen wandert. Auf der Straße geht es dann weiter westwärts an Schluchtlandschaften vorbei hin zur Westküste.

Fuerteventuras wilder Westen

Die geteerte Straße endet kurz oberhalb der Küste, ein befahrbarer Schotterweg führt zur Playa del Valle hinab. Das Wörtchen Strand darf man hier allerdings nicht wörtlich nehmen. Die Kieselbucht ist angesichts der ungestüm heranrollenden Brecher die meiste Zeit badeuntauglich. Eindrucksvoll zeigt sich hier das vulkanische Erbe der Insel, die Wellen brechen sich an den dunklen Basaltfelsen und schleudern Gischtfontänen in die Luft. Im richtigen Licht, sprich früh morgens oder zur blauen Stunde am späten Nachmittag finden Fotografen an der unberührten rauen Küstenlandschaft lohnende Motive. Um den Strand scharen sich ein paar Fischerkaten, oberhalb davon stehen etwas verloren ein paar Zweitwohnsitze in der Landschaft. Die bereits in den 1980er-Jahren erbaute und einst als Clubdorf geplante Ferienanlage Aguas Verdes kam allerdings trotz Pool und Tennisplatz nie so richtig voran, für die meisten liegt sie einfach zu weit ab vom Schuss. Wer dennoch Lust auf absolute Ruhe hat und oberhalb der Klippen Sonnenuntergänge mit dramatischer Meeresbrandung beobachten will, nimmt die Anfahrt über die unwegsame Piste dorthin gerne auf sich.

Infos und Adressen

ÜBERNACHTEN

Casa Rural La Burra. Ursprünglich ein Stall für Maultiere wurde das über hundert Jahre alte Häuschen zu einer bescheidenen Ferienunterkunft ausgebaut und mit einer biologischen Kläranlage und solarbeheiztem Warmwasser ausgestattet. Am besten sind allerdings die ruhige Alleinlage und der weite Ausblick über die Zentralebene. Las Majadillas s/n, Los Llanos de la Concepción, Tel. 928 17 50 14, www.casadelaburra.wordpress.com

ESSEN UND TRINKEN

Abuelo Alfredo. Der geräumige Landgasthof, in dem mitunter auch Busgesellschaften Station machen, offeriert typisch kanarische Hausmannskost, an der zugehörigen Bar bekommt man schon am frühen Vormittag einen Milchkaffee. Tgl. 8–24 Uhr (Bar), 12–17 Uhr (warme Küche), Calle Real s/n (Calle Coronel), Valle de Santa Inés, Betancuria, Tel. 928 87 87 64.

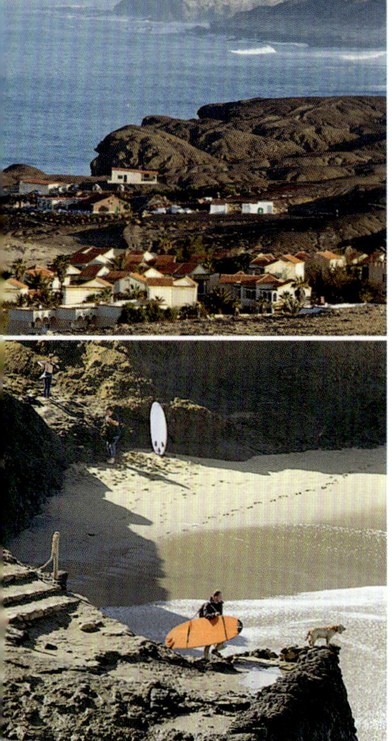

Mitte: Der Ort selbst gibt nicht viel her, die Traumlage reißt allerdings alles raus.
Unten: Ein Treppenweg führt zum Strand hinab.
Rechte Seite: Wegweiser zum Surferstrand.

33 La Pared

Fuerteventuras Wespentaille

Wo die Insel am schmalsten ist und weiter südlich die Halbinsel Jandía beginnt, gibt es zwei Ferienwelten: An der Ostküste zieht Costa Calma mit seinen vielen Großhotels und einem langen Familienstrand ein Massenpublikum an, an der Westküste dagegen gibt es die ungeschminkte Bungalowsiedlung La Pared für Individualisten und Wellenreiter – Ausflügler schwärmen von unvergesslichen Sonnenuntergängen.

In vorspanischer Zeit soll eine quer über den fünf Kilometer schmalen Istmo de La Pared gezogene Lesesteinmauer (span. *pared*) die altkanarischen Königreiche Maxorata und Jandía voneinander getrennt haben. Ob es auf der Landenge tatsächlich so eine Grenzmauer von Ost- zu Westküste gab, ist nicht gesichert, übrig ist zumindest so gut wie nichts davon. Chronisten berichten, dass die beiden Stammesgebiete verfeindet waren und Jandía durch die Mauer seine damals wohl guten Weidegründe schützen wollte.

Abseits von der Masse

Beim Anblick der unfertigen Siedlung wird offensichtlich: In La Pared hatte man einmal Größeres vor. Ein Feriendorf vom Reißbrett sollte hier entstehen, doch bis auf eine breit angelegte Avenida und ein paar Bungalowanlagen wurde nichts fertiggestellt. Die parzellierten Grundstücke links und rechts der »Hauptstraße« und die vielleicht in den 1980er-Jahren einmal originellen Straßenlampen wirken heute ziemlich deplatziert. Das einzige Hotel, welches schon Gäste sah, hat dicht gemacht und auf der Zielgolfanlage daneben wird auch

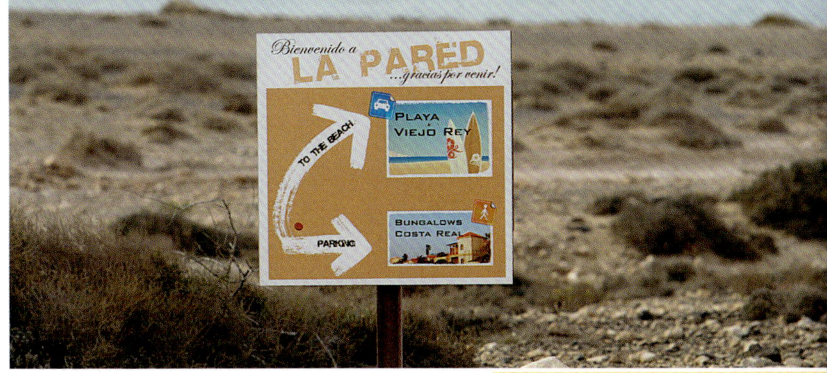

nicht mehr eingelocht. Massentourismus wird es hier wohl nicht so schnell geben. Doch etliche neu dazugekommene Ferienbungalows und Villen zeigen an, dass das Leben in dem Ort so schlecht nicht sein kann. Individualisten glauben nicht ganz zu Unrecht, mit La Pared das große Los gezogen zu haben – die Berglandschaft um den Ort ist grandios und der unverbaute Naturstrand könnte wildromantischer nicht sein. Vor allem deutsche Überwinterer wissen die Lage fern von Strandtrubel und Animation zu schätzen, und auch Wellenreiter haben La Pared entdeckt.

Lieblingsort der Wellenreiter

Man trifft sich in Surfcamps, die Namen wie Waveguru oder Adrenalin Surfschool tragen. Gesurft wird den ganzen Tag, nach drei Tagen stehen die meisten Anfänger halbwegs sicher auf dem Brett. Eine starke Brandung ist fast das ganze Jahr garantiert, im Winter können bis zu vier Meter hohe Brecher heranrollen, die sich auf einer Sandbank etwas 50 bis 100 Meter vor dem Strand brechen. Playa del Viejo Rey, Strand des alten Königs, heißt der goldgelbe Sandstrand, bizarre Felsen rahmen ihn ein und wenn sich der Wellengang in Grenzen hält, kann man hier Bodysurfen und Stehpaddeln, angesichts der unberechenbaren Strömungen sollten sich allerdings nur geübte Schwimmer ins Wasser wagen.

Infos und Adressen

ÜBERNACHTEN

Villa Amorosa. Die hübsche und komfortable Villa mit Platz für vier Personen liegt gut fünf Gehminuten von Meer und Strand entfernt. Mit Minipool und kleinem Garten. Buchbar über Las Islas Reisen, 31171 Nordstemmen, Tel. 05069/348 70, www.las-islas-reisen.de (die Agentur vermittelt in La Pared noch weitere Ferienhäuser).

ESSEN UND TRINKEN

Café Bar Plan B. Deutsch geführtes Szenelokal mit windgeschützter Terrasse, selbstgebackenem Kuchen und einem guten Milchkaffee. Tgl. 10–21 Uhr, Avenida del Istmo 8a, La Pared, Tel. 928 54 91 00.

El Camello. Große Auswahl an internationaler Küche, mit lauschigem Innenhof. Di–So 13–23 Uhr, Calle Muro Terequey, Tel. 928 54 90 90.

WELLENREITEN

Waveguru. Wellenreitschule mit Surfcamp nur hundert Meter vom Strand entfernt. Avenida del Istmo 17, Tel. 619 80 44 47, www.waveguru.de

HALBINSEL JANDIA

34 El Jable
Durch die Sandwüste

Zwischen der Ferienstadt Costa Calma und der unverbauten Westküste der Halbinsel Jandía ist Fuerteventura gerade mal fünf Kilometer breit, zu Fuß braucht man dafür nicht mehr als eine gute Stunde. Wind und Wellen hatten dort ungestört Zeit, eine faszinierende Steilküstenlandschaft zu formen, an dessen Fuß wahlweise rechts oder links entlang gewandert werden kann.

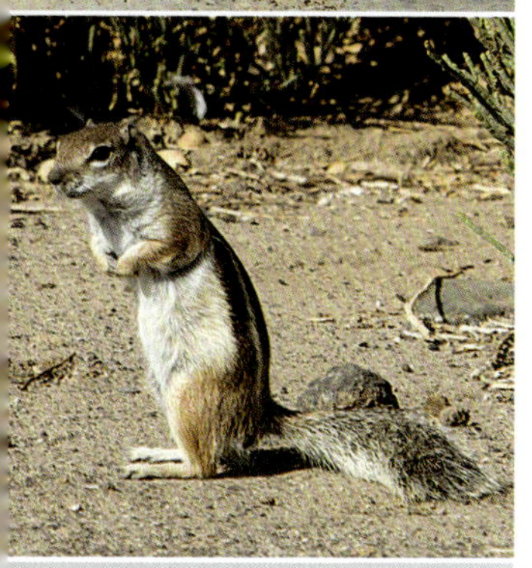

Vorangehende Doppelseite: Fuerteventura rühmt sich zu Recht eines der besten Surfreviere der Welt zu sein.
Mitte: Wind und Wetter ließen an der Westküste bizarre Kalkfelsen entstehen.
Unten: Atlashörnchen

Mit El Jable wird auf den Kanaren einfach »Sand« bezeichnet, vor allem Fuerteventura und Lanzarote haben davon eine ganze Menge. Außer den Dünen von Corralejo an der Nordküste ist auch die Halbwüste auf dem Istmo de la Pared als El Jable in die Landkarten eingetragen. Im Hinterland der Ferienstadt Costa Calma zieht sich eine auf den ersten Blick öde Landbrücke bis zur Westküste hinüber. Bis noch vor wenigen Jahren durchzogen unzählige Jeep-Pisten das sensible Ökosystem, als Schutzmaßnahme sind mittlerweile die meisten davon mit Steinen begrenzt, damit wird zumindest ein Signal gesetzt, dass es aus Naturschutzgründen nicht erlaubt ist querfeldein durch den El Jable zu fahren. Besser man macht sich also gleich zu Fuß auf den Weg, sofern sich das Ferienquartier in Costa Calma befindet, kann man praktischerweise von der Hoteltür aus loswandern.

Zu Fuß zur Westküste

Ein guter Einstieg ist das Shopping Center El Palmeral an der Durchgangsstraße FV-2. Neben dem Einkaufszentrum erreicht man auf einem anfangs geteerten Sträßchen in wenigen Minuten den Rand der Ferienstadt. Dann immer geradeaus wird ein aus knapp 50 Rotoren bestehender Windpark passiert. Schon nach einer halben Stunde öffnet sich der Blick auf die Westküste, spätestens ab jetzt entwickelt sich die Wanderung zu einer spannenden Sache. Ein schmaler Pfad führt durch die Steilküste zu einem schmalen Sims über dem Wasser hinab. Mitunter sieht man hier Angler, die auf den großen Fang hoffen. Je nach Gusto kann man am Fuß der Steilküste über der Wasserlinie ein Stück nach Südwesten oder nach Nordosten wandern, bis es dort dann vor der Steilküste von Los Boquetes vor einem anthrazitfarbenen Felsturm nicht mehr weitergeht.

Kleine Sensationen am Weg

Oft mit von der Partie sind aufgeregt herumflitzende Nordafrikanische Erdhörnchen, die nur darauf warten, dass beim Picknicken ein paar Krümel für sie abfallen. Bis noch vor 50 Jahren waren die putzigen Tierchen nicht auf der Insel heimisch, Reisende sollen sie aus Spanisch-Sahara (seit 1975 von Marokko annektiert) mitgebracht haben. In dem ganz ähnlichen Lebensraum von El Jable scheinen sie sich anscheinend pudelwohl zu fühlen. Zumindest an Nachwuchs herrscht kein Mangel – in einem Wurf der Erdhörnchen kommen bis zu 14 Junge auf die Welt. Die sehr zutraulichen Nagetiere fressen Touristen gerne aus der Hand, doch sie sind nicht überall beliebt, da sie die ohnehin schon recht spärliche Flora der Gegend noch weiter dezimieren. In der Halbwüste kommen anspruchslose, spezialisierte Pflanzen, wie der Strauchlattich, die Strandwolfsmilch und der Europäische Meersenf am besten zurecht, im Frühjahr kann der Hauhechel mit seinen gelben Blüten die Sandwüste El Jable wunderbar zum Leuchten bringen.

Infos und Adressen

ESSEN UND TRINKEN

Rund um das Shopping Center El Palmeral befinden sich zahlreiche Restaurants, Bars und Kneipen.

EINKAUFEN

Que Chachi. Wer auf der Suche nach besonderen Souvenirs ist, wird hier fündig: Besonders beliebt sind die metallenen Wanddekerationen sowie Mitbringsel aus Glas, Keramik und Seifen made in Fuerteventura. Tgl. 10–22 Uhr, Shopping Center El Pameral, Costa Calma. Durchfahrtsstraße FV-2.

Shopping Center El Palmeral. Das Einkaufsparadies befindet sich an der Durchfahrtsstraße FV-2 in Costa Calma. In der palmenreichen Anlage ist es angenehm herumzuschlendern. Im Erdgeschloss sind Schmuckläden und Modeboutiquen wie Cabrito und Hodge Podge angesiedelt sowie die Sportswear-Boutique Fuerte Action Shop. Tgl. 10–22 Uhr.

Mitte: Immer gut besucht ist das Giraffengehege.
Unten: Papageien zeigen mehrmals am Tag kleine und große Kunststücke.

35 Oasis Park

Freizeitspaß für die ganze Familie

Der Oasis Park ist nicht ein x-beliebiger Themenpark zum kurz mal reinschauen. Zu dem flächenmäßig größten Freizeitkomplex der Kanaren gehört neben einem Zoo mit diversen Tiershows auch ein botanischer Garten; dazu kann man sich auf dem Rücken eines Dromedars durch die Gegend schaukeln lassen. Wer alles an einem Tag »abarbeiten« will, hat also einiges vor und sollte nicht allzu spät eintreffen, zumal sich sonst auch der ziemlich teure Eintritt nicht lohnen würde.

Für viele Zoobesucher gehört es zu den Glücksmomenten dabei zu sein, wenn sich gerade irgendwo Nachwuchs eingestellt hat. Das ist im Oasis Park beispielsweise regelmäßig bei den Giraffen der Fall. Es ist schon ein besonderes Ereignis zu sehen, wie das bei der Geburt 1,90 Meter große Jungtier schon nach zwei Stunden erste Gehversuche macht. Wer mehrmals den Zoo kurz hintereinander besucht, kann auch die Wachstumssprünge verfolgen – die ersten Tage wächst das Kalb täglich um drei Zentimeter! Die gut ein Dutzend Tiere zählende Giraffenherde ist nur eine der Attraktionen von Oasis, rund 250 verschiedene Tierarten sind vertreten, einen Schwerpunkt davon bilden Tiere aus der afrikanischen Savanne, die auf Fuerteventura ganz ähnliche Lebensbedingungen vorfinden. Wie in fast allen Tierparks üblich, kommen die Tiere heute natürlich nicht mehr aus Afrika, sie werden vielmehr von anderen Zoos erworben; so stammen etwa die Giraffen im Oasis Park aus Ungarn und die Zebras aus Frankreich. Auch richtige Schwergewichte sind vertreten, neben Flusspferden auch eine Gruppe von Elefanten. Der Oasis Park engagiert sich auch in Zuchtprogrammen, um gefährdete Arten wie etwa die Atlas-Gazelle oder verschiedene Lemuren-Arten vor dem Aussterben zu bewahren.

Artistische Robben, einhöckerige Dromedare

Von den vier angebotenen Tiershows ist jene mit den Seelöwen am beliebtesten. Selbst wer antrainierten Zirkusnummern kritisch gegenüber steht, kommt nicht umhin die Geschicklichkeit und Intelligenz dieser Tiere zu würdigen. Für Kinder das Erlebnis schlechthin ist der hautnahe Kontakt mit den putzigen Robben, für die Interaktion im Pool muss man sich ein bis zwei Tage vorher einen Termin geben lassen. Kinder von sieben bis zwölf Jahren dürfen allerdings nur in Begleitung eines Erwachsenen mitmachen. Auch madegassischen Lemurenäffchen kann man sehr nahe kommen. Für Kinder ist außerdem der Streichelzoo attraktiv, und auch der parkeigene Spielplatz ist immer für eine Unterbrechung des Besichtigungsprogramms gut. Ein Riesenspaß für Kids ist natürlich der Ausritt auf einem Dromedar, für den man allerdings nochmals extra zur Kasse gebeten wird. Mit über 300 der einhöckerigen Wüstentiere besitzt der Oasis Park die größte Herde Europas. Als zukünftiges Projekt ist geplant, die nährstoffreiche und zugleich cholesterinarme Kamelmilch über eine eigene Molkerei kommerziell zu vermarkten.

Es grünt so grün

Die Farbe grün ist auf Fuerteventura beileibe keine Selbstverständlichkeit; in der so gut wie baumlosen Landschaft dominieren ocker und eine breite Palette von Erdtönen. Nicht so im botanischen Garten des Oasis Park, der – wie es der Name ver-

AUTORENTIPP!

GARTENZENTRUM

Angesichts der vielen Tierattraktionen, dem stattlichen Palmenwald und dem kunstvoll arrangierten Kaktusgarten wird das ebenfalls zum Oasis Park zugehörige Gartenzentrum von den meisten Besuchern links liegen gelassen. Mit rund 2000 Arten gibt es nirgendwo sonst auf der Insel ein größeres Pflanzenangebot; hier decken sich die Einheimischen ein, und Hausbesitzer und Hotelmanager können sich bei der Gartengestaltung professionell beraten lassen. Für das Handgepäck mag das Meiste zu sperrig sein, doch es gibt auch viele kleine Jungpflanzen, etwa einen Drachenbaumsetzling oder verschiedene Kakteen und Sukkulenten. Das riesige Gewächshaus liegt links vom Eingangsbereich des Parks und der Zugang ist natürlich frei. Einige der ausschließlich selbst gezogenen Samen können auch über den Online-Versand des Unternehmens bestellt werden.

Centro de Jardinería. Tgl. 9.30–18 Uhr, Oasis Park La Lajita, www.fuerteventuragarden.com

spricht – mit dem üppigen Bestand an Palmen und subtropischen Gewächsen sich wie eine Oase in der Wüste ausnimmt. Der Park ging ursprünglich aus einer 1985 eröffneten Gärtnerei hervor und ist mittlerweile auf 150 000 Quadratmeter angewachsen. Die wundersame heimische Flora ist durch Drachenbäume und diverse Wolfsmilchgewächse vertreten; darunter gibt es einen großen Bestand der endemischen Kanaren-Wolfsmilch, die wegen ihrer charakteristischen Wuchsform auch Kandelaber-Wolfsmilch genannt wird. Viel fotografiert werden die stachligen Schwiegermuttersessel, dazu gibt es Säulenkakteen und hunderte weitere Arten aus aller Welt, die hervorragend mit dem trockenen Inselklima zurechtkommen. Eine Rarität auf den Kanaren ist der Köcherbaum, der in seiner Heimat Namibia bis zu zehn Meter hoch wird. Für einen Baum keine ungewöhnliche Höhe, doch der Köcherbaum gehört in Wirklichkeit zur Gattung der Aloen, und dafür nimmt sich das gleich im Eingangsbereich des Parks stehende Exemplar recht ordentlich aus.

Oben: Seelöwen können mindestens genauso neugierig wie das Publikum gucken.
Unten: Hat man alles gesehen, bleibt noch der Spielplatz.

Infos und Adressen

SEHENSWÜRDIGKEITEN

Oasis Park. Im Eintrittspreis von knapp 30 Euro pro Person sind Zoobesuch, Tiershows und botanischer Garten eingeschlossen, nicht jedoch die Dromedarsafari. Die Tiershows finden über den ganzen Tag verteilt statt: Papageien um 10, 11, 16 und 17 Uhr, Reptilien um 10.30, 11.30, 15.30 und 16.30 Uhr, Seelöwen um 12 und 15.30 Uhr und Greifvögel um 13 und 14.30 Uhr. La Lajita (an der FV-2), tgl. 9.30–18 Uhr, Carretera General Jandía, s/n, Tel. 928 16 11 02, www.fuerteventuraoasispark.com

ESSEN UND TRINKEN

El Patio Majorero. Der Patio im botanischen Garten ist eines von drei Lokalen auf dem Parkgelände; neben Schnellgerichten gibt es auch Eiscreme, Kaffee und Kuchen. Tgl. 9.30–18 Uhr, Carretera General Jandía, s/n, Tel. 928 16 11 35.

Ramón. In dem Lokal neben der Dorfkirche von La Lajita gibt es frischen Fisch und Meeresfrüchte, es liegt direkt an einem dunklen Kieselstrand. Mo–So außer Do 11–16 und 19–23 Uhr, La Lajita, Avenida Fragata 9, Tel. 928 87 21 26.

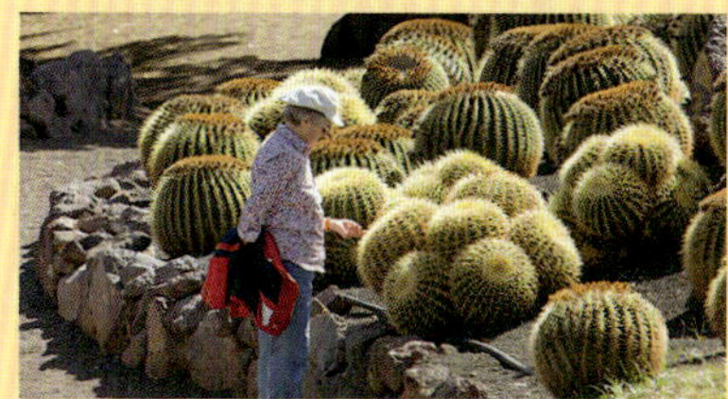

Schwiegermuttersitze im Botanischen Garten

AKTIVITÄTEN

Safari de Camellos. Der Startpunkt für die Dromedarsafari ist gegenüber von dem Parkgelände auf der meerwärtigen Seite der FV-2. Die halbstündigen Ausritte beginnen etwa jede Stunde.

ZUBRINGER

Gratis Bus. Von den Ferienstädten Costa Calma, Jandía, Caleta de Fuste, Corralejo und Las Playitas unterhält das Parkunternehmen eigene Zubringerbusse.

Linienbus: Der Freizeitpark liegt an der Linie 1 Puerto del Rosario – Caleta de Fuste – Costa Calma – Morro Jable (stündliche Abfahrten).

Eine Dromedarsafari ist für viele Kids der krönende Abschluss.

36 Costa Calma

Das Tor zum Strandparadies auf der Halbinsel Jandía

Vom Flughafen kommend ist das 65 Kilometer entfernte Costa Calma das erste große Ferienzentrum auf der Halbinsel Jandía. Hier beginnt eines der schönsten Strandreviere der Kanarischen Inseln, das sich fast ohne Unterbrechung bis zur gut 20 Kilometer entfernten Hafenstadt Morro Jable erstreckt. An der »Stillen Küste« stehen mittlerweile mehr als 15 000 Gästebetten bereit.

Der Startschuss für den Ferienort an der bis dato völlig unbebauten Küste fiel in den 1970er-Jahren. Der Bauherr des ersten Hotels kam aus Deutschland, er gab der Siedlung kurzerhand den Namen Costa Calma, auf Deutsch »Stille Küste«, der prompt von den damaligen Inselverantwortlichen übernommen wurde. Schon bald darauf entstanden im heute nördlichen Ortsteil Cañada del

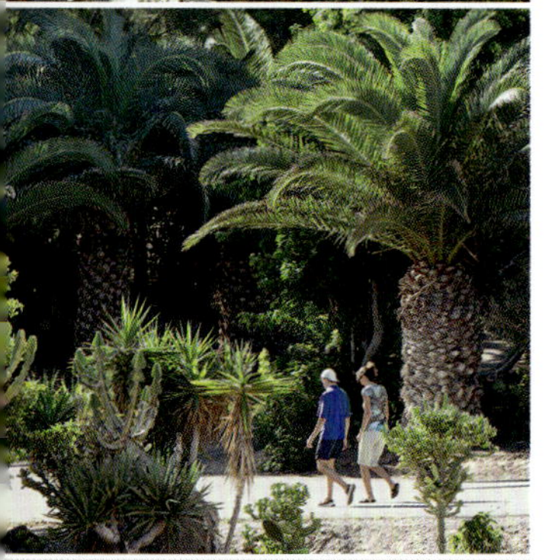

Mitte: Stille Küste mit lebhaften Stränden
Unten: Die aufgeforstete Grünzone lädt zum Spazieren ein.

MAL EHRLICH

VERSCHIEDENE PREISE

In preislicher Hinsicht sind die Kanaren eine »Zwei-Klassen-Gesellschaft«. Touristen müssen bei manchen Dienstleistungen tiefer in die Tasche greifen als die Einheimischen. So gibt es etwa für die von der Inselregierung Fuerteventuras unterhaltenen Museen verschiedene Eintrittspreise, auch Fährlinien und die Fluggesellschaften Iberia und Binter geben auf sämtliche Inlandsreisen einen Residentenrabatt. Ausländer mit festem Wohnsitz auf den Kanaren profitieren ebenfalls von dieser Regelung, nur die »armen« Touristen werden voll zur Kasse gebeten.

Río etliche größere Resorts. Zu den ersten infrastrukturellen Maßnahmen gehörte der Bau einer Meerwasserentsalzungsanlage, ohne die der Ferienort nicht lebensfähig wäre. Die Straßennamen kann man sich übrigens leicht merken, etliche der Hotels liegen an der Avenida Jahn Reisen, der Calle Hapag Lloyd und der Calle LTU.

Grüne Oase

Eine planerisch geniale Idee war es beiderseits der Durchgangsstraße eine Grünzone anzulegen. 1986 wurde damit begonnen Palmen und Kasuarinen aufzuforsten, bewässert werden diese mit dem geklärten Brauchwasser der Hotels. Die vornehmlich in Australien beheimateten Kasuarinen wurden wegen ihrem schnellen Wachstum ausgewählt, sie sind außerdem gut an trockenes Klima angepasst und kommen auch mit den leicht salzhaltigen Böden Fuerteventuras gut zurecht. Ihre wie Kiefernadeln aussehenden bis zu 30 Zentimeter langen Blätter sind zudem ein schöner Blickfang. Die Aufforstung erstreckt sich mittlerweile als breiter Gürtel zwei Kilometer die Straße entlang und ist heute mehr als nur eine Grünzone. Es ist fast schon ein Wald, wie es ihn ansonsten auf der Insel nur noch in der Region von Castillo del Lara im Betancuriamassiv gibt. Spazierwege führen durch die schattige Oase, viele Vogelarten haben darin ein neues Biotop gefunden. Auch der auf Fuerteventura gar nicht so seltene Wiedehopf ist hier zu Hause.

Ideal für Familien

Ganz so ruhig ist es mittlerweile an der Stillen Küste nicht mehr, doch verglichen mit den umtriebigen Ferienstädten Corralejo und Morro Jable sind in Costa Calma selbst tagsüber die Bürgersteige hochgeklappt. Wahrscheinlich, weil alle ge-

AUTORENTIPP!

FUERTE ACTION

Ursprünglich ein Surfertreff, zieht das zum Windsurfimperium von René Egli gehörige Café-Bistro all jene an, die in lockerer Atmosphäre Lust auf frisch gepresste Säfte, knackige Salate oder eine Tortilla haben, der Hit sind allerdings die Surf- und Kiteburger. Passend dazu kann man auf einem der Bildschirme ein Surfvideo anschauen. Vom Bistro-Bereich gibt es einen fließenden Übergang zu einer Modeboutique, in der lässige Strandmode aus dem hauseigenen Label von René Egli und Markennamen wie Oxbow und Mystic zu haben sind, dazu coole Sonnenbrillen und was man sonst so alles für den Strand noch braucht.

Fuerte Action. Tgl. 10–22 Uhr, Centro Comercial El Palmeral (an der FV-2 nahe der Tankstelle), Tel. 928 87 51 26, www.fuerte-action-bar.com

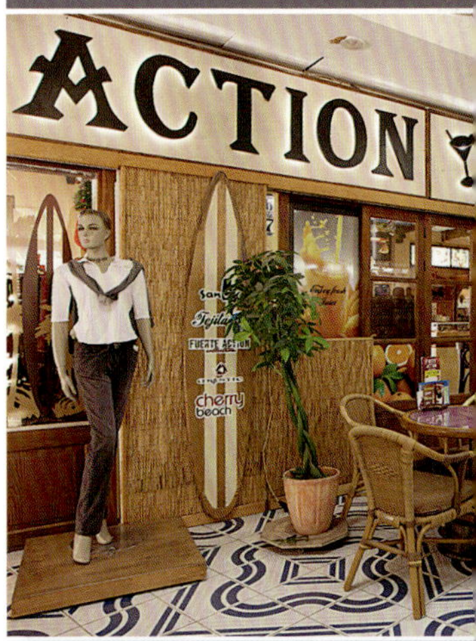

AUTORENTIPP!

DEUTSCHE BUCHHANDLUNG

Wenn der Lesestoff ausgeht, ist man bei der deutschen Buchhandlung in Costa Calma an der richtigen Adresse. Dort gibt es neben aktuellen Bestsellern, Fuerteventura-Literatur und Wanderführern auch günstige Secondhandbücher, deutsche Tageszeitungen von FAZ bis SZ und verschiedene Nachrichtenmagazine. Der Laden ist zugleich ein kleines Service-Zentrum, in dem man fotokopieren und faxen kann, Schreibwaren bekommt und zur Postkarte (große Auswahl) auch gleich die passende Briefmarke erhält.

Deutsche Buchhandlung. Mo–Fr 9.30–13.30 und 17–20 Uhr, Sa und So nur vormittags, Centro Comercial Costa Calma, gegenüber vom Eurospar Supermarkt, Tel. 928 87 64 20.

rade am Strand sind. Costa Calma ist ein Ort für den Familienurlaub, die Apartmenthäuser und vor allem die großen Drei- und Viersternhotels sind bezahlbar und bieten dennoch alles, was man so mit Kindern braucht: eine mehr oder weniger große Poollandschaft, Miniclub mit Animation, Spielplätze, und ein breites Aktivprogramm, angefangen von organisierten Ausflügen bis zu mehrtägigen Surf- und Tauchkursen. Und mit der Playa de Costa Calma und den angrenzenden Nachbarständen gibt es nur wenige Gehminuten von der Haustür entfernt einen riesigen Buddelkasten.

Hotelstadt mit kleinen Fehlern

Die meisten Hotels liegen ruhig ein gutes Stück von der viel befahrenen Durchgangsstraße entfernt. Achten sollte man lediglich darauf, dass man auf der richtigen Seite wohnt. Die Straße zerschneidet den Ort in zwei Hälften. Am schönsten wohnt es sich natürlich auf der meerwärtigen Seite möglichst dicht am Strand. Einige Hotels, etwa das Costa Calma Palace und das Hotel Fuerteventura Playa, haben einen direkten Zugang. Wer westlich der Straße untergebracht ist, muss etliche Gehminuten durch den nicht gerade attraktiv gestalteten Ort laufen. Die einzelnen Hotelkomplexe liegen ziemlich weit auseinander; dazwischen machen sich teils öde Brachflächen breit, die noch auf eine Bebauung warten. Eingestreute große Einkaufszentren ersetzen ein Ortszentrum. Mit Supermärkten, Boutiquen und Cafeterias vereinen sie zwar alles unter einem Dach, doch atmosphärisch haben sie nicht viel zu bieten. Hört sich nicht so toll an, dennoch ist Costa Calma vor allem bei deutschsprachigen Gästen sehr beliebt, mehr und mehr kommen auch Engländer und Italiener. Viele der Stammgäste brauchen nicht unbedingt eine Glitzermeile zum Flanieren oder eine gefließte Uferpromenade. Hier fühlen sich alle gut aufgehoben, die auf reine Badeferien aus sind.

Am Strand nach Playa Barca

Die Flaniermeile von Costa Calma ist der Strand. In Höhe des Hotels Costa Calma Palace beginnt ein Superstrand, der sich von kleineren felsigen Abschnitten abgesehen gut 20 Kilometer lang bis nach Morro Jable erstreckt. Das muss man nicht unbedingt an einem Tag machen. Zu den Lieblingsstrecken der Urlauber gehört die Etappe bis zur Play Barca, für die man – Badestopps nicht eingerechnet – gut anderthalb Stunden einplanen sollte. Doch wahrscheinlich wird man länger unterwegs sein, das klare Wasser ist einfach zu verlockend, nicht umsonst weht hier schon seit Jahren die Blaue Flagge. Flach fällt der Sandstrand ins Meer ab, hohe Wellen gibt es selten, sodass auch Kinder hier gefahrlos plantschen können. Sobald man die Liegestuhlzone der Hotels hinter sich hat, fallen etliche aus Steinen aufgehäufte runde Strandburgen auf, hinter denen die Badegäste vor dem meist nachmittags aufkommenden

Oben: Strandwanderer in Costa Calma, im Hintergrund das Hotel Rio Calma
Unten: Der feine Strand ist breit genug für Beachvolleyball und andere Aktivitäten.

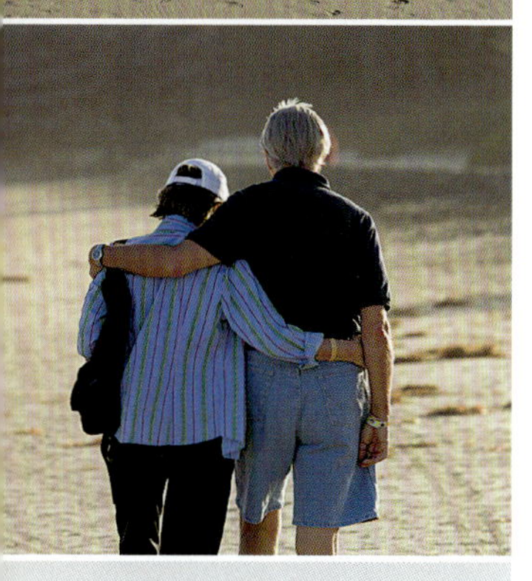

Oben: Ein Windschutz in der Liegestuhlzone kann mitunter recht nützlich sein.
Mitte: Strandgänger in Costa Calma
Unten: Arm in Arm den Urlaub genießen

ablandigen Passatwind Schutz suchen. Am Risco del Gato, der Katzenklippe, wird es eng, doch bei Niedrigwasser kommt man am Fuß der dunklen Basaltfelsen problemlos zum nächsten Traumstrand hinüber, der Playa de Esmeralda. Von dort ist es dann nicht mehr weit zum Surferstrand von Playa Barca, über dem sich das Hotel Melía Gorriones wie ein Fremdkörper ausnimmt. Wer nicht auf gleichem Weg zurück nach Costa Calma will, kann vor der Hotelrezeption auf den Bus warten oder ein Taxi bestellen.

Durch das Tal von Pecenescal

Zuerst versperren zu beiden Seiten aufragende Bergzüge die Sicht, doch das ändert sich spätestens auf der Passhöhe. Den Einstieg für die Wanderung verpasst man leicht. Mit dem Wagen von Costa Calma kommend sollte man kurz nach dem Abzweig nach Risco del Gato das Tempo rausnehmen und dann auf eine rechts abgehende Erdstraße achten, auf der nach etwa anderthalb Kilometern die Casas de Pecenescal erreicht werden. Dort kann man den Wagen abstellen. Auf anfangs noch bequemer Piste geht es nun an dem kiesigen Trockenbett des Barrancos immer talaufwärts, bis schließlich der 250 Meter hohe Pass, die Degollada de Pecenescal, erreicht wird. Was für ein Panorama! Das Land fällt hier schroff zur Nordküste der Halbinsel Jandía ab, an der das goldgelbe Band der Playa de Barlovento und deren Verlängerung, die Playa de Cofete, weit nach Westen zieht. Für trittsichere Wanderer ist der Pass jedoch erst der Anfang: Auf einem anfangs rot markierten mitunter gerölligem Steig bietet sich ein abenteuerlicher Abstieg zur Playa de Barlovento an, und wer will, kann von dort kilometerweit an dem traumhaften Sandstrand bis nach Cofete spazieren, doch irgendwann sollte man an den Rückweg denken.

Infos und Adressen

ÜBERNACHTEN

Hotel Costa Calma Palace. Mit seinen 400 Zimmern wirkt das Hotel fast wie ein Palast. Direkter Zugang zum Strand und schönes Hallenbad, wenn es draußen zu sehr windet. Jahn Reisen s/n, Tel. 928 97 60 90, www.sbhoteles.es

Hotel Fuerteventura Playa. Die All-Inclusive-Ferienanlage mit Viersterne-Niveau liegt etwa in der Mitte von Costa Calma, zum feinen Sandstrand sind es nur wenige Schritte. Urb. Cañada del Río, Av Jahn Reisen, 1, 35627 Costa Calma, Tel. 928 54 73 44.

Suite Hotel Risco del Gato. Im extravaganten Nobelhotel wohnt man in überkuppelten Reihenbungalows, durch eine Luke funkeln nachts die Sterne hinein. Calle Sicasumbre 2, Tel. 928 54 71 75, www.vikhotels.com

ESSEN UND TRINKEN

Galería. Deutsche Wirtsleute servieren spanische Tapas und internationale Küche. Mit schöner Außenterrasse. Di–So ab 18 Uhr, Febr., Aug. und 2. Dez.–Woche geschl., Calle Risco Blanco s/n, Tel. 928 87 54 16, www.restaurant-galeria.com

La Terrazza del Gato. Im Hotel Risco del Gato gibt es ein gepflegtes Abendlokal mit ambitionierter Küche. Tgl. ab 18 Uhr, Tel. 928 54 71 75.

AUSGEHEN

B-Side. Ein italienisches Lokal, in dem sich gerne Italiener tummeln. Abends kommen auch Surfer auf eine »XL-Surferportion« Pasta oder auf einen Cocktail vorbei; am Wochenende gelegentlich DJ-Musik. Tgl. ab 20 Uhr, Centro Comercial Bahía Calma, Tel. 928 87 64 67.

AKTIVITÄTEN

Xtreme Car Rental. Die Agentur vermittelt u.a. Schnorchel- und Jeeptouren sowie Katamaranfahrten und Segeltörns. Calle LTU 2, Tel. 928 87 56 30, www.fuerteventura-aktiv.de

INFORMATION

Oficina de Turismo. Rotondo Principal an der FV-2 beim Hotel Fuerteventura Playa, Mo–Fr 9–18 Uhr, Sa/So 9.30–13.30 Uhr, Tel. 928 87 50 79.

Beachbar mit Aussicht

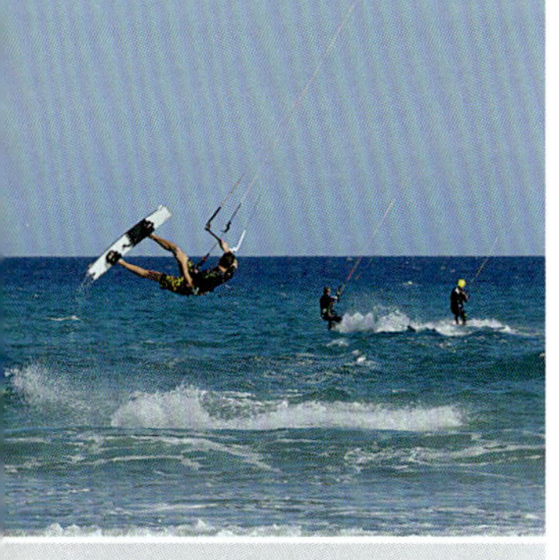

Mitte: Das Surfzentrum des Schweizers René Egli ist bestens mit Material bestückt.
Unten: Die akrobatischen Manöver der Kitesurfer sind auch für Zuschauer attraktiv.

37 Wind- und Kitesurfen

Wenn nicht auf Fuerte, wo dann?

Die Surferstrände von Fuerteventura brauchen einen Vergleich mit Hawaii nicht zu scheuen, nur an wenigen anderen Plätzen auf der Welt finden Windsurfer ähnlich optimale Bedingungen für ihren Sport. Nicht nur Wind und Wellen stimmen, auch die Infrastruktur könnte besser nicht sein, ganz egal ob man nun ein blutiger Anfänger ist oder zur Weltelite gehört.

Gesurft wird auf Fuerteventura rund ums Jahr. Beste Zeit sind die Sommermonaten Juli und August, wenn der Wind fast jeden Tag zu Hochform aufläuft, im Winter gönnt er sich dagegen manchmal für ein paar Tage eine kleine Pause. Anfänger kommen am besten an der geschützten Playa del Castillo in Caleta de Fuste, der Costa Calma und an der Playa del Matorral zurecht. Die Nordküste bei Corralejo ist dagegen eher etwas für Fortgeschrittene und Speed-Freaks, und an der Westküste bei El Cotillo brechen sich mitunter riesige Monsterwellen. Als das Nonplusultra gilt das Starkrevier an der Playa Barca, das entscheidend von den topografischen Gegebenheiten profitiert. Treibende Kraft ist der Nordostpassat, der hier ungehindert über die niedrige Landenge von La Pared fegen kann, eingepfercht zwischen zwei Bergrücken, dabei noch zusätzlich an Fahrt gewinnt und praktisch wie durch eine Düse getrieben ablandig auf die Playa Barca trifft. Das naturgegebene Phänomen garantiert Windstärken um die sechs Beaufort, und genau die sind es, die Windsurfer brauchen. Dazu gibt es eine stehtiefe Flachwasserlagune, die sich hervorragend für die Einsteigerschulung eignet.

Surfen bei René Egli

Mit acht Brettern eröffnete der Schweizer 1984 seine Windsurfschule an der Playa Blanca, heute führt René Egli zusammen mit rund hundert Mitarbeitern und jährlich etwa 20 000 surfenden Gästen das größte Surfzentrum der Welt. Egli erkannte sofort, dass Wind und Wellen allein für ein Surfparadies nicht ausreichen. Man braucht dazu eine Infrastruktur, die von ganz einfachen Dingen, etwa Duschgelegenheiten und Lagerräumen für das Material bis hin zu einem breit gefächerten Kursangebot mit professionell ausgebildeten Lehrern reicht. Rund 400 Bretter und 1000 Riggs in allen Größen stehen zur Auswahl, auch auf Drachensurfer ist man bestens eingestellt. Das Material ist gut gewartet und wird jedes Jahr komplett erneuert. Zum Surf-Imperium gehören mittlerweile auch Bistros, Boutiquen mit Surfwear und ein Infozentrum. Der Betrieb auf dem Wasser wird durch einen eigenen Sicherheitsdienst überwacht, der im Notfall jederzeit mit Jetbooten zu Hilfe kommt. Alles funktioniert fast so präzise wie ein Schweizer Uhrwerk und manchem Surfer mag das alles bereits schon zu sehr auf Masse und Effizienz ausgerichtet sein. Doch es gibt auf der Insel auch ein bis zwei Nummern kleinere Alternativen, wo man sich eventuell individueller betreut fühlen darf.

Weltcup für Profis

Wenn der Wind stimmt, und das sind statistisch gesehen rund 300 Tage im Jahr, ist an der Playa Barca auf dem Wasser fast mehr los als am Strand. Im Sommer tragen die Profis ihre Weltcuprennen aus; diese ziehen alljährlich tausende von Schaulustigen an, die vom Strand aus die spannenden Wettbewerbe verfolgen – Gänsehaut ist dabei garantiert. Weltcups werden in Playa

AUTORENTIPP!

KAYAK FUERTEVENTURA

Es muss nicht immer Biken, Surfen oder Wandern sein, warum nicht mal eine Kajaktour unternehmen? Das engagierte Team von Kayak Fuerteventura hat seine Basis in Corralejo, die Teilnehmer werden vom Hotel zum Ausgangspunkt gebracht. Bereits nach einer kurzen Einweisung kann an Ausflügen teilgenommen werden, angeboten werden Streckenlängen von 12 bis 35 Kilometern. Sehr beliebt sind Tagesfahrten nach Lobos, wobei genügend Zeit für Schwimmen und Schnorcheln eingeplant ist. Damit der Ausflug zu einer bleibenden Erinnerung wird, ist in der Regel eine wasserdichte Kamera mit an Board. Für Cracks gibt es mehrtägige Touren, wer auf eigene Faust los will, kann sich auch einfach nur ein Kajak mieten.

Kayak Fuerteventura. Calle Higuereta 80, Corralejo, Tel. 928 34 54 33, www.kayakfuerteventura.com

Barca bereits seit 1986 ausgetragen, sozusagen die Formel 1 im Surfsport sind die Slalomrennen, wobei Spitzengeschwindigkeiten von über 70 Stundenkilometer erreicht werden und die Weltelite sich auf dem mit Bojen markierten Kurs mit spektakulären Überholmanövern in Szene setzt. Ins Staunen kommt man auch bei den Freestylern, die sich mit Pirouetten, Loopings und gewagten Sprüngen zu Recht als Artisten fühlen.

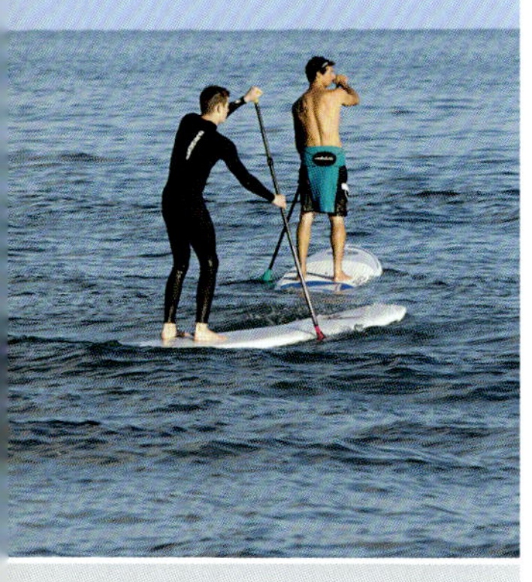

Oben: Windsurfer in ihrem Element
Unten: Stehpaddeln liegt voll im Trend.

Neue Trends

Das Surfparadies erfindet sich immer wieder neu. Kaum hat man sich an den Anblick von Stehpaddlern gewöhnt, flitzen neuerdings dreirädrige Strandsegel über den Strand von Sotavento. Das Schöne daran: Man braucht dazu keine längere Schulung, schon nach einem zweitägigen Grundkurs, in dem Wendemanöver und das Abtakeln geübt werden, ist man fit genug einen Versuch zu wagen – Profis erreichen im Strandsegler Spitzengeschwindigkeiten von über 100 Stundenkilometern.

Infos und Adressen

ÜBERNACHTEN

Meliá Gorriones. Siehe Highlight 41, S. 217.

SURFREISEN

Otro Modo Surfschool. Pauschalpakete für Wellenreiter inklusive Übernachtung und Halbpension können mit einem Spanischkurs oder Yogaunterricht kombiniert werden. Info in Deutschland unter Tel. 030/64 90 56 52, www.otro-modo-surfschool.de

Sun and Fun. Der Münchner Veranstalter organisiert Surfferien mit Unterkunft, wahlweise in Corralejo oder Playa Barca. Tel. 089/33 88 33, www.sunandfun.com

WINDSURFSCHULEN

Flag Beach. Kite- und Windsurfzentrum östlich von Corralejo nahe dem Hotel Tres Islas. Tel. 928 86 63 89, www.flagbeach.com

Pro Center René Egli. Weltweit größtes Surfzentrum mit Kursen für Wind- und Kitesurfern, Strandsegeln und Stehpaddeln. Playa Barca, Tel. 928 54 74 83, www.rene-egli.com

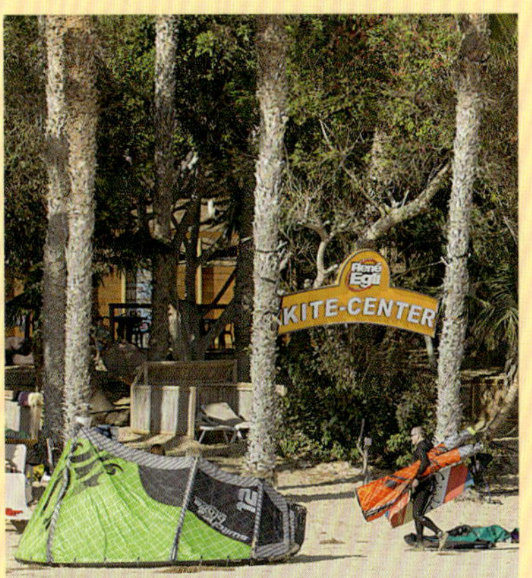

Für Kitesurfer gibt es an der Playa Barca ein eigenes Zentrum.

Einsteiger beim Surfkurs

Ventura Surf. Windsurfschule und Stehpaddelverleih, zentral gelegen direkt am Ortsstrand von Corralejo. Avenida Marítima 54, Tel. 928 86 62 95, www.ventura-surf.com

INFORMATION

Beach House. Fungiert als die neue Drehscheibe von René Eglis Surfzentrum, in dem man sich über das vielfältige Angebote informieren kann. Angeschlossen sind ein Shop mit lässiger Strandmode und ein trendiges Bistro-Café, in dem es Kaffee aus der eigenen Rösterei gibt. Centro Comercial Botánico, Tel. 928 87 59 97, www.beachhouse-fuerteventura.com

PWA-World Cup. Das aktuelle Programm zu den Weltcups der Windsurfer und Kiter, www.fuerteventura-worldcup.org

Windguru. Viertägige Vorhersage zu Windrichtung, Windstärke und Wellenhöhe, www.windguru.cz

El Islote
Cofete
Naturpark Jandía
Casas Risco del Paso
Morro Jable
38
Jandía

38 Jandía

Führender Badeort mit viel Sonne und Strand

Nirgendwo auf Fuerteventura gibt es mehr Sonnenstunden als in Jandía. Grund dafür ist die geschützte Lage an der Südseite eines bis zu 800 Meter hohen Bergzuges, der Wind und Wolken auf Distanz hält und der Ferienmetropole Jandía sommers wie winters ideales Badewetter beschert. Klar, dass hier besonders viele Badegäste ihre schönsten Tage des Jahres verbringen wollen.

Für die spanischen Eroberer war die Halbinsel Jandía im äußersten Süden Fuerteventuras völlig uninteressant. Über Jahrhunderte hinweg blieb die Halbinsel menschenleer, niemand wollte in dem als wertlos erachteten wasserarmen Landstrich und bis in die zweite Hälfte des 20. Jahrhunderts hinein lediglich über eine staubige Wellblechpiste erreichbaren Inselteil wohnen. Heute ist es genau umgekehrt, mit dem boomenden »Sonnen- und Strand-Tourismus« sind die Grundstückspreise explodiert. Wie alle großen Ferienstädte auf den Ka-

Mitte: Der Leuchtturm von Jandía ist mit seinen 59 Metern der höchste auf Fuerteventura.
Unten: Bohlenwege helfen die Salzwiesen an der Playa del Matorral zu schützen.

MAL EHRLICH

ARME KULTURTOURISTEN

Die Halbinsel Jandía war bis vor 40 Jahren ein weißer Fleck auf der Landkarte. Bis auf den kleinen Fischerort Morro Jable gab es praktisch nichts. Alles, was heute existiert, wurde für den Tourismus aus dem Boden gestampft. An Kultur dachte man dabei bislang nur wenig, so gibt es für Kulturtouristen auch kaum etwas abzuhaken. Das hat auch Vorteile, man kann sich ganz aufs Ausspannen konzentrieren.

naren profitiert Jandía vom Wetterbonus im Süden. Die fast ganzjährige Sonnengarantie machte den bis vor 40 Jahren noch gar nicht existenten Ort zusammen mit den benachbarten Urbanisationen Butihondo und Esquinzo zu einem der größten Badeorte Fuerteventuras.

Avenida del Saladar

Lebensader der vornehmlich von deutschsprachigen Gästen gebuchten Ferienstadt ist die Avenida del Saladar, an der sich Hotelkomplexe in mehreren Reihen hangaufwärts stapeln – von so gut wie jedem Zimmer hat man so das Meer im Blick. Der Aufstieg zur Ferienstadt verlief rasant und planlos, sodass sich zunächst niemand ernsthafte Gedanken gemacht hat, wie das eigentlich mal alles aussehen soll. Entlang der Durchgangsstraße entstand ein kunterbunt zusammengewürfeltes Konglomerat aus Hotelbauten, Restaurants und Einkaufszentren, alles in allem architektonisch nicht unbedingt eine Augenweide. Doch nach etlichen Verschönerungsmaßnahmen ist aus dem vierspurig ausgebauten Boulevard mittlerweile eine Flaniermeile geworden. Neben den üblichen Billigläden mit Souvenirs und Strandartikeln gibt es auch schicke Parfümerien und teure Juweliere.

Naturschutz inmitten der Ferienstadt

Ihren Namen hat die Avenida del Saladar von den Salzwiesen, die zur Meerseite hin den Boulevard auf einer Länge von fast zwei Kilometer begleiten. Diese werden regelmäßig von der Flut unter Wasser gesetzt, bei manchen Pflanzenarten wirkt sich die »Salzwasserdusche« gar als wachstumsfördernd aus. Botaniker sprechen von Halophyten, Laien wird es zunächst schwer fallen die verschiedenen Arten auseinander zu halten und auch mit

AUTORENTIPP!

MARABÚ

Das Restaurant des deutschen Küchenchefs Ralf Johmann ist auf der Halbinsel Jandía schon seit Jahren eine feste Größe. Man sitzt im hübschen Garten, in dem es auch eine gemütliche Lounge-Ecke gibt, und genießt solide spanisch-internationale Küche zu annehmbaren Preisen. Vorneweg ist der gemischte Tapas-Teller ein guter Einsteig, als Hauptgericht empfehlen sich etwa das Milchlamm oder im Ofen gegartes Kaninchen. Die umfangreiche Weinkarte enthält vornehmlich spanische Weine, Bier gibt es u.a. von der Donaueschinger Fürstenberg-Brauerei. Während über Mittag in der Regel ein freier Tisch zu haben sein dürfte, sollte man für abends auch außerhalb der Hochsaison reservieren.

Marabú. Wer von außerhalb kommt, nimmt von der Schnellstraße die Ausfahrt 79 (Butihondo) und hält sich am ersten Kreisel links. Mo–Sa 13–23 Uhr, Calle Fuente de Hija 2, Esquinzo, Tel. 928 54 40 98, www.e-marabu.com

AUTORENTIPP!

SOUVENIRS VON CABRITO

Mitbringsel mit dem witzigen Ziegen-Logo sind auf Fuerteventura ein Renner, auf der Halbinsel Jandía widmet sich mittlerweile eine Ladenkette mit einem halben Dutzend Shops ausschließlich dem Verkauf von Ziegen-Souvenirs. Zugegeben, im Sortiment gibt es auch viel Nippes und unnützes Zeug, das Angebot reicht von Accessoires wie Schlüsselanhängern und Kühlschrankmagneten bis zu Baumwoll-T-Shirts und Badehandtüchern. Immer zu gebrauchen ist eine Kaffeetasse, mit der man zuhause jedes Mal beim Frühstück an die sonnigen Tage auf Fuerteventura erinnert wird. Ganz untypisch für die Insel: Schneekugel mit Zicklein drin. Und sollte man etwas vergessen haben sorgt der Online-Versand für Nachschub.

Cabrito. Shops gibt es u.a. in Jandía (Centro Comercial Palmgarden) und Morro Jable (Calle Nuestra Señora del Carmen), www.cabrito-fuerteventura.com

Namen wie der Grauen Gliedermelde oder dem Wurmförmigen Salzkraut wissen die meisten nicht viel anzufangen. Relativ einfach zu bestimmen ist mit seinen wie aufgeblasen aussehenden Blättern das Erbsen-Jochblatt, im Spanischen Meerträubchen (*uvilla de mar*) genannt. Die Salzwiesen sind zugleich ein bedeutender Futterplatz für Seidenreiher, Löffler und andere Seevögel. Seit 1991 ist das Areal als Naturschutzgebiet ausgewiesen, die Umweltbehörde der Insel versucht seitdem so gut es eben in einer quirligen Ferienstadt möglich ist, die verschieden gelagerten Interessen zwischen Naturschutz und Tourismus unter einen Hut zu bringen. So darf im Schutzgebiet seither nicht mehr gebaut werden, was dazu führte, dass die Uferstraße von einigen wenigen bereits vor 1991 errichteten Hotels nur einseitig bebaut ist. Um das sensible Ökosystem der Salzwiesen zu schützen, soll das auch zukünftig so bleiben. Auch sollte man das von kleinen Dünenkämmen durchzogene Gebiet eigentlich nicht zu Fuß betreten. Dummerweise liegen die Salzwiesen genau zwischen der Hotelzone und dem viel frequentierten Strand, doch eine Einzäunung und aufwendig gezimmerte Bohlenwege sorgen dafür, dass sich die sensible Flora einigermaßen ungestört entfalten kann.

Der Strand

Kommen wir endlich zur Hauptsache der Ferienstadt, der Playa del Matorral. Der flach ins Wasser abfallende helle Sandstrand ist zweifelsohne ein »Filetstück« unter Jandías Traumstränden. Makellos erstreckt er sich zwischen den Ferienclubs von »Robinson« und »Aldiana« auf einer Länge von drei Kilometern und ist zudem breit genug, um auch in der Hauptsaison tausende von Sonnenhungrigen aufzunehmen, ohne dass es gleich eng wird. Überragt wird die Strandzone von Jandías Wahrzeichen, dem mit 59 Metern höchsten Leuchtturm

Fuerteventuras. Ein Bohlenweg führt zu ihm hin, es ist zugleich der am meisten frequentierte Strandzugang, an dessen Ende man sich in einer Beach Bar eine kleine Pause gönnen kann. An dem auf eine Klippe gesetzten Club Aldiana geht die Playa del Matorral in die Playa Butihondo über, nördlich von dieser heißt der Strand dann Playa de Esquinzo. Oberhalb von diesen etwas schmaleren, doch ebenfalls tollen Strandrevieren setzt sich die Ferienstadt mit weiteren Clubanlagen und Mega-Hotels fort, sofern der Boom weiter anhält dürfte es nur eine Frage von wenigen Jahren sein, bis die letzte Baulücke zur Costa Calma geschlossen ist.

Kinder, Kinder ...

In Jandía sucht man vor allem Sonne und Strand, Kunst und kulturelle Highlights sind dagegen ausgesprochen dünn gesät. Doch gleich an der Ortseinfahrt in Höhe des »Aldiana-Clubs« schmücken dreißig Terrakottaplastiken der Bildhauerin Lisbet Fernández einen Verkehrskreisel. *Caminos* nennt die kubanische Künstlerin die in Originalgröße nachgebildete Kinderschar. Was will uns Señora Fernández mit ihrem Werk sagen? Die Kinder stehen in Plastiksandalen auf schwarzem Lavagranulat in der Sonne, viele schauen mit einem Lächeln im Gesicht zur Unendlichkeit des Himmels hinauf, um, wie die Künstlerin meint, etwas über ihre Zukunft zu erfahren. Einige der dargestellten Kinder gibt es übrigens in echt, sie leben in der Gemeinde Pájara und standen der Bildhauerin Modell. Schade ist nur, dass die Installation mitten auf der Durchgangsstraße von viel Verkehr umtost ist und man so den Kindern nicht nahe kommen kann. Immerhin, wer daran Gefallen gefunden hat, kann auf dem Donnerstagsmarkt vor dem Einkaufszentrum Cosmo handliche Repliken davon kaufen, die in jedes Reisegepäck passen.

Oben: Das Erbsen-Jochblatt, es wird auch Meerträubchen genannt, ist in den Salzwiesen zu Hause.
Mitte: Selbst in der Hauptsaison gibt es an der breiten Playa del Matorral reichlich Platz.
Unten: Die Terrakotta-Installation der Bildhauerin Lisbet Fernández

Oben: Präpariertes Walskelett vor der Kulisse der Ferienstadt Jandía
Unten: Neben viel Nippes werden vor allem Textilien angeboten.

Afrikanischer Markt

Der Mercadillo, wie der Markt auf dem Parkplatz vor dem Cosmo-Zentrum offiziell genannt wird, gleicht angesichts der vielen afrikanischen Händler fast schon einem Bazar. Während es ansonsten überall auf Fuerteventura Festpreise gibt, darf hier nach Herzenslust gehandelt werden. Im Angebot sind neben Textilien vor allem Holzschnitzereien und Lederwaren, darunter eine ganze Menge Billigware und viel Kitsch, doch mitunter kann dazwischen auch das eine oder andere schöne Stück entdeckt werden. Kunst ganz anderer Art ist ein an der Uferstraße auf zwei Metallsäulen aufgestelltes Walskelett. Mahnend erinnert das 15 Meter lange Gerippe an einen 2005 vor Fuerteventuras Küste gestrandeten Pottwal. Dieser ist Teil des Projekts »Der Weg der Meeressäuger«, zu dem mittlerweile vier auf der Insel aufgestellte Mahnmale gehören, die übrigen drei Walskelette befinden sich im Leuchtturm an der Punta de Jandía (Highlight 42, S. 221), in Salinas del Carmen (Highlight 5, S. 52) und an der Hafenfront von Puerto del Rosario.

Infos und Adressen

ESSEN UND TRINKEN

Playa Vista. In dem Lokal unterhalb vom RIU Palace Hotel ist richtig, wer auch unter spanischer Sonne Jägerschnitzel und Currywurst mag. Einfaches Ambiente mit hübschem Meerblick auf der Terrasse. Mo–Sa ab 11 Uhr, ab 12 Uhr warme Küche, Plaza Don Carlos, Tel. 928 16 64 60.

ÜBERNACHTEN

Club Aldiana. Der »Club unter Freunden« bietet neben vielen Events und Specials auch sportliche Highlights oder Gourmetwochen mit Starköchen. Playa de Jandía, Calle Melindraga s/n, Morro Jable, Tel. 928 16 98 70, www.aldiana.de

RIU Palace Jandía. Das beliebte Pauschalhotel der mallorquinischen RIU-Kette thront auf einer Anhöhe über dem Strand. Mehrmals wöchentlich Shows und Livemusik. Calle las Arenas s/n, Morro Jable, Tel. 928 54 03 70, ww.riu.com

AKTIVITÄTEN

Matchpoint Sports. Die deutsche Tennisschule betreibt auf der Halbinsel Jandía mehrere Tenniszentren, u.a. in den Hotels Faro Jandía und Iberostar Playa Gaviotas Park. Tel. 928 54 43 07, www.matchpoint-world.de

Senda Ventura. Geführte Segway-Touren; die Elektroroller können auch gemietet werden. Avenida del Saladar s/n (im Centro Comercial Cosmo), Tel. 638 67 95 04, www.segway-fuerteventura.de

EINKAUFEN

Centro Comercial Cosmo. Die Geschäfte sind auf 3 Etagen aufgeteilt. Zu kaufen gibt es u.a. Sportswear, Parfümerieartikel, Souvenirs, Aloe-Vera-Produkte, Elektroartikel, Accessoires und Bekleidung. Tgl. 10–22 Uhr, Avenida del Saladar.

Mercadillo. Von afrikanischen Händlern dominierter Souvenirmarkt, Do 8.30–14 Uhr vor dem Centro Comercial Cosmo, Mi in Costa Calma, Mo und Fr in Corralejo.

INFORMATION

Oficina de Información. Mo–Fr 9–15 Uhr, Avenida del Saladar s/n (im Souterrain des Centro Comercial Cosmo), Tel. 928 54 07 76.

Das RIU Palace Jandía gehört schon seit Jahren zu den besten Adressen auf der Halbinsel.

39 Morro Jable

Es war einmal ein Fischerdorf

Morro Jable ist der einzige Ort auf der Halbinsel Jandía, der zumindest mit einem kleinen gewachsenen Ortskern aufwartet. Die schönste Annäherung an die von Stammgästen salopp Morro genannte Kleinstadt ist die Fußgängerpromenade, die vom Robinson Club in Jandía oberhalb des feinen Sandstrandes zum ehemaligen Hafen führt, praktischerweise landet man dort dann direkt in der viel frequentierten Essmeile.

Mitte: Aus dem einstigen Fischernest entwickelte sich ein quirliges Ferienzentrum.
Unten: Am feinen Sandstrand von Morro Jable

In manchen Touristenprospekten ist von Morro Jable noch immer als von dem Fischerdorf an der Südküste von Jandía die Rede. Tatsächlich scharten sich einst weiße Fischerkaten um einen kleinen Naturhafen, die ersten davon wurden um 1900 gebaut und der kleine Ort nannte sich zunächst Puerto de la Cebada (Gerstenhafen). Bis in die zweite Hälfte des 20. Jahrhunderts hinein war Morro Jable nur über eine Staubpiste erreichbar,

MAL EHRLICH

WEITE WEGE

Flächenmäßig ist Fuerteventura nach Teneriffa die zweitgrößte Kanareninsel. An der breitesten Stelle misst sie zwar nur 28 Kilometer, doch die Entfernungen von Nord nach Süd wollen nicht unterschätzt werden. Wer in Morro Jable wohnt und schnell mal ins 120 Kilometer entfernte Corralejo will, muss sich auf eine zweistündige Fahrt einstellen. Hin und zurück summiert sich das ganz schön. Immerhin ist das Straßennetz hervorragend ausgebaut und das Verkehrsaufkommen hält sich bislang in Grenzen.

auch gab es weder Strom noch fließend Wasser. Doch das ist alles längst Geschichte. Mit etwa 8000 Einwohnern ist Morro Jable auf Kleinstadtgröße angewachsen und bildet mit dem zusammengewachsenen Nachbarort Jandía eines der umtriebigsten Ferienzentren der Insel. Angezogen vom florierenden Tourismus kommen viele der neuen Einwohner vom spanischen Festland, auch etliche der vornehmlich deutschsprachigen Zuwanderer haben sich hier niedergelassen und arbeiten als Reiseleiter oder Animateur, betreiben Tauchschulen und vermieten Mountainbikes. Rund um den alten Ortskern zwischen der Avenida del Faro und der Calle Nuestra Señora del Carmen entstanden in den letzten zwanzig Jahren viele neue Apartmenthäuser, Wohnblocks und Villen. Morro Jable und Jandía sind zwar Teil der Gemeinde Pájara, doch mehr und mehr verlagert sich die Verwaltung nach Morro und es scheint nur eine Frage der Zeit zu sein, bis sich die Ferienstadt von Pájara loslöst. Mit Polizeistation, Gesundheitszentrum, Post und Kulturhaus hat sie bereits die typischen Insignien eines spanischen Gemeindesitzes, und der Hafen mit regelmäßigen Fähranbindungen nach Gran Canaria macht die Stadt auch zu einer interinsularen Drehscheibe. Für den Tourismus ganz wichtig: Der einst weit ab vom Schuss gelegene Ort ist durch den autobahnartigen Ausbau der Schnellstraße heute lediglich nur noch eine gute Fahrstunde vom Flughafen entfernt.

Essen gehen in Morro

Jede Kanareninsel hat so ihre Ecken am Meer, an denen man sich sofort wohl fühlt und am liebsten alle Fünfe gerade sein lassen möchte, um in einem der vielen Terrassenlokale Platz zu nehmen. Die Promenade von Morro Jable ist so ein Ort; angesichts der sich aneinander reihenden Lokalitäten

AUTORENTIPP!

RESTAURANTE CORONADO

Das Abendlokal in der gleichnamigen Apartmentanlage gehört schon seit Jahren zu den besten Lokalen am Platz und steht auch externen Gästen offen; es empfiehlt sich deshalb zu reservieren. Thailändisch inspiriert ist das fein mit Zitronengras und Kokosmilch ausbalancierte Fischcurry, mediterran der Petersfisch auf Blattspinat und typisch kanarisch das Fischfilet von der heißen Platte mit Runzelkartoffeln und Mojosauce. Die umfangreiche Weinkarte hält neben hochpreisigen Spitzenweinen aus Weingütern vom spanischen Festland auch erschwingliche Inselweine aus Lanzarote und Teneriffa bereit. Der Service ist zuvorkommend und immer für Sonderwünsche offen. Wunderbar chillen kann man an Bar und Poolterrasse.

Restaurante Coronado. Mo–So 18–24 Uhr außer Mi, Calle El Sol 14, Tel. 928 54 11 74, www.restaurantecoronado.es

AUTORENTIPP!

ZENTRAL UND TROTZDEM SCHÖN

Balkon über dem Meer, so fasst das Viersternehotel El Palacete treffend seine wirklich tolle Lage zusammen. Wie ein Schlösschen (*palacete*) sieht die in den Steilhang gebaute architektonisch eher schlichte zweigeschossige Anlage zwar nicht aus, doch ansonsten kann man nichts aussetzen. Von allen der 54 elegant möblierten Zimmer genießt man den Blick aufs Wasser und kann vom Balkon aus auch den Sonnenuntergang genießen. Will man zum Strand liegt nur die autofreie Promenade dazwischen. Für viele Gäste ebenfalls erfreulich: es gibt keine Animation. Gebucht werden kann direkt oder über verschiedene deutsche Veranstalter, wahlweise mit Frühstück oder Halbpension.

Hotel XQ El Palacete. Calle Acantilado s/n, Tel. 928 54 20 70, www.xqelpalacete.com

hat man lediglich die Qual der Wahl sich für eine zu entscheiden. Überall sitzt man zu jeder Jahreszeit draußen, nur wenige Schritte vom Tisch entfernt plätschern die Wellen sanft auf den Strand, es duftet nach gebratenem Fisch, Knoblauchschwaden hängen hartnäckig in der Luft, und die Speisekarten sind alle in Deutsch geschrieben. In einigen Lokalen liegen Fisch und Meeresfrüchte in der Vitrine aus, und wo es keine gibt, informiert der Kellner, was gerade frisch da ist, meist Papageifisch (*vieja*), Zackenbarsch (*mero*) und Wolfsbarsch (*lubina*), so gut wie immer Dorade, denn die ist nicht vom Glück der Fischer abhängig, sondern wird in Aquakultur gezüchtet. Wie überall auf der Insel wird der Fisch bevorzugt auf der heißen Platte (*a la plancha*) gebraten oder im Salzmantel gebacken, und für den großen Hunger natürlich immer als opulente Fischplatte kombiniert mit Meeresfrüchten angeboten. Es muss übrigens nicht immer die Promenade sein, auch im alten Ortskern gibt es das eine oder andere gute Restaurant, und als gepflegtes Abendlokal empfiehlt sich das Coronado.

Plaza de los Pescadores

Oberhalb der Promenade lädt der über einen felsigen Barranco gebaute Platz der Fischer zu einer kleine Pause ein. Dattelpalmen, Riesenwolfsmilchgewächse, ein junger Drachenbaum, ein paar stachlige Schwiegermuttersessel und am Ufer des trockenen Flussbettes üppig wuchernde lila Bougainvilleen sorgen für Farbtupfer. Der Hingucker auf dem Platz ist die im Rahmen der *Ruta de las Esculturas* vom Rathaus Pájara gesponserte Skulpturengruppe *Homenaje a los Pescadores.* Das Fischerdenkmal von Morro ist nicht das einzige auf Fuerteventura und es verdeutlicht einmal mehr den immensen Stellenwert, den die Fischerei einmal auf der Insel hatte. Und es gibt Morro Jable zugleich Gesichter, mit denen sich fast alle der Einheimischen identifizieren können: Für das Kunstwerk standen dem kubanischen Bildhauer Rafael Gómez González drei in Morro lebende Fischer Modell. Einer davon stützt sich auf eine Boje, der zweite auf einen Metallpoller, beide schauen sie schützend die Hand vor die Augen haltend aufs Meer hinaus. Und der Mittlere von der überlebensgroß dargestellten Dreiergruppe hält einen kapitalen Fisch in der Hand. Petri heil, kann man da nur zu sagen! Nebenan gibt es ein Terrassencafé, von dem man die Szenerie in aller Ruhe auf sich wirken lassen kann.

Über oder unter Wasser?

Auf der Halbinsel Jandía hat nur Morro Jable einen Hafen. Der alte Bootsanleger unterhalb des Ortskerns musste der Promenade weichen und die Fischer bekamen dafür einen neuen großen Hafen am Westrand der Ortschaft spendiert, den sie sich allerdings mit schicken Jachten und Ausflugsbooten teilen müssen. Eine heimelige Atmosphäre will sich in dem durch eine mächtige Betonmole geschützten Hafenbecken allerdings nicht einstellen, rein zufällig kommt dort niemand vorbei. Für die Fischer zumindest hat sich einiges gebessert. Auf dem Hafenareal steht der Fischereigenossenschaft eine große Kühlhalle zur Verfügung, in welcher der Fang für den weiteren Transport vorbereitet wird, neben der Halle unterhält die Genossenschaft ein Lokal, in dem tagesfrischer Fisch auf den Teller kommt. Immer ein Erlebnis ist es die nachmittags zurückkehrenden Fischerboote beim Anlanden des Fangs zu beobachten.

Bewegung bringt das Einlaufen einer der großen Schnellfähren, die täglich mit Las Palmas de Gran Canaria verbinden, bereits in zwei Stunden ist man auf der Nachbarinsel. Täglich können ver-

Oben: Das Lokal der Fischerei-Genossenschaft im Hafen von Morro Jable
Unten: Fischerdenkmal an der Plaza de los Pescadores

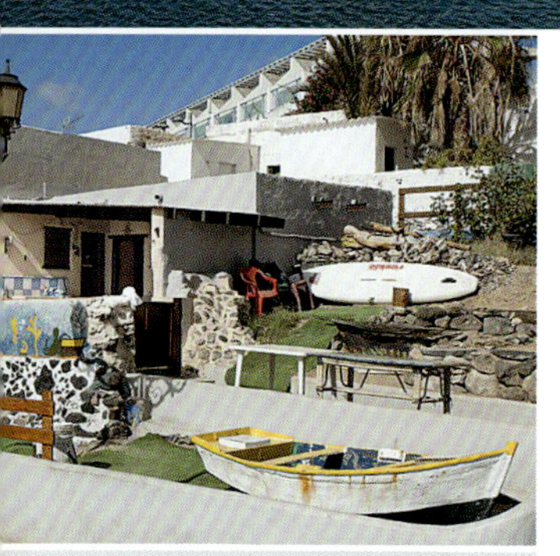

Oben: Morro Jable ist Fähr-, Fischer- und Jachthafen in einem. **Unten:** An manchen Ecken zeigt sich noch das ursprüngliche Fischerdorf.

schiedene Bootsausflüge unternommen werden, etwa mit dem modernen Unterwasser-Katamaran Subcat. Vor dem Tauchgang kann man vom Sonnendeck die Aussicht auf die schroff aufragenden Küstenberge des Jandíamassivs genießen, dann wird die Luke geschlossen und man taucht langsam bis in eine Tiefe von knapp 30 Meter ab. Mit etwas Glück zeigen sich vor den Bullaugen Rochen, Zackenbarsche und Schildkröten, immer präsent ist ein Taucher, der Fische anfüttert und mit einer Unterwasserkamera Fotoaufnahmen von den Passagieren macht, die dann für extra Geld erworben werden können. Manche Passagiere fragen sich allerdings zu Recht, ob sich für den Ausflug das ziemlich teure Ticket tatsächlich lohnt, für Kinder ist das ganze jedoch ein riesen Abenteuer.

Infos und Adressen

ÜBERNACHTEN

Casablanca. Die terrassenförmig sich an den Hang schmiegende Apartmentanlage überzeugt durch die tolle Aussicht – vor allem vom Penthouse aus. Avenida del Faro, Tel. 928 54 17 44, www.apartamentos-casablanca.com

ESSEN UND TRINKEN

Blue Marlin. Obschon sich die gemischte Fischplatte oder die in Salzkruste gebackene Dorade durchaus sehen lassen können, muss man in dem neuen Lokal nicht unbedingt Fisch essen. Fleisch kann man sich selbst auf dem heißen Stein am Tisch zubereiten, außerdem gibt es leckere Vorspeisen. Tgl. 12–23 Uhr, Avenida Tomás Grau s/n, Tel. 928 16 62 87.

La Laja. In dem Lokal am Ende der Promenade steht wie auch bei den Nachbarn Fisch an erster Stelle. Mo–So 12.30–17 und 19–22 Uhr außer Mi, Avenida Tomás Grau 1, Tel. 928 54 20 54.

La Strada. Das Lokal liegt in einer von der Promenade abgehenden kleinen Nebenstraße, außer Fisch gibt es auch diverse Pastagerichte. Historische Aufnahmen im Gastraum zeigen, wie es in Morro früher einmal aussah. Fr–Mi 18–22 Uhr, Calle de San Juan 14, Tel. 928 16 67 57.

Abtauchen mit dem Unterwasser-Katamaran

Morros beliebte Essmeile grenzt direkt ans Wasser.

AUSGEHEN

San Borodon II. Ausgehlokale dieser Art wünscht man sich noch mehr. In der stimmungsvollen Bodega werden zum Wein leckere Tapas gereicht, am Wochenende gibt es Gitarrenmusik und Gesang. Tgl. ab 20 Uhr, Plaza Cirilo López, Tel. 928 54 14 28.

AKTIVITÄTEN

Pedra Sartaña. Der historische Schoner (Baujahr 1940) läuft 2-mal tgl. zu einer »Piratentour« entlang der Küste aus. Tel. 670 74 51 91 (direkt bei Gaby), oder Buchungen über Hotelrezeption, www.excursiones-barco-fuerteventura.com

Subcat. Ab Hafen Morro Jable täglich mehrere Tauchgänge im Unterwasser-Katamaran, Avda. del Saladar, Local 36, Palmgarden, Jandía, Tel. 900 50 70 06, www.subcat-fuerteventura.com

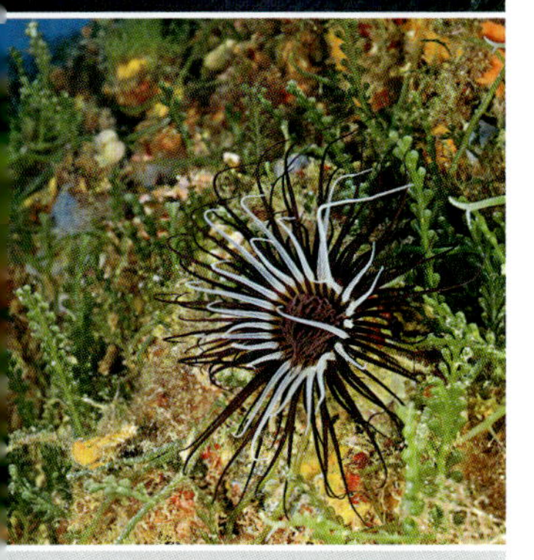

Mitte: Das klare Atlantikwasser garantiert Sichtweiten von bis zu 50 Metern.
Unten: Zylinderrose vor Jandía

40 Tauchen
Von Barrakuda bis Zackenbarsch

Mit absoluten Top-Destinationen des Tauchsports, etwa dem Roten Meer oder den Malediven, können die kanarischen Gewässer zwar nicht ganz mithalten, doch mit der vulkanisch geprägten Unterwasserwelt haben die Tauchgebiete vor den Inseln mit mehr als 500 Fischarten dennoch einiges zu bieten. Zu den Stars der Kanarenfauna gehören unter anderem Muränen, handzahme Zackenbarsche und Papageifische, viele Inselgäste kennen diese zumindest aus dem Fischlokal.

Klare, saubere Gewässer mit Sichtweiten von bis zu 50 Metern, das milde Klima und Wassertemperaturen, die selbst im Winter nicht unter 18 Grad fallen, machen Fuerteventura zu einem ganzjährigen Tauchziel. Kein Wunder, dass auf Fuerteventura der Tauchsport sehr verbreitet ist. Die Infrastruktur ist sehr gut ausgebaut, Tauchbasen gibt es in allen großen Ferienzentren, fast alle gehören zu einem Hotel oder Ferienclub, arbeiten jedoch auf eigene Rechung und stehen auch Nichthotelgästen offen.

Schnuppertauchen für Einsteiger

Fast jede Tauchschule ist auf Neulinge eingestellt und bietet für wenig Geld eine eintägige Einführung in den Tauchsport. Nach einer theoretischen Einweisung kann der erste Tauchversuch im Pool des Hotels unternommen werden. Für Anfänger ist die Halbinsel Jandía etwas besser geeignet als der Norden, da im Süden der Seegang in der Regel ruhiger ist. Ein leichtes Übungsgebiet gibt es beispielsweise am Hafen von Morro Jable, von dort ist per Boot auch schnell ein interessantes Anemonenfeld erreichbar. Ganz wichtig: Die Tauchtauglichkeit muss durch ein ärztliches Attest nachgewiesen werden. Das formlose Zertifikat kann von jedem Arzt ausgestellt werden, am besten besorgt man es sich schon zu Hause. Doch die Tauchschulen auf Fuerteventura wissen, wo man das Papier auch vor Ort ausgestellt bekommt (siehe Reiseinfos S. 277).

Zwei herausragende Tauchspots

Jede Tauchbasis schwört auf ihre eigenen Spots, doch zwei besondere Tauchplätze ziehen Taucher von der ganzen Insel an. Für die Tauchbasen im Süden liegt das große Muränenriff praktisch vor der Haustür. Es befindet sich an der Playa del Matorral nur 50 Meter vom Leuchtturm entfernt und hebt sich von anderen Tauchplätzen Fuerteventuras durch seinen großen Fischbestand ab. An dem Riff – es ist etwa 250 Meter lang und liegt 15 Meter unter der Wasseroberfläche – können mit hundertprozentiger Sicherheit Tigermuränen beobachtet werden, dazu gesellen sich andere Riffbewohner wie Trompetenfische, Rochen und Tintenfische, auch gibt es Blumentiere wie die Zylinderrose. Nur unweit vom großen Muränenriff entfernt liegt das kleine Muränenriff, eine etwa zehn Meter hohe Steilwand, die mit ihren Felsvorsprüngen und Spalten ebenfalls vielen Fischen Schutz bietet. Neben Muränen und bis zu anderthalb Meter langen Zackenbarschen sieht man auch Zitterrochen, Gespensterkrabben und Sand-Aale.

Im Norden ist die Meerenge zwischen Fuerteventura und Lobos das bevorzugte Tauchrevier. An dem Spot namens Calamareo ziehen harmlose Engelshaie und Adlerrochen ihre Kreise, in Höhlen

AUTORENTIPP!

DEEP BLUE DIVING

Die deutsch geführte Tauchschule mit Hauptsitz in Caleta de Fuste unterhält im Sporthotel Playitas Resort eine zweite Basis, an beiden Standorten werden Kurse für Einsteiger und Fortgeschrittene angeboten, Kinder ab acht Jahren können den Bubblemaker erwerben. Das für den Tauchsport generell erforderliche Tauchtauglichkeitszeugnis kann vor Ort von einem Arzt im Playitas Resort ausgestellt werden. Von Caleta de Fuste aus sind die sehr guten Tauchspots Las Salinas schnell erreichbar. In der zerklüfteten Unterwasserwelt leben Großfische wie Thunfische und Barrakudas, auch gibt es ausgedehnte Felder mit roten und schwarzen Korallen, in den Sandflächen vor dem Riff können Stachelrochen beobachtet werden.

Deep Blue Diving. Hotel Barceló Club El Castillo, Caleta de Fuste, Tel. 928 16 37 12; oder im Las Playitas Resort, Las Playitas, Tel. 653 51 26 38), www.deep-bluediving.com

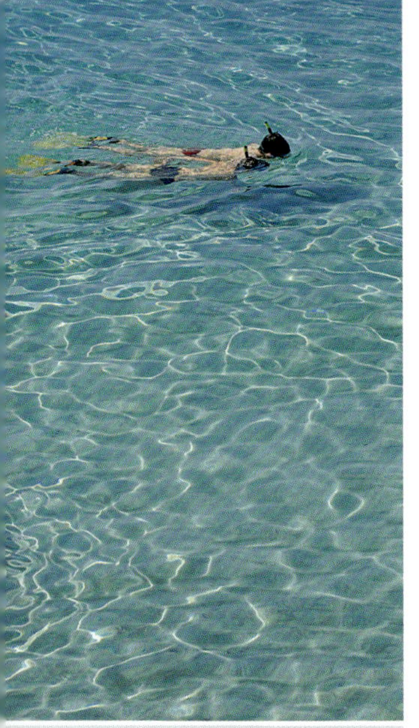

Oben: Nicht überall ist der Einstieg ins Wasser sandig
Unten: Auch ohne Blei und Flasche gibt es einiges zu entdecken.

leben Bärenkrebse, und Seeanemonen leuchten in allen Farben. Ein spektakuläres Erlebnis garantieren die drei aus dem Meeresboden ragenden erodierten Lavafelsen von Bajón del Río, an denen Streifenbrassen und Drückerfische zu Hause sind und man zusehen kann, wie Barrakudaschwärme und Bernsteinmakrelen auf Sardinenjagd gehen.

Schnorchelsafaris

Man muss natürlich nicht gleich mit Flasche und Blei abtauchen, auch der gute alte Schnorchel erfüllt seinen Zweck. Kurzentschlossene können eine ABC-Ausrüstung, also Schnorchel, Maske und Flossen, überall auf der Insel kaufen. Sofern man nur ein oder zwei Tage schnorcheln möchte, kommt ein organisierter Schnorchelausflug allerdings auch nicht viel teurer, zum Beispiel mit dem deutschsprachigen kleinen Team von Get Wet, das von Corralejo aus schon seit Jahren Schnorchel-Trips nach Lobos organisiert, Schnorchelausrüstung und Neoprenanzug werden gestellt. In dem Flachwasserrevier ist durch das klare Wasser immer der Meeresboden in Tuchfühlung, zu sehen gibt es etwa Seesterne, Seegurken und natürlich auch den einen oder anderen Fisch – auch Kinder haben an dem Ausflug großen Spaß.

Infos und Adressen

ÜBERNACHTEN

Ocean World. Die kleine Apartmentanlage wird vor allem von Tauchern gebucht, welche das relativ günstige Spezialangebot »Hotel & Dive« zu schätzen wissen, eine Tauchbasis befindet sich im Haus. Calle Flamenco, Jandía, Tel. 928 54 03 24, www.oceanworld-hotels.com

TAUCHBASEN

Acuaris Jandía. Die deutsche Tauchschule feierte jüngst ihr 25-jähriges Jubiläum, angeboten werden Schnuppertauchen, geführte Tauchgänge, Kurse für Kinder und Schnorchelsafaris. Sotavento Beach Club, Costa Calma, Tel. 928 87 60 69, www.acuarios-jandia.de

Centro de Buceo. Deutsche Tauchbasis im Club Robinson, in dem sich auch eine Dekompressionskammer befindet. Jandía, Tel. 928 16 95 38, www.tauchschule-fuerteventura.de

Dive Center Corralejo. Die bereits seit 1979 in Corralejo aktive spanische Basis gehört zu den wenigen Tauchschulen, die nicht an ein Hotel angeschlossen sind, Leiter Miguel Abella spricht gut deutsch. Calle Nuestra Señora del Pino 22, Corralejo, Tel. 928 53 59 06, www.divecenter corralejo.com

Auf Jandía gibt es viele Tauchbasen.

Punta Amanay Dive Center. Kursangebote vom Scuba Diver bis zum Open Water Diver. Corralejo, Dunas Club, Calle Pulpo, Tel. 928 53 53 57, www.fuerteventura-tauchen.de

SCHNORCHELSAFARI

Get Wet Snorkelling. Geführte etwa dreistündige Ausflüge nach Lobos, mit Hotelabholung. Calle Pulpo 2, Corralejo, Tel. 679 90 98 04, www.getwet-snorkelling-fuerteventura.com

Im kleinen Apartmenthaus Ocean World ist man ganz auf Taucher eingestellt.

Mitte: Wandern an den Playas de Sotavento
Unten: Die Flachwasserlagune an der Playa Barca

41 Playas de Sotavento
Jandías Traumstrände

Traumstrände kann man nicht verstecken, und schon gar nicht, wenn diese wie die Playas de Sotavento 20 Kilometer lang sind. So ist es nicht weiter erstaunlich, dass gerade hier sich der Badetourismus konzentriert, doch es gibt immer noch sehr, sehr viel Platz. Flach abfallende weiße Sandstrände mit glasklarem Wasser, lockere Strandbars und viel Sonne und eine frische Brise – was braucht es noch mehr?

»Ich verbrachte viel Zeit im Freien. Auf meinem Balkon. Mit Meerblick. Manchmal will das Meer nicht wissen, wo es aufhört und wo der Himmel beginnt«, so lässt Martin Walser seinen Protagonisten Hans Lach im *Tod eines Kritikers* über die Playas de Sotavento sinnieren, und die Zeilen hören sich fast so an, als ob Hans Lach just im selben Apartmenthotel in Esquinzo weilte wie der Schriftsteller selbst. Martin Walser schrieb an den Playas de Sotavento, als die dortigen Ferienorte die erste ungestüme Bauphase gerade hinter sich hatten. Seine Aufenthalte verliefen anscheinend so ruhig, dass er ungestört einen ganz großen Wurf auf das Papier bringen konnte – die bissige Persiflage auf den deutschen Literaturbetrieb schaffte sofort nach Erscheinen den Sprung auf Platz eins der Spiegel-Bestsellerliste.

Strandwandern

Das Strandrevier von Sotavento nimmt die ganze Südostküste der Halbinsel Jandía ein, von Costa Calma im Norden über Playa Barca und Playa de Esquinzo bis zur Playa de Butihondo, die dann in die Playa del Matorral übergeht und an der Felsenküste im Zentrum von Morro Jable endet. Strandläufer finden hier paradiesische Verhältnisse vor. Bis auf kurze felsige Passagen kann man praktisch die ganze Strecke barfuß gehen, stundenlang. Wenn man will, und für ein strenggläubiges katholisches Land wie Spanien nicht selbstverständlich, auch hüllenlos. Die Playas de Sotavento kennen über weite Abschnitte keine Kleiderordnung, sobald man die Liegestuhlzonen vor den großen Hotels und Ferienclubs hinter sich gelassen hat, macht praktisch jeder, was er will, mancherorts fallen jene Badegäste auf, die was anhaben.

Wattwandern an der Playa Barca

Sozusagen das Filetstück des Strandreviers ist die famose Playa Barca, die sich an die Strände von Costa Calma anschließt. Als einziges Hotel weit und breit thront seit 1978 das Meliá Gorriones über dem Strand. Aus architektonischer Sicht ist es mit seinen sieben Etagen nicht gerade ein Augenschmaus, doch die privilegierte Alleinlage macht es ausgesprochen populär, die Innenräume sind großzügig und lichtdurchflutet. Über neue Nachbarn braucht das Viersternehaus sich keine Sorgen zu machen, die Playa Barca ist mittlerweile als Teil des Naturparks Jandía ausgewiesen und so vor der weiteren Bebauung geschützt. Der Strand vor der Haustür wechselt sein Gesicht alle paar Stunden. Bei Flut bildet sich eine riesige Flachwasserlagune, die durch eine vier Kilometer lange vorgelagerte schmale Nehrung vom offenen Meer abgetrennt ist. Zieht sich das Wasser wieder zurück, läuft die Lagune leer und hinterlässt ein Watt, in dem man sich fast wie an der Nordsee fühlen kann. Am Rand des Watts hat sich eine beachtenswerte Flora mit verschiedenen salzliebenden Pflanzen angesiedelt. Und natürlich ist das

AUTORENTIPP!

BEACH BARS

Im Spanischen heißen sie *chiringuitos* und sie sind der Platz zum Abhängen schlechthin. An den Playas de Sotavento gibt es davon eine ganze Menge, für Strandläufer sind die Kioske oder manchmal nur einfach zusammengeschusterte Bretterbuden eine Art Boxenstopp, die alle zwei bis drei Kilometer angelaufen werden können. Ergänzend zum Plätschern der vor der Terrasse auslaufenden Wellen lässt man sich mit Hits von Lady Gaga bis Shakira berieseln, hält sich an einer kalten Flasche *cerveza sin alcohol* fest und schaut zu, dass der Kopf immer unterm Schattenrand des Sonnenschirms bleibt. An Kulinarischem gibt es alles, was einigermaßen schnell geht, obschon alle Gäste im Grunde massig Zeit haben und auch auf etwas Leckeres warten könnten, das nicht unbedingt aus der Mikrowelle kommt (siehe Infos und Adressen S. 217).

Watt auch ein gefundenes Fressen für Wasservögel, neben Silbermöwen können hier auch Seidenreiher und Steinwälzer bei der Futtersuche beobachtet werden.

Haushohe Riesendünen

Eine gute halbe Gehstunde südlich der Playa Barca machen zwei riesige Sanddünen auf sich aufmerksam, es sind die höchsten der Insel. Risco del Paso werden sie nach den Ausläufern eines nahe gelegenen Küstenberges genannt, mehr als 30 Meter hoch recken sie ihre Wellenkämme in den Himmel. Im besten Fotolicht zeigt sich das Risco früh morgens oder am späten Nachmittag kurz bevor die Sonne hinter den Bergen verschwindet. Nicht nur die Dünen profitieren von dem steten Wind, auch für Wind- und Kitesurfer fällt reichlich davon ab. Man muss übrigens nicht unbedingt zu Fuß zum Risco del Paso kommen, Autofahrer erreichen die Dünen bequem von der FV-2 aus über eine ausgeschilderte Stichstraße.

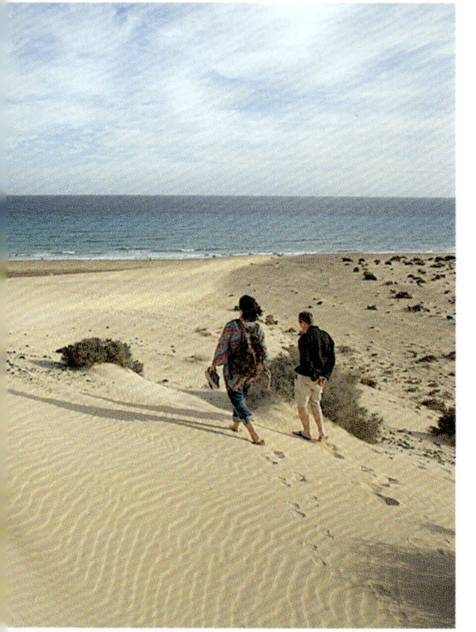

Oben: Strandburgen schützen vor Wind und neugierigen Blicken.
Unten: Die Düne am Risco del Gato erfindet sich täglich neu.

Infos und Adressen

ÜBERNACHTEN

Marina Playa. Das Haus wird bereits seit 30 Jahren von der Familie Duffner geführt, auf der tollen Café-Terrasse sinnierte der Schriftsteller Martin Walser über seinen zukünftigen Bestseller. Unter gleicher Leitung steht das benachbarte Monte Marina, das seit kurzem ein reines FKK-Hotel ist. Playa de Esquinzo, Calle Volcán de Vayuyo 8, Tel. 928 54 40 72, www.montemarinaplaya.com

Meliá Gorriones. Nicht nur Surfer schätzen an dem Viersternehotel die Alleinlage an der Lagune von Playa Barca, auch Watt- und Dünenwanderer kommen auf ihre Kosten. Tel. 928 54 70 25, www.melia.com

ESSEN UND TRINKEN

Beach Bar El Faro. Schattige Strandbar an der Playa del Matorral, ein paar Schritte neben dem Leuchtturm von Jandía.

Beach Bar Horizonte. Am nördlichen Strandabschnitt nahe vom Hotel Barlovento ist im Sommer mitunter auch nach Sonnenuntergang was los. Schöne Außenterrasse.

Beach Bar Palmita. Auf halben Weg zwischen Costa Calma und Playa Barca, schon seit Jahren sehr beliebt.

Mirador de Sotavento. Von der windgeschützten Terrasse des Panoramalokals hat man den ultimativen Überblick auf Costa Calma und das Strandrevier von Sotavento. Das Lokal nennt sich eine *Arrocería*, sprich, man hat sich auf Paella und Reisgerichte spezialisiert. Von der FV-2 zwischen Costa Calma und La Lajita zweigt bei km 60 eine mit einem Kamerasymbol markierte Zufahrt ab. Tgl. 13–23 Uhr, La Lajita, Tel. 928 94 96 95.

BLAUE FLAGGEN

Playa Costa Calma, Playa Butihondo und Playa del Matorral. An den Playas de Sotavento garantieren gleich drei Blaue Flaggen sauberes Wasser, die Präsenz von Rettungsschwimmern und Erste-Hilfe-Stationen.

Die Beachbars sind der ideale Platz um die Zeit durch die Finger rieseln zu lassen.

42 Naturpark Jandía
Auf das Dach von Fuerteventura

Der Naturpark auf der Halbinsel wird von einem kargen Höhenzug dominiert, dessen Gipfel nach Westen schroff zum Meer abfallen. Praktisch vor der Haustür der Ferienunterkünfte in Jandía und Morro Jable lassen sich lohnende Ausflüge in das von Barrancos zerfurchte gebirgige Hinterland unternehmen. Für Bergwanderer ein Muss ist die Besteigung des höchsten Inselgipfels – immerhin geht es dabei von Null auf 812 Meter!

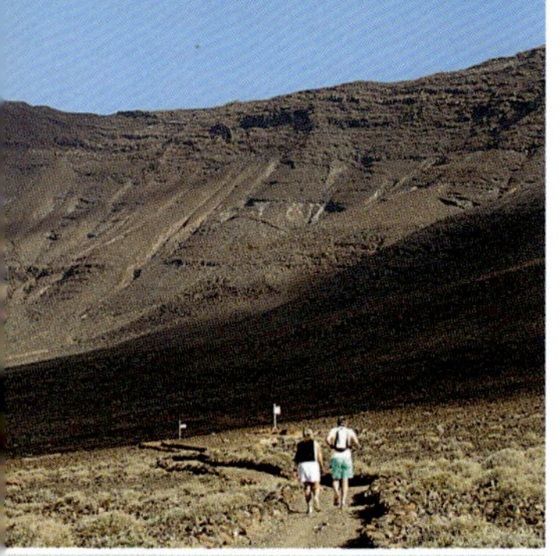

Mitte: Von Null auf 812 Meter – unser Autor brauchte für die Strecke auf Fuerteventuras höchsten Gipfel zweieinhalb Stunden, Trail Runner schaffen den Aufstieg in weniger als einer Stunde.
Unten: Wanderer im Gran Valle

Die erste Siedlung auf der Halbinsel Jandía entstand erst im vorletzten Jahrhundert, und nicht wie man meinen sollte an der heute viel frequentierten Südostseite, sondern vielmehr oberhalb von der meist windgepeitschten Playa de Cofete. Bis auf die touristisch genutzte Küstenzone zwischen den Ferienorten Costa Calma und Morro Jable steht seit 1987 praktisch die ganze Halbinsel unter strengem Schutz, mit einer Fläche von fast 150 Quadratkilometern ist es zugleich das größte Naturschutzgebiet auf Fuerteventura. Jenseits der Ferienorte ist das Gebiet nach wie vor menschenleer und größtenteils lediglich mit dem Jeep oder per pedes zugänglich. Landschaftlich herausragend sind neben der Halbwüste auf dem Istmo de La Pared und der zentralen Gebirgskette mit Höhen von bis zu 800 Metern die Strände Cofete und Barlovento an der völlig unverbauten Nordküste.

Fuerteventuras höchster Gipfel

Für routinierte Bergwanderer sind 812 Meter Höhe nicht gerade der Gipfel. Doch es kommt immer

Wanderung auf den Pico de la Zarza

Anfahrt: Sofern man mit dem Linienbus unterwegs ist, steigt man an der Haltestelle Faro de Jandía aus und geht auf der Uferstraße fünf Minuten bis zu dem großen Verkehrskreisel vor dem Ventura Shopping Center zurück. Autofahrer können bis kurz vor das Wasserwerk fahren und dort am Straßenrand parken.
Länge: Hin und zurück 15 km, es ist eine reine Gehzeit von insgesamt fünf Stunden einzuplanen.
Wegbeschaffenheit: Bis zur Tabla de Vinamar bequem ausgebauter breiter Weg, der Schlussanstieg auf teils steilem und felsigem Steig.
Ausrüstung: Es empfehlen sich gut eingelaufene Wanderstiefel und die Mitnahme einer Windjacke, da es auf dem Gipfel mitunter kühl und ziemlich windig bis stürmisch sein kann. Auch sollte an ausreichend Trinkwasser gedacht werden.
Beste Jahreszeit: Die Tour ist ganzjährig möglich, besonders reizvoll sind die Monate Januar bis März, wenn im Gipfelbereich der Goldstern blüht.

Ⓐ **Avenida del Saladar** – In Höhe des Ventura Shopping Center weist ein Wanderschild inseleinwärts.

Ⓑ **Hotel Barceló Jandía Playa** – Die Straße läuft an der Rezeption des Hotels vorbei und endet einige Minuten später vor einem Wasserwerk. Calle Sancho Panza, Urbanización Playa del Jable, Pájara, Tel. 928 546 000.

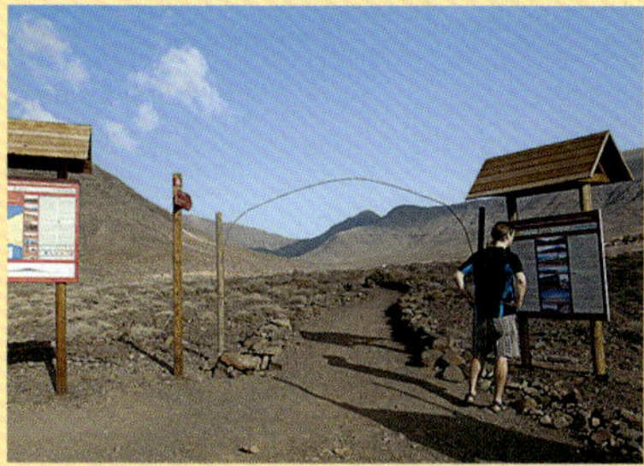

An etlichen Ausgangspunkten informieren Wandertafeln über die Route.

Ⓒ **Talahijas** – Von den beiden Hügelkuppen der Talahijas ergibt sich bereits ein tolles Panorama auf den Ferienort Jandía und den Leuchtturm an der Playa del Matorral.

Ⓓ **Tabla de Vinamar** – Auf bereits 630 m Höhe geht der bislang gut ausgebaute breite Weg in einen schmalen Pfad über.

Ⓔ **Pico de la Zarza** – Auf dem Dach von Fuerteventura: Von der Gipfelsäule öffnet sich eine grandiose Aussicht auf die zu Füßen liegenden Strände von Cofete und Barlovento. Vorsicht, der Fels bricht im Gipfelbereich ziemlich steil nach Nordwesten ab.

AUTORENTIPP!

ZUR WALLFAHRTSKAPELLE AM CARDÓN

Zwischen den beiden großen Naturparks von Jandía und Betancuria setzt der kantige Bergstock der Montaña Cardón (691 m) durch seine Alleinlage eine weithin sichtbare Landmarke. Vom Weiler El Cardón an der Ostflanke des Berges führt ein reizvoller Wanderweg in das als *Monumento Natural* ausgewiesene Schutzgebiet. Der Einstieg befindet an der Landstraße FV-618 zwei Kilometer nördlich von El Cardón, ein Schild in Richtung El Tanquito gibt die Richtung vor. Auf dem grün-weiß markierten Pfad wird nach einer knappen Stunde die Felsenkapelle Ermita Virgen del Tanquito erreicht, die jedes Jahr Ende Mai/Anfang Juni Ziel einer großen Wallfahrt mit viel Folklore ist. Doch auch ohne musikalische Begleitung lohnt der aussichtsreiche Weg, neben der Kapelle laden Bänke zum Picknicken ein.

darauf an, in welcher Höhenlage eine Tour begonnen wird. Wer auf den Pico de la Zarza will, muss fast bei Null anfangen, und das ist dann schon eine ganze Menge an Höhenmetern. Am imposantesten zeigt sich die gezackte Silhouette des Berges mit seinen fast gleichauf liegenden Nachbarn Pico de la Palma (746 m) zur Rechten und Pico de Mocán (801 m) zur Linken von der Playa de Cofete, doch von dort ist der Aufstieg nur versierten Kletterern vorbehalten. Fast spielend leicht dagegen gestaltet sich der markierte Wanderweg ab der Strandpromenade von Jandía. In Höhe des Ventura Shopping Center zweigt eine Straße inseleinwärts ab, die nach etwa 250 Metern links in eine Straße verlassen wird, die am Hotel Barceló Jandía Playa vorbei läuft und vor einem Wasserwerk endet. Kurz vor diesem beginnt eine Piste, der nun immer aufwärts gefolgt wird. Wenige Minuten später kommt man an den beiden Hügelkuppen der Talahijas vorbei. Mit zunehmender Höhe wird die trockene Küstenzone verlassen und sofern man im Frühjahr unterwegs ist überrascht eine vielfältige Flora am Wegrand. Nach der Tabla de Vinamar läuft der nun schmale Pfad durch einen großen Bestand des Seidenhaarigen Goldsterns (*Nauplius sericeus*), der auch als Kanarisches Sternauge bekannte Korbblütler war ursprünglich ausschließlich auf Fuerteventura zu Hause, ist mittlerweile jedoch auch im Mittelmeerraum anzutreffen und wird zunehmend als Zierpflanze gezüchtet, auf Fuerteventura ziert er so manche Grünzone. Der Goldstern ist der Grund dafür, dass die Gipfelzone des Pico de la Zarza eingezäunt und so vor Ziegenverbiss geschützt ist.

Am Ende der Insel

Von Morro Jable führt eine gut 20 Kilometer lange Erdstraße zum Leuchtturm an der Punta de Jandía. Die meist windige Ecke markiert die west-

Im Leuchtturm an der Punta Jandía widmet sich eine Dauerausstellung der Flora und Meeresfauna des Naturparks.

lichste Spitze von Fuerteventura. In dem 1864 in Betrieb genommenen Leuchtturm wurde jüngst ein Besucherzentrum des Naturparks eröffnet, in dem eine Dauerausstellung neben einigen Daten zum Leuchtturm vor allem über die geologischen und naturkundlichen Besonderheiten des Schutzgebietes informiert. Gleich am Eingang lohnt ein Blick auf das etwa sieben Meter lange Skelett eines vor der Küste gestrandeten Schnabelwals. In einem neuen Anbau wartet eine Cafeteria darauf eröffnet zu werden, doch auch schon jetzt kann man auf der windgeschützten Terrasse sitzen und zuschauen, wie sich die Wellen vor den Felsen brechen. Bei klarem Wetter zeigt sich im Westen die Silhouette von Gran Canaria, theoretisch kann man bis nach Amerika auf der anderen Seite des Atlantiks schauen.

Infos und Adressen

ESSEN UND TRINKEN.

Kurz vor dem Leuchtturm lockt ein kleiner Ort namens Puerto de la Cruz (auch El Puertito genannt) mit einigen Lokalen (S. 229).

Faro de Punta Jandía. Neue Cafeteria mit windgeschützter Terrasse, die allerdings noch auf die Eröffnung wartet. Von dort aus kann man theoretisch bis nach Amerika blicken, denn es liegt genau gegenüber auf der anderen Seite des Atlantiks.

EINKAUFEN

Ventura Shopping Center. Wer vor der Wanderung noch ein Picknick besorgen will, macht einen Abstecher ins Schlaraffenland Ventura. Die Einkaufszentren haben, normalerweise von 10–22 Uhr offen, Calle Sancho Panza, Urbanización Playa del Jable, Pájara.

INFORMATION

Centro de Interpretación de Parque Natural de Jandía. In dem Besucherzentrum werden auf Schautafeln Inselflora und Meeresfauna vorgestellt. Di–Sa 10–18 Uhr, Eintritt frei.

43 Cofete

Fuerteventuras offizieller Geheimtipp

Der Ausflug von Morro Jable nach Cofete gehört zu den letzten großen Abenteuern auf Fuerteventura, nicht nur weil am Ziel ein unglaubliches Landschaftserlebnis wartet, sondern weil die Fahrt an sich nicht ohne ist. In dem urigen Weiler glücklich angekommen darf man sich dann wie am letzten Außenposten der Zivilisation fühlen.

Die 20 Kilometer lange Anfahrt auf unbefestigten Pisten hat es in sich. Wer nicht auf eigene Faust los will, kann sich einer organisierten Tour anschließen. Zwar sind auch normale Pkw unterwegs, doch es empfiehlt sich ein Allradfahrzeug. Die ersten zwölf Kilometer sind noch relativ gut befahrbar, nach einem ausgeschilderten Abzweig beginnt dann eine ruppige Schlaglochpiste, die selbst Offroad-Freaks einiges abverlangt. Diese zieht zur 230 Meter hohen Degollada de Agua Oveja hinauf, von der sich die Aussicht auf das Strandparadies Cofetes öffnet.

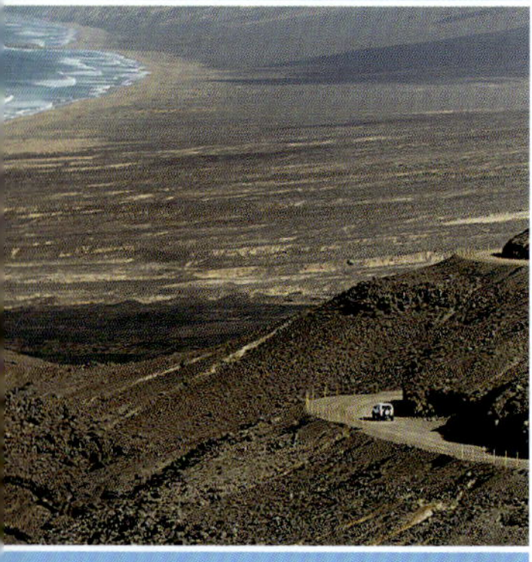

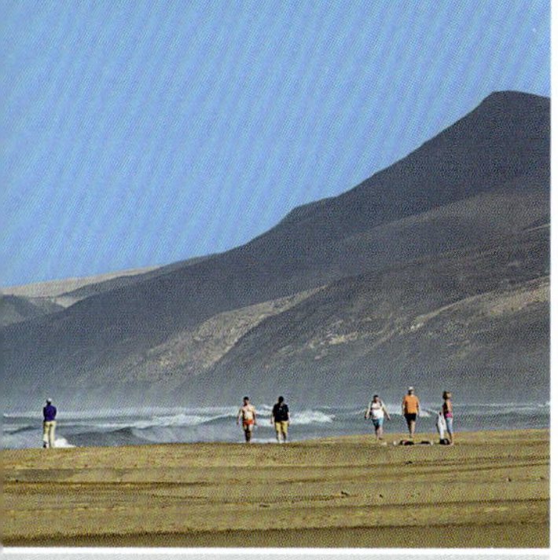

Mitte: Für die raue Piste nach Cofete empfiehlt sich ein Jeep.
Unten: Playa Cofete – kein Hotel und kein Asphalt

MAL EHRLICH

AUF EIGENES RISIKO

Wer mit dem Mietwagen das geteerte Straßennetz verlässt und sich auf unbefestigte Staubpisten begibt, und davon gibt es auf Fuerteventura eine ganze Menge, genießt keinen Versicherungsschutz. Manche viel besuchten Ausflugsziele, etwa Cofete, sind nur über teils wirklich ruppige Pisten erreichbar. Wer hier auf Nummer sicher gehen will, mietet sich für eine solche Tour ein Allradfahrzeug oder schließt sich einer organisierten Jeeptour an.

Ausflug nach Cofete

A Morro Jable – Oberhalb vom Hafen zweigt eine anfangs geteerte Straße zur Punta de Jandía ab, die nach 2 km zur Erdstraße wird.

B Gran Valle – Von einem Wanderparkplatz nach einem Wassertank können im Gran Valle Prachtexemplare der Jandía-Wolfsmilch bestaunt werden (Autorentipp S. 227, HL 44); wer zu Fuß nach Cofete will, wandert ab hier zum Cofete-Pass und steigt von dort nach Cofete ab (Autorentipp S. 224).

C Degollada de Agua Oveja – Nach 12 km die Staubpiste zur Punta de Jandía nach rechts verlassen, es geht auf einem ruppigen Fahrweg zu einer Passhöhe, von der sich eine tolle Aussicht auf die Strände Cofete und Barlovento öffnet.

D Cofete – In dem fast unbewohnten Weiler liegt die Bar Cofete sowie ein Hirtendenkmal.

E Villa Winter – Von Cofete führt eine Piste zur legendären Villa Winter hinauf (siehe Infos und Adressen S. 225).

F Playa de Cofete – An dem Strand bieten sich lange Wanderungen an, im Westen ist der steil aus dem Wasser ragende Roque del Moro ein lohnendes Ziel, im Osten die etwa eine Gehstunde entfernte Playa de Barlovento.

G El Islote – Eine Felseninsel markiert den Übergang von der Playa de Cofete in die Playa de Barlovento, die nach einer Gehstunde in Steilküste übergeht.

AUTORENTIPP!

DER PASSWEG NACH COFETE

Man muss nicht im Jeep nach Cofete, es gibt auch eine tolle, doch etwas lange Wanderung. Startpunkt ist die Erdstraße von Morro Jable zur Punta de Jandía, auf der nach dreieinhalb Kilometer eine Parkausbuchtung mit einer Wandertafel erreicht wird. Der gut ausgebaute alte Mulipfad zieht anfangs relativ bequem durch das Gran Valle zum aussichtsreichen, doch meist extrem windigen Pass von Cofete hinauf. Von dort sind nun beim etwas steilen Abstieg Weiler und Strand immer in Sicht. Ein Stopp in der Bar von Cofete ist Pflicht, und der Weg zum Strand hinab natürlich ebenfalls, auch wenn angesichts der gefährlichen Brandung an Schwimmen nicht zu denken ist. Je nach Gusto kann man von der Playa de Cofete noch weiter bis zur Playa de Barlovento, doch sollte man dabei auch an den langen Rückweg denken – hin und zurück sind mindestens fünf bis sechs Stunden einzuplanen.

Ein 350 m hoher Pass trennt die Süd- und Nordküste von Jandía.

Ein vergessenes Dorf

Cofete selbst wirkt ziemlich trostlos. Viele der Flachbauten sind nur provisorisch aus Natursteinen und Brettern zusammengeschustert. 1816 gegründet war der Ort vornehmlich von Hirten bewohnt, bis er 1960 aufgegeben wurde. Heute hält eine Bar Drinks und deftige kanarische Küche bereit, ein paar Schritte entfernt steht neben einem Kalkofen ein Denkmal für Hirte und Hund. Der Hit ist die sagenhafte Aussicht auf die schroff aufragenden Jandía-Berge, an deren Fuß sich mit der Playa de Cofete und der Playa de Barlovento Fuerteventura von seiner spektakulärsten Seite zeigt.

Traumstrände

Ein Besuch der Strände ist Pflicht. Von Cofete aus ist schnell die Playa de Cofete erreicht, an der sich krachend die Wellen brechen. Unmittelbar am Dünenstrand versteckt sich hinter einer Mauer der Friedhof von Cofete – nur hundert Meter vom Meer entfernt. Vom Wind in Schieflage gebrachte schlichte Holzkreuze sind teils vom Treibsand verschluckt, die Namen der Toten sind kaum lesbar. Vom Parkplatz beim Strand kann man zum Roque del Moro oder zur Felseninsel Islote wandern, hinter der die Playa de Barlovento beginnt.

Eine endlose Geschichte

Die Villa Winter mit ihrem charakteristischen Rundturm thront in Hanglage etwas oberhalb von Cofete und wurde 1947 von dem deutschen Ingenieur Gustav Winter (1892–1971) erbaut. Der gebürtige Schwarzwälder kam etliche Jahre vorher nach Fuerteventura, um wie es heißt am Aufbau einer Fischfabrik und eines Zementwerks mitzuhelfen. Doch was Winter vor und in der Zeit des Zweiten Weltkriegs machte, ist Spekulation.

Infos und Adressen

ESSEN UND TRINKEN

Bar Cofete. Der Treff von Ausflüglern, Jeeptouristen und Wanderern! Essen muss man hier nicht unbedingt, es sei denn, man ist auf deftige Hausmannskost eingestellt. Für Energie und kalte Getränke sorgt ein ratternder Dieselgenerator. Tgl. 11–17 Uhr; Tel. 928 17 42 43.

WANDERUNGEN

Time for Nature. Das deutschsprachige Team bietet u.a. eine geführte Wanderung nach Cofete und zur Villa Winter an, Tel. 928 87 25 45, www.timefornature.de

JEEPTOUR

Xtreme Car Rental. Im offenen Geländewagen geht es über teils staubige und ruppige Pisten nach Cofete und zur Villa Winter, zum Abschluss wird in einem Lokal in Puerto de la Cruz eingekehrt. Costa Calma, Calle LTU 2, Tel. 928 87 56 30, www.fuerteventura-aktiv.de

FIESTA

Romería de San Juan de Cofete. Am 24. Juni (Johannistag) bzw. dem darauf folgenden Wochenende wird eine Wallfahrt durch das Gran Valle nach Cofete abgehalten, zu der das abschließende Johannisfeuer (24 Uhr) gehört.

Der Friedhof von Cofete grenzt an den Strand.

LESETIPPS

Die Kette. Der 480 Seiten starke Polit-Thriller von Wolfgang Kaes spielt zum großen Teil auf Fuerteventura, im Mittelpunkt steht dabei die Villa Winter. Erschienen 2005 als rororo-Taschenbuch.

Fuerteventura. Der Roman des spanischen Bestseller-Autors Alberto Vazquez-Figuero greift ebenfalls die Geschichten um die Villa Winter auf. Nur in Spanisch und Englisch erhältlich, auch als Kindle E-Book.

INFORMATION

Villa Winter. Die private Webseite nimmt sich ausführlich dem Thema Gustav Winter an und versucht mit gesammelten Presseartikeln und einer Chronik der Ereignisse vor dem Hintergrund der NS-Ära Licht ins Dunkel zu bringen. www.villawinter.com

Hirtendenkmal in Cofete

44 Puerto de la Cruz

Ausflug in die südwestlichste Ecke von Jandía

Der Kontrast zur klotzigen Hotelarchitektur von Jandía oder Costa Calma könnte größer nicht sein. Und das macht den besonderen Reiz von dem im äußersten Zipfel der Halbinsel Jandía gelegenen Weilers aus, der lediglich durch eine ruppige Erdstraße an die Restwelt angeschlossen ist. El Puertito steht für ein Stück authentisches Fuerteventura, auch wenn es jeden Tag von manchmal hunderten von Ausflüglern bevölkert wird.

Oberhalb vom Hafen in Morro Jable beginnt eine mit Punta de Jandía ausgeschilderte Straße, die nach knapp zwei Kilometern in eine breite Erdstraße übergeht und die trotz der vielen Bodenwellen außer von Jeeps und Pick-ups auch von vielen normalen Pkw befahren wird. An den Casas de Joros gibt es ein paar aufgelassene Felder, auf denen in den 1950ern Tomaten reiften, angesichts der so gut wie wasserlosen und wüstenhaften Umgebung ein schon fast rührend anmutender Versuch. Oft kann hier eine kleine Herde zutraulicher Wildesel beobachtet werden, herrenlos streunen sie auf dem öden Küstenplateau umher. Sobald man anhält, kommen die Tiere in Erwartung von Essbarem dicht ans Fahrzeug. Nach 18 ruppigen Kilometern taucht schließlich ein moderner Windrotor auf, daneben eine auf Sand gebaute Siedlung und ein Stellplatz für Wohnwagen.

Mitte: Einfache Fischerkaten säumen die Gassen von Puerto de la Cruz.
Unten: Die Wildesel von Jandía sind ganz zutraulich.

El Puertito

Offiziell heißt das Fischernest Puerto de la Cruz, doch die Einheimischen nennen es verniedlicht El

Puertito (kleiner Hafen), denn als einen richtigen Ort kann man die zwei Häuserzeilen mit ihren einstöckigen kubischen Fischerkaten nicht wirklich bezeichnen. Der Hafen am östlichen Ortsrand ist nichts weiter als ein ein paar Meter ins Meer hinein gebauter Anleger, der selbst für einen »puertito« ziemlich klein ausfällt und in dem kaum mehr als zwei oder drei ebenso winzige Boote auf dem Wasser dümpeln. Auch den Dorfplatz würde man glatt übersehen, wüsste man nicht, dass dort ein Schatten spendender Indischer Lorbeerbaum steht. Eine aus einem Granitblock gehauene Skulptur eines Tintenfischfischers weist darauf hin, wovon man früher hier lebte. Zu Ehren der Tintenfischer wird meist jeweils in der ersten Septemberwoche die *Fiesta del Pulpito* (Tintenfischfest) gefeiert. Drei Lokale sorgen für ein Minimum an Infrastruktur, doch sonst gibt es nichts, selbst ein Tante-Emma-Laden fehlt. Der Windrotor sollte eigentlich dafür sorgen, dass den wenigen ständig hier lebenden Einwohnern nicht das Licht ausgeht. Es blieb bei einem Projekt, der Rotor ging nie ans Netz. Die meisten Hausbesitzer ziehen es ohnehin vor in Morro Jable zu leben. Dennoch ist tagsüber mitunter einiges los. Praktisch alle Ausflügler auf dem Weg zum Leuchtturm an der Punta de Jandía legen hier einen Stopp ein, am Wochenende bevölkern Einheimische und Gäste die Fischlokale.

Zum kleinen Leuchtturm

Von Puerto de la Cruz zieht es die die meisten Ausflügler zum Leuchtturm an der Punta de Jandía, in dem jüngst ein kleine Ausstellung über den Naturpark Jandía öffnete (siehe S. 221). Alternativ kann von dem Weiler auch dem wirklich schmalen Sträßchen nach Norden zur Punta Pesebre gefolgt werden. Von dem einstigen Teerbelag ist allerdings kaum noch was übriggeblieben, am besten lässt

AUTORENTIPP!

BOTANISIEREN IM GRAN VALLE
Seit eine kleine Parkausbuchtung und ein Wanderschild auf den alten Verbindungsweg durch das Gran Valle aufmerksam machen, ist der botanische Hot Spot leicht zu finden. Von Morro Jable fährt man nach dem Hafen einfach dreieinhalb Kilometer in Richtung Punta de Jandía. Gleich wenige Schritte abseits der Erdstraße stehen die ersten Exemplare der Jandía-Wolfsmilch (*Euphorbia handiensis*). Für Pflanzenkundler sind die kakteenartigen Gewächse eine kleine botanische Sensation, denn wild wachsen sie ansonsten nirgendwo anders auf der Welt. Nicht nur die Stacheln, auch der giftige Milchsaft schützen sie vor Ziegenverbiss, sodass die Hoffnung bleibt, dass der nur wenige hundert Exemplare zählende Bestand auch für die nächsten Generationen erhalten bleibt.

man das Fahrzeug in El Puertito stehen und geht zu Fuß. Links von der Straße öffnet sich bald die goldgelbe feinsandige Playa de Ojos, der Strand der Augen. Das steil abfallende Küstenplateau macht allerdings den Zugang schwierig, doch meist ist die See ohnehin zu aufgewühlt. Parallel zur Straße verläuft eine kaum noch als solche erkennbare Landebahn für Flugzeuge, die in den 1940er-Jahren gebaut wurde. Wer, wann, warum und ob überhaupt jemand dort landete, gehört zu den vielen ungelösten Inselgeschichten. An der Punta de Pesebre schließlich hält ein winziges Leuchtfeuer die Stellung, es soll einer der kleinsten Leuchttürme in ganz Europa sein, und viel niedriger als zwei Meter geht es ja nun wirklich nicht. Bei aller Begeisterung für das scherzhaft als das letzte WC-Häuschen der Insel bekannte Mini-Bauwerk sollte man nicht den grandiosen Ausblick auf die Playa de Cofete vergessen, über der sich die wild gezackte Gipfelkette des Jandíamassivs auftürmt.

Oben: Puerto de la Cruz vor der Kulisse der höchsten Inselgipfel
Unten: Warten auf den großen Fang.

Infos und Adressen

ESSEN UND TRINKEN

El Caletón. Tolle Terrasse über dem Wasser, der Fisch wird ohne viel Schnickschnack zubereitetet. Tgl. 11–21 Uhr, Playa de El Puertito, Tel. 928 17 41 46.

Punta Jandía. Zumindest was den Service angeht das bessere Lokal, doch leider hat die von ein paar Pflänzchen gerahmte Terrasse keinen Meerblick. Avenida del Puerto s/n, Tel. 928 17 44 90.

Tenderete. Das Lokal genießt Kultstatus, der Renner ist die *caldo de pescado* (Fischsuppe), die traditionell mit Gofio auf den Tisch kommt. Mo–Sa 13–16 und 18.30–24 Uhr, Tel. 928 54 87 88.

ÜBERNACHTEN

Casa Cari. Das Ferienhaus in Puerto de la Cruz ist westlich von Morro Jable die einzige Unterkunft, so weit ab vom Schuss und dazu ganz dicht am Wasser wird man anderenorts wohl kaum wohnen können. Unterhalb der Terrasse liegt ein winziger Strand, die größere Playa de Ojos ist zehn Gehminuten entfernt. Das Haus bietet zwei Schlafräume, Wohnzimmer und eine gut eingerichtete Küche. Einen Mietwagen sollte man unbedingt einplanen, zum nächsten Supermarkt sind es 20 km! Kontakt in Deutschland Tel. 030/313 67 11, www.casa-cari.com

WANDERUNGEN

Aguas Cabras. Von Puerto de la Cruz folgt man zunächst ein Stück der holprigen Straße zur Punta de Pesebre, biegt dann nach etwa einem Kilometer rechts in einen markierten Weg ab. Von Aguas Cabras an der Nordküste kommt man über einen Sattel wieder an die Südküste nach Las Salinas und von dort auf dem GR 131 nach Puerto de la Cruz zurück (Gehzeit drei Stunden).

Punta de Pesebre. Sofern man ab Puerto de la Cruz zu Fuß zum Leuchtfeuer geht, sollten hin und zurück gut zwei Stunden eingeplant werden. Bequeme Halbschuhe reichen aus.

Entspannte Atmosphäre auf der Terrasse des Fischlokals Punta Jandía

El Islote
Punta Pesebre
Cofete
45
Puerto de la Cruz
Ferienclubs auf Jandía
Punta de Jandía
Morro Jable

45 Ferienclubs

Alles inklusive unter Freunden

Warum es gerade auf Fuerteventura die meisten Ferienclubs auf den Kanarischen Inseln gibt, vermag heute niemand zu sagen. Wahrscheinlich, weil der Robinson Club mit seiner Pionieranlage in Jandía auf Anhieb Erfolg hatte und bald Nachahmer auf den Plan gerufen hat. Jedenfalls fühlen sich in den Clubs alle wohl, die noch ein bisschen mehr als Strand wollen. Und das Ganze gibt es zu mittlerweile bezahlbaren Preisen.

Mitte: Cluburlaub bietet reichlich Alternativen zu Pool und Strand.
Unten: Auch für Kids gibt es viele sportlichen Programme.

Beim Strandspaziergang an den Playas von Sotavento kann man die Clubgäste auf einen Blick outen. Auch wenn manche unter ihnen so gut wie gar nichts anhaben, das bunte Bändchen um das Handgelenk tragen sie immer. Ab und an schauen sie mal kurz auf eine Erfrischung an einer Beach Bar vorbei, doch ansonsten profitiert die lokale Gastronomie nur wenig von ihnen. Cluburlauber sind innerhalb der Ferienanlage in der Regel mit allem versorgt, was man so braucht. Nur Übernachtung mit Frühstück buchen geht nicht, will auch niemand. Man hat bewusst Alles inklusive gewählt, weil man zumindest zwei oder drei Wochen im Jahr mal ohne Brieftasche herumlaufen möchte, oder, weil die Kosten des Urlaubs im Club total kalkulierbar sind, denn Nebenkosten fallen kaum an.

Sich wie Robinson fühlen

Als 1970 am Südufer der Halbinsel Jandía der erste Robinson Club überhaupt eröffnete, war das nicht nur für Fuerteventura etwas ganz Neues. Zwar gab es schon in etlichen anderen Ländern den Club Med, doch dort sprach man französisch oder englisch. Bei Robinson konnten sich die Deutschen erstmals in ihrer Muttersprache verständlich machen. Auch reizte viele die damals abgeschiedene Lage. Die Clubanlage war nur über eine fast dreistündige Fahrt auf einer Staubpiste erreichbar, im Umfeld gab es keine nennenswerte Infrastruktur. Sobald man den Strandabschnitt vor dem Clubhotel verließ, hatte man die kilometerlange Playa de Matorral für sich alleine und konnte einem fast ungestörten Robinsonleben nachgehen. Der Club lief so gut, dass die TUI bald im nur wenige Kilometer entfernte Esquinzo eine zweite Anlage eröffnete, auch der damals noch zu Neckermann gehörende Club Aldiana sicherte sich schnell ein exponiert über dem Strand von Matorral gelegenes Gelände – heute kann man auf der Insel Clubferien in rund 80 großen Resorts buchen.

Alles unter einem Dach

Egal ob Single oder Familie mit Kind, Student oder Pensionär, Clubs versuchen sich auf alle Gäste einzustellen. Man fühlt sich in eine große Familie aufgenommen und duzt von Beginn an wildfremde Menschen. Vor allem sportlich und kreativ orientierte Gäste können unter einem riesigen Angebot an Freizeitmöglichkeiten wählen. So kann man im Club Magic Life in Esquinzo das Bogenschießen erlernen, bei Aldiana (siehe S. 203) sich im Stehpaddeln versuchen oder an einem Tennisturnier teilnehmen, im Sotavento Beach Club einen Schnupperkurs in der hauseigenen Tauchschule buchen, bei Robinson einen Bauch-Beine-Po-Kurs belegen oder sich eine Ayurveda-Massage gönnen. Und die Kids haben im professionell betreuten Mini-Club ihre eigene Welt, sodass die Eltern auch mal etwas mehr Zeit für sich haben.

Infos und Adressen

ÜBERNACHTEN / ESSEN UND TRINKEN

Robinson Club Jandía Playa. Der Methusalem unter Fuerteventuras Clubadressen hat zwar seine Alleinlage an der Playa Matorral schon längst eingebüßt, gehört jedoch nach wie vor zu den am besten geführten und von daher beliebtesten Anlagen. Mit direktem Strandzugang. Playa del Matorral, Tel. 0511/56 78 01 04, www.robinson.com

Robinson Club Esquinzo Playa. Das zweite Robinson-Resort hinkt standardmäßig etwas hinter seinem Pendant in Jandía her. Die familienorientierte Anlage liegt auf der 40 m hohen Steilküste, Treppenwege führen zu dem sehr schönen Strand hinab. Playa de Esquinzo, Tel. 0511/56 78 01 04, www.robinson.com

Sotavento Beach Club. Ebenfalls deutsch geführte sehr auf Familien ausgerichtete Anlage, in der auch Halbpension möglich ist; mit Kinderbetreuung bereits ab sechs Monaten. Costa Calma, Tel. 928 54 70 60, www.sotaventobeachclub.com

YAMAHA
LEONOR

AUSFLÜGE

46 Lanzarote – Nationalpark Timanfaya

Ins vulkanische Zentrum der Feuerinsel

Vor ihrer Landung auf dem Mond diente den amerikanischen Astronauten um Neil Armstrong Lanzarote als beispielhaftes Anschauungsmodell. Das sagt eigentlich schon fast alles über den Charakter von Fuerteventuras kleinerer Nachbarinsel aus, auf der nach den verheerenden Eruptionsserien im 18. und 19. Jahrhundert die vulkanische Kraft noch hautnah spürbar ist. Auch sonst ist auf dem schmuck hergerichteten Nachbarn so manches anders.

»Am 1. September 1730, zwischen neun und zehn in der Nacht, brach plötzlich die Erde auf, zwei Stunden von Yaiza bei Timanfaya. Schon in der ersten Nacht hatte sich ein beträchtlich hoher Berg gebildet. Wenige Tage später öffnete sich ein neuer Schlund, wahrscheinlich am Fuße des neu gebildeten Eruptionskegels, und eine wütende Lava stürzte sich hervor auf Timanfaya, auf Rodeo und auf einen Teil der Mancha Blanca, anfangs schnell wie Wasser, dann schwer wie Honig.« Der von Lorenzo Curbeto, dem damaligen Pfarrer von Yaiza minutiös in seinem Tagebuch aufgezeichnete Vulkanausbruch sollte nur der Anfang einer sechs Jahre andauernden Eruptionsserie sein, die zehn Dörfer unter einem nicht enden wollenden Ascheregen begrub und fast ein Drittel der Inselfläche in eine ausgebrannte Mondlandschaft verwandelte. Menschen kamen dabei nicht zu schaden, doch wer konnte, kehrte der Insel den Rücken zu und floh nach Gran Canaria oder eine der anderen Nachbarinseln. Heute ist die seit 1974 als Nationalpark ausgewiesene Region mit jährlich

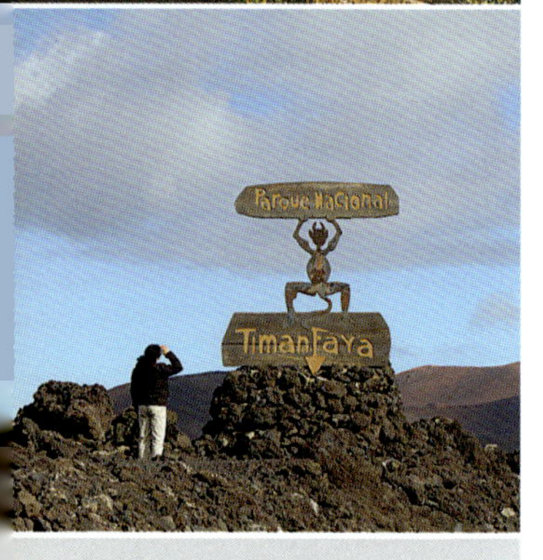

Vorangehende Doppelseite: Puerto de Mogán an der Südwestküste von Gran Canaria
Mitte: Yaiza gehört zu den stimmungsvollsten Orten auf Lanzarote.
Unten: Der von César Manrique entworfene Feuerteufel ist das Maskottchen des Nationalparks

mehr als einer Million Besuchern eine der größten Touristenattraktionen Spaniens.

Tor zum Nationalpark

Vom Fährhafen Playa Blanca kommend ist Yaiza der südliche Zugang ins Nationalparkgebiet. Bevor man sich in das Schutzgebiet aufmacht, ist der hübsche Gemeindeort, von dem auch die Ferienstadt Playa Blanca verwaltet wird, eine kurze Besichtigung wert. Die weißen Häuser rund um die Pfarrkirche zeigen sich alle im typisch verspielten Lanzarote-Stil, hohe Palmen geben dem Ort einen oasenartigen Anstrich und im Winter blühen am Straßenrand die Aloen. Das stilvolle Straßencafé am nördlichen Ortsausgang oder das Restaurant La Era sollte man sich schon mal für den Rückweg vormerken.

Dromedarsafari

Wer bereits zwischen acht und neun Uhr morgens unterwegs ist, kann die lange Dromedarkarawane zu ihrem Arbeitsplatz, dem Echadero de Camellos, wandern sehen. Spätestens ab zehn Uhr steigen dort ganze Busladungen auf den Rücken der Wüstenschiffe, um eine kurzweilige halbe Stunde durch die Vulkanlandschaft zu schaukeln, für Kinder dürfte das bestimmt ein bleibendes Urlaubserlebnis werden.

Vulkanische Hitze

Auf halben Weg zwischen Yaiza und Mancha Blanca wird das Kassenhäuschen des Nationalparks erreicht, spätestens um die Mittagszeit muss man sich dort meist in eine längere Warteschlange einreihen. Die Stichstraße endet am Großparkplatz Islote de Hilario, einer von der Lava ausgesparten »Insel«, auf der früher ein Einsiedler

AUTORENTIPP!

WANDERN MIT DEM RANGER
Wanderer haben es im Nationalpark Timanfaya nicht leicht: um das Ökosystem zu schützen, sind praktisch alle Wege gesperrt. Doch keine Regel ohne Ausnahme. Auf eigene Faust kann auf der *Ruta del Litoral* zur Playa del Cochino gewandert werden, wahlweise von der Playa de la Madera im Norden oder von den Casas de Juan Perdomo im Süden. Noch interessanter ist die *Ruta de Termesana* im südlichen Teil des Schutzgebietes. Diese darf allerdings nur in Begleitung von einem Ranger unternommen werden, von dem man fachkundig mit den geologischen Phänomenen am Wegrand vertraut gemacht wird. Die Führungen sind kostenlos und angesichts der begrenzten Teilnehmerzahl meist auf Wochen ausgebucht – man sollte bereits vier bis sechs Wochen vor dem gewünschten Termin buchen!

Centro de Visitantes de Mancha Blanca. Tinajo, Tel. 928 11 80 42, www.reservasparquesnacionales.es

AUTORENTIPP!

HALBKRATER EL GOLFO

Der aus losem Tuffgestein aufgeworfene Krater westlich von Yaiza gehört zu den großen Naturwundern der Vulkaninsel. Eigentlich handelt es sich dabei nur um einen Halbkrater, denn der westliche Teil wurde im Lauf der letzten Jahrtausende vom Meer abgetragen. Den ehemaligen Kratergrund nimmt eine sichelförmige Lagune ein, das besondere daran ist ihr smaragdgrünes Wasser, das effektvoll mit dem tintenblau des Atlantiks und der ockerfarbenen Kraterwand korrespondiert. Der Zugang erfolgt von dem Parkplatz kurz vor dem Ortseingang des Dorfes El Golfo, von dem auf einem gut ausgebauten Weg in wenigen Minuten die Lagune erreicht wird. Nach der Besichtigung sollte man es sich nicht nehmen lassen im Dorf in einem der vielen Fischlokale einzukehren; legendär ist das Bogavante mit immer frischem Fisch. Und der Strand liegt direkt vor dem Lokal.

namens Hilario gewohnt haben soll und von der nun Rundfahrtbusse durch den Park abfahren. Zuvor wird für genug Zeitvertreib gesorgt, das Parkpersonal ist ständig damit zugange trockene Ginsterbüschel in Erdspalten zu werfen, die durch die unmittelbar unter der Oberfläche schlummernde Erdhitze sofort Feuer fangen. Hinein geschüttetes Wasser schießt in Sekundenschnelle als zischende Dampffontäne in den Himmel. Auch ein Blick in das von César Manrique entworfene Restaurant El Diablo (der Teufel) lohnt, gleich im Eingangsbereich werden Fisch und Steaks auf einem Vulkangrill gegart. Selbst fast 300 Jahre nach den Vulkanausbrüchen beträgt die Temperatur in etwa 13 Meter tiefe immer noch rund 150 Grad. Gut, dass man das rundum panoramaverglaste Lokal ausschließlich aus feuerfesten Baustoffen errichtet hat.

Ruta de los Volcánes

Am Islote de Hilario ist für den individuellen Verkehr Endstation, auch zu Fuß ist es nicht gestattet durch die bizarre Landschaft zu wandern. Bleibt also nur die geführte Bustour, doch die hat es in sich. Der Fahrpreis ist bereits mit dem Eintrittspreis in den Park abgegolten, praktisch alle Parkbesucher wollen von daher mit, auch hier kann es je nach Saison und Tageszeit zu Wartezeiten kommen. Der Bus zuckelt von Richard Strauss' sinfonischer Dichtung *Also sprach Zarathustra* begleitet mitunter im Schritttempo auf einem 14 Kilometer langen Sträßchen durch eine urweltliche Mondlandschaft, wie sie bizarrer nicht sein könnte. Am Weg liegen aufgerissene Krater und scharfkantige Lavaschollen, gleich am Anfang der Tour steht der sogenannte Manto de la Virgen (Umhang der Jungfrau Maria), eine durch vulkanische Gase emporgewölbte Schlotöffnung, die allerdings nur mit viel Fantasie einem Umhang ähnelt. Auf der Fahrt wird auch deutlich, warum die Region Montañas del Fuego (Feuerberge) heißt – die Farbpalette reicht von anthrazit über ocker bis hin zu einem morgens und abends intensiv leuchtendem Rot. Zu den unvergesslichen Eindrücken gehört die Aussicht auf das Valle de la Tranquilidad (Tal der Ruhe), einem von vulkanischem Ascheregen ausgefüllten Tal. Eine spektakuläre Gesamtschau auf die von rund 30 Vulkankegeln geprägte Region erlaubt die 374 Meter hohe Montaña Rajada. Nur schade, dass der Bus während der fast einstündigen Rundfahrt nicht verlassen werden kann, fotografieren ist nur durch die Fensterscheibe möglich.

Caldera Blanca

Im Nordosten des Nationalparks Timanfaya schließt sich der weniger streng reglementierte Parque Natural de los Volcanes an. Auf teils ausgeschilderten Wanderwegen können dort Touren auf eigene Faust unternommen werden. Kommt man von Yaiza, zweigt anderthalb Kilometer nach dem Besucherzentrum Mancha Blanca links eine als Wanderweg ausgewiesene Piste ab, auf der man nach einem weiteren Kilometer an einem Wendekreis parken kann. Von dort führt ein Schlackenpfad zum Fuß der Montañeta Caldereta, die praktischerweise einen schmalen Durchlass

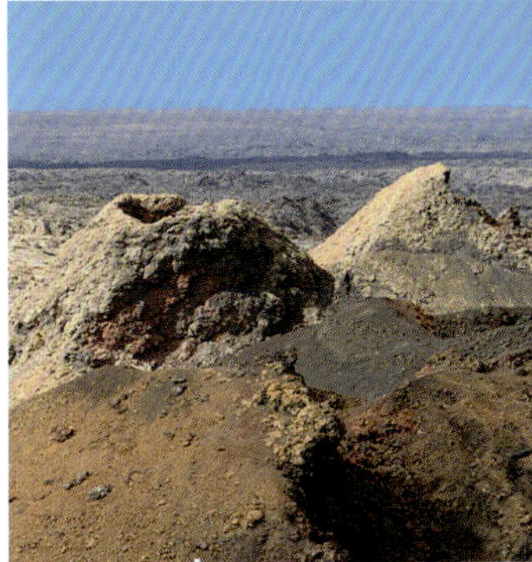

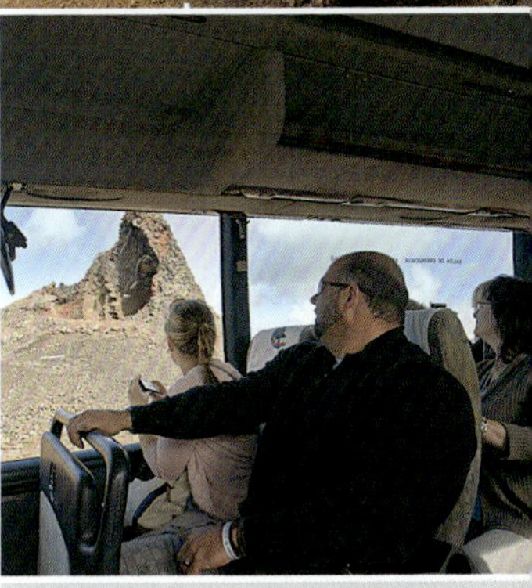

Oben: Alle paar Minuten wird demonstriert, dass es unter der Erdoberfläche noch ziemlich heiß ist.
Mitte: Der Nationalpark gleicht in weiten Teilen einer ausgebrannten Mondlandschaft.
Unten: Mit dem Bus auf der Ruta de los Volcanes.

Oben: Steaks und Hähnchenkeulen vom Vulkangrill
Unten: Strahlend weiß getüncht – die Ermita de los Dolores im Weiler Mancha Blanca

hat, durch den man zum Kratergrund kommt, Flechten und anspruchslose Wolfsmilchgewächse sind hier die ersten Vorboten von pflanzlichem Leben. Doch die eigentliche Attraktion der kurzweiligen Tour kommt noch: nach einem kurzen steilen Anstieg steht man auf dem Rand der Caldera Blanca und schaut in den wie eine überdimensionale Suppenschüssel geformten Kraterkessels hinab. Trittsichere Wanderer können auf dem relativ breiten Kraterrand den Kessel umrunden, damit das ganze nicht zu einem Tanz auf dem Vulkan ausartet, sollte es allerdings nicht allzu windig sein.

Ermita de los Dolores

Der Weiler Mancha Blanca macht durch seine freistehende und verhältnismäßig große Ermita Virgen de los Dolores auf sich aufmerksam. Die strahlend weiß getünchte Kapelle blickt auf eine wundersame Geschichte. Eine Legende erzählt, dass die Schmerzensmadonna 1736 ihre Hand ausgestreckt haben soll und so den vom Epizentrum Timanfaya heranrollenden Lavastrom unmittelbar vor dem Dorf stoppen konnte. Aus Dank dafür gelobten die Dorfeinwohner für die Schutzheilige eine Kapelle zu bauen, bis es soweit war sollten allerdings noch fast 50 Jahre vergehen.

Infos und Adressen

SEHENSWÜRDIGKEITEN

Parque Nacional de Timanfaya. Im Nationalpark ist der private Verkehr strikt reguliert, vom Großparkplatz am Besucherzentrum werden halbstündlich Bustouren (Ruta de los Volcánes) angeboten; tgl. 9–17.45 Uhr, im Sommer bis 18.45 Uhr, letzte Bustour um 17 bzw. 18 Uhr.

ESSEN UND TRINKEN

La Era. Nach langer Schließung strahlt der jüngst wieder eröffnete Landgasthof in neuem Glanz. In dem 300 Jahre alten ehemaligen Bauernhof gibt es stilvoll eingerichtete Gaststuben, aus der Küche kommt eine verfeinerte kanarische Landküche. Tgl. Mo–So 12–23 Uhr außer Mi, Calle Barranco 3, Yaiza, Tel. 928 83 00 16, www.laera.com

AKTIVITÄTEN

Echadero de Camellos. Der Startplatz für die Dromedarsafari liegt an der Landstraße (LZ-67) zwischen Yaiza und Mancha Blanca; tgl. 9–15 Uhr.

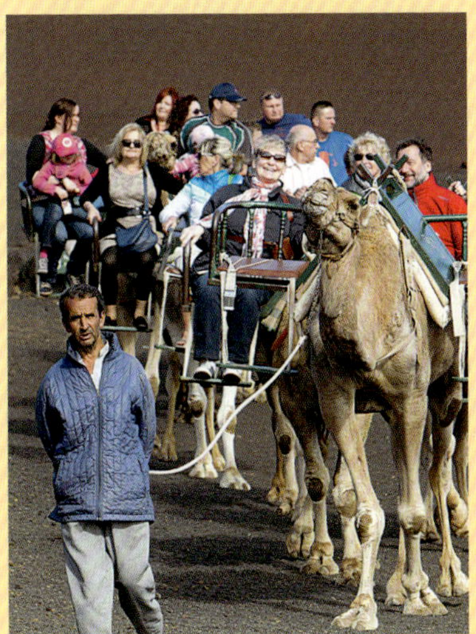

Die Dromedarkarawanen können sich über mangelnden Zulauf nicht beschweren.

Hier kocht die Erde.

UNTERWEGS VOR ORT

Bus und Taxi. Linienbusse fahren den Nationalpark nicht an, am Hafen Playa Blanca gibt es einen Taxistand.

Fähren. Von Corralejo setzen alle ein bis zwei Stunden Autofähren nach Playa Blanca an der Südküste von Lanzarote über. Die Überfahrt dauert lediglich 25 bis 35 Minuten, die Tour in den Nationalpark ist damit gut als Tagesausflug machbar. Líneas Fred Olsen, www.fredolsen.es; Naviera Armas, www.navieraarmas.com

Mietwagen. Sofern man mit einem bereits in Fuerteventura gemieteten Wagen nach Lanzarote übersetzen möchte, sollte man sich vorher versichern, ob die Mitnahme möglich ist – bei den meisten Verleihern ist dies ausgeschlossen. Eine Ausnahme macht die Firma Cicar, sie unterhält Mietstationen auf allen sieben Kanarischen Inseln, auf Fuerteventura in allen größeren Ferienorten, Tel. 902 24 44 44, www.cicar.com

47 Lanzarote – Auf den Spuren von Manrique

Symbiose zwischen Kunst und Natur

Mit seinem künstlerischen Schaffen drückte César Manrique wie kein zweiter Fuerteventuras Nachbarinsel seinen unverkennbaren Stempel auf. Seine Hauptwerke, etwa die phänomenalen Lavagrotten Jameos del Agua oder das Panoramalokal Mirador del Río begeistern alljährlich ein Millionenpublikum. Und die beiden als Museum zugänglichen Wohnhäuser zeigen, wie der Mann sich privat eingerichtet hatte – in jeder Beziehung außergewöhnlich.

César Manrique (1919–1992) war auf dem Weg zum Weltstar, als er nach einem längeren Auslandsaufenthalt 1966 auf seine Heimatinsel zurückkehrte. Auftritte auf der Biennale in Venedig und Ausstellungen in New York hatten ihn bereits international bekannt gemacht. Er engagierte sich zunächst im Umweltschutz und machte sich dafür stark den traditionellen Baustil auf Lanzarote zu pflegen. Hochhäuser waren Manrique ein Graus, am liebsten sollte ein Haus nicht höher als eine Palme und die Fenster- und Türrahmen im traditionellen Grün gestrichen sein. Er war nicht nur Maler und Bildhauer, sondern zugleich Architekt, Gartenbauingenieur und Landschaftsplaner, und genauso vielfältig ist sein Geschenk an die Insel ausgefallen. Auch mehr als 20 Jahre nach dem Tod von César Manrique ist sein Lebenswerk auf Lanzarote allgegenwärtig. Kaum ein anderer Künstler orientierte sein Schaffen so eng an die Natur und das vulkanische Erbe der Feuerinsel.

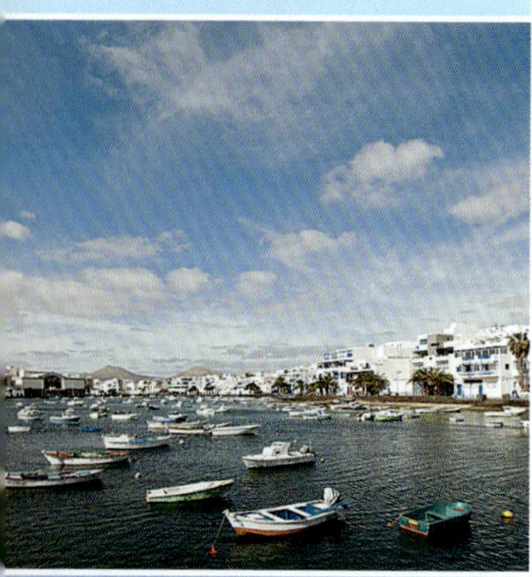

Mitte: Dümpelnde Fischerboote im alten Hafen von Arrecife
Unten: Das Monumento al Campesino widmete Manrique den Bauern.

Ein Monument für die Bauern

Ein guter Einstieg in Manriques Welt ist das Monumento al Campesino. Genau an einer großen Verkehrskreuzung im geografischen Zentrum der Insel türmte der Künstler aus ausgedienten Wasserkanistern ein 15 Meter hohes Denkmal auf, das er den einfachen Bauern und Fischern der Insel widmete. Neben dem abstrakten Monument gibt es einen idealtypischen Bauernhof, an den sich ein ethnografisches Museum anschließt.

In seiner Heimatstadt Arrecife gestaltete Manrique den ehemaligen Fischerhafen El Charco zu einem heimeligen Viertel um, das nur wenige Schritte von der umtriebigen Hauptstraße durch seine beschauliche Ruhe gefangen nimmt. Auch dem Castillo San José (1779) über dem heutigen Containerhafen gab er eine neue Bestimmung, in dem er in den historischen Gemäuern eine Plattform für zeitgenössische Kunst einrichtete, in der Sammlung werden auch einige seiner abstrakten Gemälde gezeigt. Nach dem Kunstgenuss kann in einem Anbau gehobene Küche in eleganter Atmosphäre probiert werden.

Manriques Kaktusgarten

Der Nordteil der Insel kann mit einer Handvoll von Manriques Arbeiten aufwarten. In Guatiza machte er aus einer Baugrube einen wunderbaren Kaktusgarten, über dem er eine Windmühle, wie man sie auch von Fuerteventura kennt, geschickt in das Ensemble integrierte. Kakteenfreunde können in dem wie ein Amphitheater angeordneten Garten etwa 1400 Arten aus aller Welt bestaunen, angefangen von der heimischen Kandelaberwolfsmilch bis hin zu haushohen mexikanischen Säulenkakteen. Auch das originell gestaltete stille Örtchen trägt die Handschrift des Künstlers.

AUTORENTIPP!

SCHÖNER WOHNEN IN DER LAVA

Ein Rundgang durch das Privathaus des Künstlers Manrique macht sofort klar: Der Mann verstand es sich einzurichten. Die äußere Hülle lässt bis auf den ungewöhnlichen Standort inmitten eines Lavafeldes zunächst auf nichts Ungewöhnliche schließen. Doch die im Souterrain extravagant gestalteten Lavablasen sind eine Wucht; aus einer davon wächst ein Feigenbaum, in einer anderen gibt es einen kleinen Pool. Noch zu Manriques Lebzeiten wurde das Haus an eine Stiftung übertragen und öffentlich gemacht. Manrique starb am 25. September 1992 an der Kreuzung keine 250 Meter von der Stiftung entfernt an den Folgen eines Autounfalls. Er hatte ein Stoppschild überfahren. Inmitten der später zu einem Kreisverkehr umgebauten Kreuzung steht eines seiner typischen Windspiele.

Fundación César Manrique.
Juli–Okt. tgl. 10–19 Uhr, Nov.–Juni Mo–Sa 10–18 Uhr, So 10–15 Uhr, Tahiche, Tel. 928 84 31 38, www.fcmanrique.org

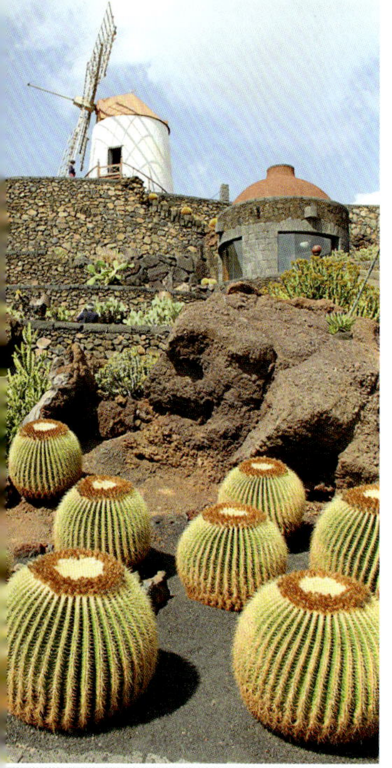

Oben: Ein kleiner Pool mitten in der Lava von Jameos del Agua
Unten: Eine restaurierte Windmühle wacht über Manriques Kaktusgarten.

Begehbare Lavagrotten

Bis in die 1960er-Jahre wurden die teils eingestürzten vulkanischen Röhren von Jameos del Agua mehr oder weniger als Schuttabladeplatz benutzt, bis Manrique mit seinem sicheren Gespür für ungewöhnliche Orte der damaligen Inselverwaltung vorschlug eine Touristenattraktion daraus zu machen. Mit einem in die Lavalandschaft eingepassten karibisch anmutenden Pool, verschiedenen Bars und einem für seine außergewöhnliche Akustik viel gerühmten Konzertsaal schuf er ein kleines Gesamtkunstwerk. Schon immer da waren die Albinokrebse in einer zugehörigen unterirdischen Lagune. Um die ausschließlich auf Lanzarote vorkommenden winzigen Tierchen zu entdecken, muss man sich ganz dicht zur Wasseroberfläche hinabbeugen.

Nur wenige hundert Meter von Jameos del Agua entfernt gibt es mit der Cueva de los Verdes einen zweiten Höhlenkomplex. Historiker berichten, dass in dem mehrstöckigen Höhlenlabyrinth sich die Einheimischen früher vor Piraten in Sicherheit brachten. Auf einer Führung kann ein Teil der unterirdischen Säle erkundet werden. Der Höhepunkt des Rundgangs ist ein kleiner See, in dem sich das Deckengewölbe spiegelt und einen gähnenden Abgrund vortäuscht – tatsächlich ist das Wasser jedoch nur wenige Zentimeter tief!

Rundfahrt Lanzarote

Ⓐ **Playa Blanca** – Fährverbindung von Corralejo. Vom Hafen kann man zum Leuchtturm von Pechiguera oder den Papagayo-Stränden spazieren.
Ⓑ **Monumento al Campesino** – Denkmal mit ethnografischer Sammlung, 10–17.45 Uhr, frei.
Ⓒ **Arrecife** – Kunstmuseum, 11–21 Uhr, im Castillo de San José.
Ⓓ **Guatiza** – Manriques Kaktusgarten 10–17.45 Uhr
Ⓔ **Arrieta** – Gute Fischlokale.
Ⓕ **Jameos del Agua** – Höhlenkomplex, Mo–Fr 10–18.30 Uhr, Sa 10–22 Uhr.
Ⓖ **Cueva de los Verde** – Riesige Lavahöhle, tgl. 10–18 Uhr, letzte Führung um 17 Uhr.
Ⓗ **Mirador del Río** – Aussichtspunkt mit Panoramalokal 10–17.45 Uhr, im Sommer bis 18.45 Uhr, Carretera de Yé s/n, Haría, Tel. 928 52 65 48.
Ⓘ **Haría** – Wohnhaus von Manrique. Calle Elvira Sánchez s/n, 10.30–14.30 Uhr.
Ⓙ **Teguise** – Sonntags rund um die Plaza de la Constitución Markt.

AUTORENTIPP!

MARINA RUBICÓN

Das Viertel östlich von Playa Blanca entstand erst einige Jahre nach Manriques Tod, doch der Künstler hätte mit Sicherheit seine Freude daran gehabt, ist es doch ganz in seinem Sinne gebaut. Um einen Jachthafen gruppieren sich maximal einstöckige Häuserkuben mit farbigen Zierstreifen, es gibt schmale Kanäle, einen künstlichen kleinen See und viele Lokale, deren Terrassen teils ins Meer hinausgebaut sind. Alles wirkt fast wie ein richtiges kanarisches Dorf, in dem selbst eine kleine Plaza und eine Kirche nicht fehlen. In hundert Jahren wird sicherlich niemand mehr fragen, ob das hübsche Viertel tatsächlich am Reißbrett entworfen wurde.

Marina Rubicón. Vom Fährhafen in Playa Blanca aus erreicht man Marina Rubicón in wenigen Autominuten, am besten jedoch zu Fuß auf der wunderbaren Uferpromenade; hin und zurück knapp zwei Stunden.

Hoch über der Nordwestküste thront schließlich unmittelbar an der Abbruchkante des fast 500 Meter hohen Famarakliffs der Mirador del Río. Manrique ließ dort ein spektakuläres Aussichtslokal bauen, von dem sich über die Meerenge El Río zur kleinen Schwesterinsel La Graciosa hinüberschauen lässt – einfach genial!

Wohnhaus und Friedhof

Manrique lebte und arbeitete die letzen Jahre bis zu seinem tragischen Verkehrsunfall in Haría. 2013 wurde sein dortiges Domizil als Museum eröffnet. Ein Gang durch das mit einer Wohnfläche von 1100 Quadratmetern großzügige Anwesen, das noch von einem Palmenhain umgeben ist, macht mit Wohnräumen, Werkstatt und Atelier sowie persönlichen Gegenständen des Künstlers bekannt. Seine letzte Ruhe fand Manrique auf dem Friedhof von Haría. Vom Eingang hält man auf eine kleine weiße Kapelle hinter zwei Drachenbäumen zu, die Grabplatte wird von Lavasteinen eingefasst, eine Palme spendet Schatten, davor steht ein Säulenkaktus. Auf der Rückfahrt lohnt ein Stopp in Teguise, das mit seiner Kolonialarchitektur zu den schönsten Städten der Kanaren zählt, Manrique restaurierte dort das Zehnthaus.

Infos und Adressen

SEHENSWÜRDIGKEITEN

Casa-Museo del Timple. Informationen über das berühmte Musikinstrument der Insel, die Timple-Gitarre. Mo–Fr 9–16.30 Uhr, So 9.30–15.30 Uhr, Casa Spínola, Plaza de la Constitución, Ayuntamiento de Teguise.

ÜBERNACHTEN

Melía Salinas. Für das Luxushotel in Costa Teguise gestaltete César Manrique den von viel Grün geschmückten Innenhof und die Gartenanlage. 1977 eröffnet gehört das Resort bis heute zu den besten Adressen der Insel. Avenida Islas Canarias s/n, Costa Teguise, Tel. 928 59 00 40, www.meliasalinas.com

ESSEN UND TRINKEN

Castillo de San José. Von Manrique gestaltetes nobles Lokal im gleichnamigen Kastell; man speist in zeitlosem Ambiente und genießt dabei die Aussicht auf Containerhafen und Kreuzfahrtterminal. Tgl. 12–16 Uhr, Cafetería und Museum: 10–20 Uhr, Avenida de Naos s/n, Arrecife, Tel. 928 81 23 21.

El Amanecer. Eine beliebte Adresse für frischen Fisch. Zum Meer hinaus gibt es eine kleine Terrasse. Arrieta, Calle La Garita s/n, Fr–Mi 12–20 Uhr, Tel. 928 84 83 90.

Lago Mar. Das prächtige Anwesen hatte Manrique ursprünglich für den Filmstar Omar Sharif entworfen, heute kann man am Ufer eines kleinen künstlichen Sees zu leicht überteuerten Preisen dinieren. Di–So 12–23.30 Uhr, Nazareth, Tel. 928 84 56 65, www.lag-o-mar.com

Monumento al Campesino. In dem großen unterirdischen Lokal kann typisch kanarische Kost wie Gofio probiert werden. Schöner sitzt es sich allerdings auf der Terrasse der in einem Bauernhäuschen untergebrachten Tapas-Bar. Tgl. 12–16.30 Uhr, Tel. 928 52 01 36.

INFORMATION

Patronato del Turismo. Calle Triana 38, Arrecife, Mo–Fr 9–18 Uhr, Sa/So 9.30–13.30 Uhr, Tel. 928 81 17 62, www.turismolanzarote.com

Terrassenlokale an der Uferpromenade von Playa Blanca

Mitte: Die Altstadt der Metropole wird von der doppeltürmigen Fassade der Kathedrale Santa Ana dominiert.
Unten: Ein gotisches Rippengewölbe trägt die fünf Schiffe der Kathedrale.

48 Gran Canaria – Las Palmas

Urbane Metropole zwischen Tradition und Moderne

Mit rund 383 000 Einwohnern ist die Hauptstadt Gran Canarias die einzig wirkliche Großstadt der Kanaren. Ihre Größe verdankt sie in erster Linie dem Überseehafen, der zwar ein wenig von seiner einst bedeutsamen Stellung als Drehkreuz zwischen Europa, Afrika und Amerika eingebüßt hat, dennoch nach wie vor zu den wichtigsten Umschlagplätzen im Atlantik gehört und mit jährlich einer halben Million Passagieren auch ein bedeutender Anleger von Kreuzfahrtschiffen ist.

Die Lage an der Nordostspitze Gran Canarias hat etwas Bestechendes: das Häusermeer breitet sich über eine weit in den Atlantik vorgeschobene schmale Halbinsel aus. 1478, noch bevor die letzten Ureinwohner befriedet waren, rodeten die spanischen Eroberer einen Palmenhain und errichten ein befestigtes Lager – Villa Real de Las Palmas, königliche Stadt der Palmen, nannten sie den Ort. Doch so richtig vorangehen wollte es nicht, mehr als 300 Jahre spielte Las Palmas im Schatten von Santa Cruz de Tenerife lediglich die zweite Geige im Archipel. Erst als unter Federführung des Politikers Fernando León y Castillo (1842–1918) das Hafenareal um neue Molen und Docks großzügig erweitert und 1852 eine Freihandelszone eingerichtet wurde, schaffte die Stadt den Aufstieg zum Welthafen. Heute regiert in Las Palmas das ganz normale Chaos einer spanischen Großstadt, mit lärmendem Verkehr und gesichtslosen Vorstädten; dennoch ist keine andere Stadt auf den Kanaren interessanter. Die Vegueta genannte kolonale Altstadt steht kurz vor der Aufnahme in die Welterbeliste der UNESCO.

Rund um die Kathedrale

Das Herz der Vegueta schlägt an der Plaza de Santa Ana, wenige Jahre nach der spanischen Eroberung demonstrierten hier die neuen Inselherren mit repräsentativen Bauten ihre weltliche und religiöse Macht. Die klassizistische Fassade der Kathedrale ist allerdings erst gut 200 Jahre alt. Die Pläne dazu lieferte Luján Pérez (1756–1815), der sich als Baumeister und Bildhauer einen Namen machte und von dem auch eine Schmerzensmadonna im rechten Seitenschiff bewundert werden kann. Hoch über dem barocken Hauptaltar schaut auf einem Pfeiler sitzend die Heilige Ana auf die Gläubigen herab. Sehr schön und bequem: auf den Südturm der Kathedrale fährt ein Aufzug zu einer Aussichtsplattform hinauf, von der sich Las Palmas in seiner ganzen Größe zeigt. Auch das gegenüber von der Kathedrale stehende klassizistische alte Rathaus hat man im Blick. Sein Bau wurde notwendig, nachdem ein Feuerwerkskörper den Vorgängerbau in Schutt und Asche legte. Unten auf der Plaza erinnern acht in Bronze gegossene Hunde an die mögliche Herkunft des Inselnamens: Auf einer um die Zeitenwende unternommenen Expedition des mauretanischen König Juba II. sollen auf der Insel riesige Hunde beobachtet worden sein, belegen lässt sich die Geschichte jedoch nicht. Manche behaupten, der Name von Gran Canaria leite sich aus dem lateinischen Wort *canis* (Hund) ab, es könnte aber auch der nordafrikanische Volksstamm der Canarii gewesen sein, dem der Archipel seinen Namen verdankt.

Auch bei Kolumbus weiß man nicht genau, woran man ist. Auf seinen Reisen in die Neue Welt soll er zwischen 1492 und 1502 drei Mal im Hafen von

AUTORENTIPP!

PLAYA DE LAS CANTERAS

Der Stadtstrand von Las Palmas wird nicht selten in einem Atemzug mit der berühmten Copacabana von Rio de Janeiro genannt. Mit ihren drei Kilometern ist die Playa de las Canteras nur unwesentlich kürzer, und genauso wie dort suchen an sonnigen Sommertagen tausende Badegäste und Flaneure Erholung und Entspannung. Ein vorgelagertes Riff schützt den feinsandigen Naturstrand vor den auslaufenden Wellen und macht ihn so selbst für Kinder relativ badesicher. Lediglich im südlichen Teil, etwa in Höhe des Auditorio Alfredo Kraus, weist das Riff eine Lücke auf, ein Umstand, den die lokale Wellenreiterszene zu schätzen weiß. Besonders reizvoll: Der Strand wird auf der ganzen Länge von einer wunderbaren Fußgängerpromenade begleitet, an der sich im nördlichen Abschnitt ein Terrassenlokal ans andere reiht.

Rundgang Las Palmas

A Catedral Santa Ana – Außerhalb der Gottesdienste ist die Kathedrale durch den Eingang des Museo Diocesana de Arte Sacro zugänglich, Mo–Fr 10–16.30 Uhr, Sa 10–13.30 Uhr, Calle Espíritu Santo.

B Casa de Colón – In dem prächtigen Kolonialgebäude beleuchtet eine Ausstellung die Reisen von Kolumbus, in einer begehbaren Nachbildung wird die Kajüte seines Segelschiffes La Niña gezeigt. Mo–Sa 10–18 Uhr, So 10–15 Uhr, jeweils am ersten Wochenende des Monats Eintritt frei, Calle Colón 1, Tel. 928 31 23 73, www.casadecolon.com

C Museo Canario – Das bedeutendste Museum der Kanaren zur Geschichte der Ureinwohner. Mo Eintritt frei, Mo–Fr 10–20 Uhr, Sa und So 10–14 Uhr, Calle Doctor Verneau 2, Tel. 928 33 68 00, www.elmuseocanario.com

D Mercado de Las Palmas – Von den vier Markthallen der Stadt die älteste, mit einem reichhaltigen Angebot an Frischware. Mo–Do 6.30–14 und 17–20.30 Uhr, Fr und Sa 6.30–15 Uhr, Calle Mendizábel 1, www.mercadovegueta.com

E Triana – In dem Einkaufsviertel nördlich von der Altstadt ist die pompöse Fassade des Kulturclubs Gabinete Literario sehenswert, das drei Blocks davon entfernte Teatro de Pérez Galdós dient als Bühne für Oper, Musicals und Konzerte. Der wunderschön ausstaffierte Theatersaal kann Mo–Fr von 10.15–12.15 Uhr auf einer Führung besichtigt werden. Tel. 928 43 33 34, www.teatroperez galdos.es

F Parque San Telmo – An dem zentralen Platz befindet sich der unterirdische Busbahnhof, in der namensgebenden Kirche ist die prächtige Mudéjardecke sehenswert.

G Parque Doramas – Im Pueblo Canario werden jeden Sonntagvormittag Folkloretänze aufgeführt, nebenan zeigt das Museum Néstor Werke des Malers Néstor Fernández de la Torre, Di–Sa 10–20 Uhr, So 10.30–14.30 Uhr, Avendia Pio XII, Tel. 928 34 51 35, www.laspalmasgc.es/mnestor

H Santa Catalina – Das multikulturelle Viertel nimmt die schmalste Stelle der Halbinsel ein, auf der östlichen Seite liegen die Kais des Puerto de la Luz, auf der Westseite der Stadtstrand von Las Canteras und im Norden die zumeist von Einwanderern bevölkerten einfachen Wohnquartiere von La Isleta.

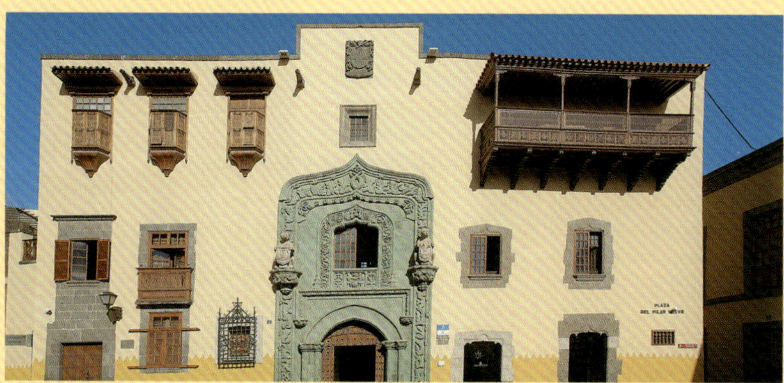

Im Casa de Colón wird eine Ausstellung über die Reisen von Kolumbus gezeigt.

0
300 m
N
LA ISLETA
Calle del Faro
Calle de Juan Rejón
Castillo de la Luz
Muelle Primo de Rivera
Playa de las Canteras
Calle de Sagasta
Calle de Albareda
Muelle Pesquero
Muelle de la Luz
Centro Commercial El Muelle
Paseo de las Canteras
Calle del
Parque de Santa Catalina
Muelle de Santa Catalina
Santa Catalina
C. de N. Estévanez
C. Tomás Miller
29 de Abril
Calle General Vives
Calle de León y Castillo
Base Naval
Dique de León y Castillo
Calle de Portugal
Calle de Fernando Guanârteme
Plaza de España
y López
José Mesa
Mercado
Paseo de Chil
C. Galicia
C. de Alemania
Club Náutico
Puerto de la Luz
GUANARTEMA
Avenida de
Estadio Insular
C. L. Matos
C. A. M. Manrique
C. G. de la Torre
Clínica Sta. Catalina
Muelle Deportivo
CIUDAD
C. de Brasil
Calle de Pio XII
Calle de León y Castillo
Avenida Alcalde José Ramirez Bethencourt
Avenida Ansite
JARDIN
C. de A. Hidalgo
ATLANTISCHER OZEAN
Jardines Buenavista
Parque Doramas
Pueblo Canario
Plaza A. de Castillo
Estadio P. Gonçalvez
Avenida de las Escaleritas
Av. de Juan XXIII
Paseo de Lugo
C. Luis Doreste Silva
Calle de Leon y Castillo
Calle Pérez del Toro
C. A. Guimerá
Plaza de J. Q. México
Calle de Echegaray
C. de Aguádulce
Plaza Fuente Luminosa
Plaza de la Feria
Calle Henry Dunant
Sor Simona
Plaza de Don Benito
Paseo de Chil
Universidad
C. Obispo Rabadán
C. de Murga
C. Perojo
ESCALERITAS
Calle de
Calle de Doña Perfecta
Parque San Telmo
C. Bravo Murillo
Calle Mayor de Triana
Av. Rafael Cabrera
Plaza de la Paz
Av. I. de Mayo
C. Pérez Galdós
Calle Cano
Carretera de la Mata
Plaza S. Juana de Castilla
Carretera del Norte
Plaza J. S. Ortiz
TRIANA
Teatro
Mercado de Las Palmas
Camino Real del Castillo
Casa de Colón
Museo Canario
Av. de Canarias
C. Pino Apolinario
Carmen Quintana
C. de Farnesio
Catedral Santa Ana
SAN JOSÉ
A
B
C
D
E
F
G
H

AUTORENTIPP!

AUDITORIO ALFREDO KRAUS
Aus der Ferne könnte man das Konzerthaus am südlichen Ende der Playa de las Canteras für einen Festungsbau halten. Der von dem katalanischen Architekten Óscar Tuquets entworfene und 1997 eingeweihte Musiktempel, der zugleich als Kongresszentrum genutzt wird, ist nach dem kanarischen Tenor Alfredo Kraus (1927–1999) benannt. Als Sohn einer spanischen Mutter und eines österreichischen Vaters in Las Palmas geboren, war Kraus bald auf den großen Bühnen der Welt zu Hause. Das Haus steht jedes Jahr im Januar/Februar im Mittelpunkt des renommierten *Festival de Música de Canarias*. In dem für seine hervorragende Akustik gelobten Saal mit Platz für 1650 Zuhörer gastierten bereits die Wiener Philharmoniker.

Auditorio Alfredo Kraus. Paseo de las Canteras, Tel. 902 40 55 04, www.auditorio-alfredokraus.com

Las Palmas festgemacht haben. Ob er auch tatsächlich in der nur wenige Schritte von der Kathedrale entfernten Casa de Colón gewohnt hatte, kann nur vermutet werden, wahrscheinlich in einem mittlerweile abgerissenen Vorgängerbau. Unbestritten ist das in bestem spanischem Kolonialstil erbaute Haus mit seinen kunstvollen Stuckportalen und Innenhöfen einer der prächtigsten Profanbauten der Kanarischen Inseln.

Guanchenkultur

Von dem guten Dutzend Museen und Kunstgalerien der Stadt lohnt vor allem der Besuch im Museo Canariao. In dem schon 1879 eröffneten Museum wird zwar die Kultur der kanarischen Ureinwohner nicht wieder lebendig, doch gibt die umfangreiche Sammlung den bestmöglichen Einblick in Alltag und Begräbnisriten der gemeinhin als Guanchen bezeichneten vorspanischen Bevölkerung. Bekanntestes Exponat ist das in Telde gefundene Idol von Tara, eine gerade mal 26 Zentimeter hohe Terrakottastatue mit ungewöhnlich verdickten Gliedmaßen. Es wird vermutet, dass die aus künstlerischer Sicht außergewöhnliche Arbeit im Kult der Ureinwohner eine Rolle spielte. Wozu die mehr als hundert ausgestellten kleinen Tonstempel dienten, kann nur spekuliert werden und zeigt, dass die Forschung in vielerlei Hinsicht nach wie vor im Dunkeln tappt. Gut dokumentiert sind lediglich die Begräbnisriten, unter anderem werden in mehrere Schichten von Ziegenhäuten aufgebahrte Mumienfunde gezeigt, und unter den mehr als 1000 Exponaten im Schädelkabinett sind vor allem jene interessant, die zugewachsene Bohrlöcher in der Schädeldecke aufweisen. Sollten die Altkanarier tatsächlich die Kunst der Trepanation beherrscht und operative Eingriffe vorgenommen haben?

Parque Doramas

In die nördlichen Stadtteile nimmt man sich vom San Telmo-Park am besten ein Taxi. Auf dem Weg ins Santa Catalina-Viertel lohnt ein Stopp im Parque Doramas. Der alte Baumbestand mit hohen Dattelpalmen und Drachenbäumen nimmt sich inmitten der umtriebigen Großstadt wie eine Oase aus. Benannt ist der Platz nach dem letzten Guanchenkönig Gran Canarias, ein Denkmal zeigt eine Gruppe von Ureinwohnern, wie sie sich einen Felsen hinabstürzen, um so der Schmach der Gefangennahme durch die Spanier zu entgehen. Im Pueblo Canario macht das Museo Néstor mit dem Werk des vom spanischen Symbolismus beeinflussten Malers Néstor Fernández de la Torre bekannt, seine von derber Erotik geprägten Bilder treffen vielleicht nicht gerade den breiten Massengeschmack, außergewöhnlich sind sie auf jeden Fall.

Santa Catalina

Das Viertel zwischen Hafen und Playa de las Canteras gehört zu den lebhaftesten der Stadt, nirgendwo sonst zeigen sich die Kanaren so weltoffen und kosmopolitisch. Im Parque Santa Catalina treffen sich die Canarios zum Dominospiel, während sich einen Block weiter arabische, indische und chinesische Stimmen mit europäischen Sprachen mischen. Nicht zuletzt durch die Hafennähe gibt es hier unzählige Bars und Clubs, manche davon zeigen sich zu fortgeschrittener Stunde allerdings von einer eher zwielichtigen Seite. Überragt wird das Quartier von dem 60 Meter hohen Bürohochhaus des Torre Woermann, der mit seiner grün-gelben Wandverglasung ein postmodernes Wahrzeichen setzt. Die Architekten Abalos y Herreros haben auch durch das neue Munch Museum in Oslo von sich reden gemacht.

AUTORENTIPP!

WUNDERSAME KANARENFLORA

Vor den Toren der Hauptstadt liegt in aussichtsreicher Hanglage einer der berühmtesten botanischen Gärten der Kanaren. In dem 1952 von dem schwedischen Botaniker Eric Sventenius (1910–1973) angelegten weitläufigen Park finden sich überwiegend auf den Kanaren heimische Arten aus allen Vegetationszonen, angefangen von anspruchslosen Sukkulenten der Küstenzone bis hin zu typischen Vertretern des Lorbeerwaldes. Und natürlich darf auch ein stattlicher Drachenbaumhain nicht fehlen. Über die kanarische Flora und eine umfangreiche Kakteensammlung hinaus widmet man sich zudem auch vom Aussterben bedrohter Pflanzen aus aller Welt. Für eine eingehende Besichtigung sollten mindestens zwei Stunden eingeplant werden.

Jardín Canario. Tgl. 9–18 Uhr, Eintritt frei, Carretera del Centro km 7 (GC-110), Tafira Alta, Tel. 928 21 95 80.

Infos und Adressen

ÜBERNACHTEN

Hotel Exe Las Canteras. Modernes Stadthotel an der Playa de las Canteras, mit Spa, Fitnessstudio und aussichtsreichem Sonnendeck im fünften Stock. Calle Portugal 68, Tel. 928 22 40 62, www.exelascanteras.com

Hotel Madrid. Einfaches Zweisternehaus für das kleine Budget, die Zimmer sind etwas altmodisch möbliert. Plaza Cairasco 4, Tel. 928 36 06 64, www.elhotelmadrid.com

Hotel Parque. Das Dreisternehotel liegt sehr zentral am Busbahnhof Parque de San Telmo, vor dem Straßenlärm schützt eine schallisolierende Doppelverglasung. Calle Muelle Las Palmas 2, Tel. 928 36 80 00, www.hparque.com

Im Madrid wohnt man zentral und günstig.

Santa Catalina. Die Nummer eins am Platz wurde 1890 als eines der ersten Hotels auf den Kanaren eröffnet. Die prominente Gästeliste wird vom spanischen Königshaus angeführt; auch Winston Churchill, Agatha Christie und María Callas logierten hier. Zu dem traditionsreichen Luxushotel gehören ein schicker Wellnessbereich und ein Spielcasino. Calle León y Castillo 227, Tel. 928 24 30 40, www.hotelsantacatalina.com

ESSEN UND TRINKEN

Deliciosa Marta. Kleines Familienlokal im Triana-Viertel mit kreativer Küche, die auch Feinschmeckern gerecht wird. Meist voll, es empfiehlt sich zu reservieren. Mo 13.30–16 und 21–24 Uhr, Di–So 13.30–16 und 21–24 Uhr, Calle Perez Galdós 23, Tel. 928 37 08 82.

Kitchen Lovers. In dem italienischen Terrassenlokal an der Strandpromenade gibt es gute Risottos und Ravioli, alle Gerichte werden fürs Auge ansprechend präsentiert. Paseo de las Canteras 16, Di–So 13–24 Uhr, Tel. 928 98 76 10.

El Novillo Precoz. In dem stimmungsvollen südamerikanischen Steakhaus kommen Fleischliebhaber voll auf ihre Kosten. Di–So 13–16 und 20–00.30 Uhr, Calle Portugal 9, Tel. 928 22 16 59, www.novilloprecoz.es

La Marinera. Die Marisquería auf dem felsigen Landvorsprung von La Puntilla gehört zu den Lieblingsplätzen der Hauptstädter, unter der Woche essen hier auch viele Geschäftsleute der umliegenden Büros. Das Angebot an Seafood ist riesig, der Fisch wird meist nach Gewicht berechnet. Tgl. 12–24 Uhr, Paseo de las Canteras, Tel. 928 46 88 02, www.restaurantelamarinera.info

La Oliva. Das Terrassenlokal am Nordende der Strandpromenade erlaubt einen weiten Ausblick über die Playa de las Canteras. Die Küche gibt sich spanisch-kanarisch mit viel Fisch und preiswerten Tagesmenüs. Tgl. 9–24 Uhr, Calle Prudencio Morales 17, Tel. 928 46 97 57, www.laolivarestaurante.com

AUSGEHEN

Te lo dije Pérez. Die Cervecería unweit der Kathedrale überrascht mit einer riesigen Bierauswahl, dazu isst man Kleinigkeiten von der Tapas-Karte. Mo–Do 20–24 Uhr, Fr und Sa 20–01.30 Uhr, Calle Obispo Codina 6, Tel. 928 24 90 87, www.telodijeperez.com

EINKAUFEN

Fedac. Das Kunsthandwerkgeschäft im Triana-Viertel verkauft ausschließlich auf Gran Canaria hergestellte Stickereien, Körbe, Messer u.a.m. Mo–Fr 9.30-13.30 und 16.30–20 Uhr, Calle Domingo y Navarro 7, www.fedac.org

Shoppingcenter El Muelle. Großes Einkaufszentrum in Santa Catalina direkt am Hafen, mit mehr als 100 Geschäften, Restaurants und einer Freiluftdisco in der obersten Etage.

FOLKORESHOW

Pueblo Canario. Jeden Sonntagvormittag gegen 11.30 Uhr tanzt und musiziert eine lokale Trachtengruppe für das ausschließlich touristische Publikum.

ANFAHRT

Fähre. Ein Katamaran der Linie Fred Olsen verbindet Morro Jable täglich mit Las Palmas. Die Fahrzeit beträgt zwei Stunden, wer auf der Halbinsel Jandía wohnt ist ebenso schnell wie mit dem Flieger, da die einstündige Anfahrt zum Flughafen entfällt. www.fredolsen.es

FLUGZEUG

Binter Canarias. Die Iberia-Tochter fliegt von Fuerteventura aus den grancanarischen Flughafen Gando mehrmals täglich an, Flugzeit 40 Minuten; die erste Maschine geht gegen 9 Uhr, der letzte Rückflug gegen 21 Uhr. Vom Flughafen Gando fährt der Linienbus Nr. 60 im Halbstundentakt nach Las Palmas zum Parque San Telmo oder weiter nach Santa Catalina. Tel. 928 25 26 30, www.globalsu.net
Wer es eilig hat, nimmt sich ein Taxi (bis Parque San Telmo ca. 25 €).

INFORMATION

Patronato de Turismo. Neben dem Hauptbüro gibt es auch Infokioske im Parque Santa Catalina und gegenüber der Ermita de San Telmo im Parque San Telmo. Calle Triana 93, Tel. 928 21 96 00, www.laspalmasgc.es und www.grancanaria.com

Beliebte Lunchadresse – das Fischlokal La Marinera am nördlichen Ende vom Canteras-Strand

49 Gran Canaria – Rund um die Insel

Entdeckungen auf der »großen« Nachbarinsel

Obschon Gran Canaria das Wörtchen »groß« im Namen trägt, ist die fast kreisrunde Nachbarinsel flächenmäßig kleiner als Fuerteventura, und auch von der Bevölkerung ist sie mit 850 000 Einwohnern nach Teneriffa nur die Nummer Zwei im Archipel. Dennoch gibt es viel zu entdecken und man sollte sich für eine Rundreise mindestens zwei oder drei Tage Zeit nehmen.

Sofern die Inselrundtour in Las Palmas beginnt, gibt es in Telde sogleich einen bedeutenden Kirchenschatz zu bewundern. In der Johannes dem Täufer geweihten Basilika San Juan Bautista erzählt ein mit reichlich Blattgold verzierter Altaraufsatz (um 1500) Szenen aus dem Marienleben – die kunstvolle Arbeit wurde von flämischen Künstlern der Brüsseler Schule geschaffen. In den ruhigen Altstadtgassen rund um die Basilika lebt noch das Flair längst vergangener Tage, die mo-

MAL EHRLICH

TOTAL ÜBERLAUFEN

Mit mehr als anderthalb Millionen Feriengästen im Jahr ist der Tourismus auf Fuerteventura nicht gerade klein, doch auf dem flächenmäßig etwas kleineren Gran Canaria werden fast doppelt so viele Besucher gezählt. Die Strände in Playa del Inglés und Puerto Rico sind in der Hochsaison entsprechend voll, um nicht zu sagen überfüllt. Schön, wenn man dann wieder auf Fuerteventura ist und die Leere der weiten Sandstrände genießen kann.

Mitte: Spanischer Kolonialstil prägt die Altstadt von Telde.
Unten: Flämische Tafelmalerei in der Basilika San Juan Bautista

derne Neustadt von Telde, mit 102 000 Einwohnern viertgrößte Stadt der Kanaren, bietet allerdings nur wenig Reize.

Spuren der Ureinwohner

Für die Fahrt in den Inselsüden bieten sich zwei Möglichkeiten an: Wer es eilig hat, nimmt von Telde aus die Autobahn, reizvoller ist die parallel dazu verlaufende Landstraße GC-100, auf der zudem einige lohnenswerte Abstecher möglich sind. Das Hinterland der Ostküste war ein bevorzugtes Siedlungsgebiet der kanarischen Ureinwohner, Spuren finden sich noch an der Montaña de las Cuatro Puertas, an der in den Berg geschlagene Grotten mit vier großen »Türen« (span. *puertas*) besichtigt werden können. Ein ganzes Höhlendorf gibt es im Barranco de Guayadeque. Kurz vor Agüimes führt eine Stichstraße tief in die von steilen Felswänden gerahmte Schlucht hinein nach Cueva Bermeja, wo noch manche der Höhlen bewohnt sind; auch gibt es dort eine in die Wand geschlagene Höhlenkapelle, eine Höhlenbar und am Ende der Stichstraße das oft von Bustouristen in Beschlag genommenes riesiges Höhlenrestaurant Tagoror. Agüimes selbst macht durch eine gepflegte kleine Altstadt mit einer maurisch anmutenden Kuppelkirche auf sich aufmerksam, über Geschichte und Brauchtum informiert ein schön aufgemachtes historisches Museum.

Maspalomas

Im Süden Gran Canarias hat sich zwischen San Agustín und Las Meloneras eines der größten und lebhaftesten Touristenzentren Europas breitgemacht, Kernzone sind die seit den 1960er-Jahren aus dem Boden gestampften Ferienstädte Playa del Inglés und Maspalomas. Sehenswürdigkeiten im eigentlichen Sinne gibt es nicht, ausgenommen

AUTORENTIPP!

PALMITOS PARK

Als 2007 ein Waldbrand den Palmenbestand im Barranco de los Palmitos verwüstete, stand der ebenfalls davon betroffene größte Freizeitpark Gran Canarias kurz vor dem Aus. Mittlerweile erinnert so gut wie nichts mehr an das Feuer, täglich erfreuen sich tausende von Besuchern an der Kombination aus Zoo und botanischem Garten. Sehr beliebt sind die Shows mit Papageien und Greifvögeln, der Hit ist die Delfinvorführung in einer 1500 Zuschauer fassenden Arena. In Aquarien tummeln sich Seepferdchen und Haie, auf der Primateninsel leben Orang-Utans und Gibbons und im Schmetterlingshaus flattern Exoten aus aller Welt herum – ein rundum gelungener Familienspaß!

Palmitos Park. Der Park ist mit öffentlichen Bussen der Linien 45 und 70 erreichbar. Tgl. 10–18 Uhr (letzter Eintritt um 17 Uhr), Eintritt 29,50 Euro, Barranco de los Palmitos, Tel. 928 79 70 70, www.palmitospark.es

Oben: Die Playa del Inglés ist einer der längsten und berühmtesten Strände auf den Kanaren.
Mitte: In den Dünen von Maspalomas fühlt man sich wie mitten in der Sahara.
Unten: Fischerkähne in Puerto de Mogán

die kilometerlange Playa del Inglés und daran angrenzend die Dünenlandschaft von Maspalomas. Ähnlich wie in den Dünen von Corralejo (siehe Highlight 11) fühlt man sich angesichts der von feinem Pulversand bis zu 20 Meter hoch aufgeworfenen Dünenkämme in die Wüste versetzt. Westlich vom Leuchtturm von Maspalomas kann man auf der hübschen Meerespromenade, dem Paseo Meloneras, an noblen Luxusresorts vorbeiflanieren und in einem der Terrassenlokale sich eine kleine Pause gönnen. Im Hinterland der Dünen ist ein botanischer Garten im Werden, der im Unterschied zum berühmten Jardín Canario (siehe S. 251 Autorentipp) neben einheimischen Arten vor allem subtropische Gewächse aus der ganzen Welt vorstellt.

Puerto Rico und Mogán

Westlich von Maspalomas setzt sich die Ferienküste bis nach Puerto de Mogán fort, angesichts der steil abfallenden Küstenberge sind viele Hotelkomplexe terrassenförmig in den Hang gebaut. Die größte, doch nicht unbedingt schönste Hotelstadt im Südwesten ist Puerto Rico; sie hat einen sehr beliebten Jachthafen, von dem auf einer Fußgängerpromenade zum benachbarten Retortenstrand von Amadores spaziert werden kann. Einen wohltuenden Kontrast zu dem architektonischen Allerlei setzt weiter westlich Puerto de Mogán. Schmale Kanäle durchziehen das autofreie Hafenquartier, die nur einstöckigen Häuser tragen an den Kanten und um die Fenster hübsch abgesetzte farbige Zierstreifen, üppig wuchernde Bougainvilleen sorgen für zusätzliche Farbtupfer. Klein Venedig wird der Ortsteil gerne genannt, nur die Gondolieri fehlen. Wer ins Wasser eintauchen will, ohne nass zu werden, kann mit einem der Glasbodenboote die farbenfrohe Unterwasserwelt an der Küste erkunden.

Rundfahrt Gran Canaria

A Las Palmas – Hauptstadt mit Fährhafen

B Telde – Gran Canarias zweitgrößte Stadt; lohnend: die Iglesia de San Juan Bautista.

C Maspalomas – Das 328 Hektar große Dünengebiet steht unter Naturschutz, es ist frei zugänglich; botanischer Garten im Hinterland.

D Puerto Rico – Jachthäfen und Playa de los Amadores.

E Puerto de Mogán – Malerisches Hafenquartier mit vielen Lokalen.

F Puerto de las Nieves – Fähren nach Teneriffa, Abstecher ins Hinterland sind lohnend.

G Gáldar – Alte Königsstadt mit der Cueva Pintada (Höhle mit Wandmalereien). Führungen: Tel. 928 89 57 46 oder auf www.entradas.com

H Arucas – Bananenhauptstadt mit Kathedrale.

I Teror – Wallfahrtsort, Sonntags Markt.

J Tejeda – Pittoreskes Bergdorf, Mandelblüte im Februar.

AUTORENTIPP!

RUND UM DEN ROQUE NUBLO
Mitten im Zentrum des Berglandes sorgt die 80 Meter hohe Felsnadel des Roque Nublo (Wolkenfels) für ein weithin sichtbares Wahrzeichen. Wie ein erhobener Zeigefinger reckt sich die freigewitterte Schlotfüllung eines ausgebrannten Vulkans in den hier nicht immer blauen Himmel. Wanderer können den Felsen auf einem gut ausgebauten markierten Pfad umrunden, Einstieg für die kurzweilige Tour ist der 1580 m hoch gelegene Wanderparkplatz La Goleta. Man erreicht diesen vom Bergdorf Ayacata auf der GC-600 nach drei Kilometern, es empfiehlt sich möglichst früh aufzubrechen, spätestens um die Mittagszeit ist der Parkplatz meist voll belegt. Für die Umrundung mit kurzem Abstecher zum Felsen sind etwa zwei Stunden zu veranschlagen.

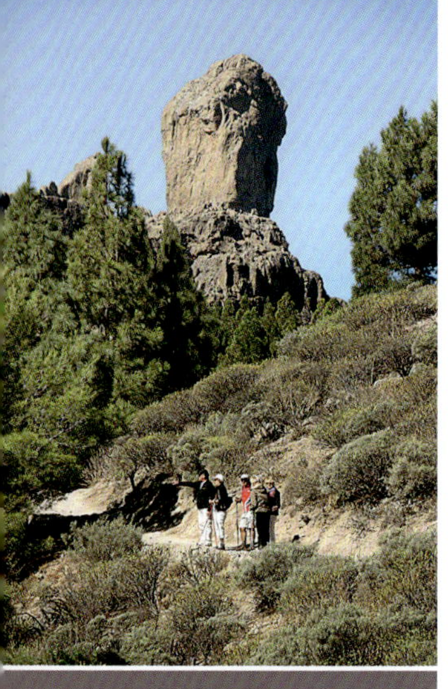

Gran Canarias wilder Westen

Von Puerto de Mogán schlängelt sich eine Panoramastraße par excellence in ständigem Auf und Ab hoch über der kaum besiedelten Westküste entlang, wobei man bis auf das kleine Puerto de la Aldea nie unmittelbar mit dem Meer Kontakt hat. Aussichtspunkte genau an der richtigen Stelle laden immer wieder zum Staunen ein: Spektakulär ist der Mirador de Balcón nördlich von La Aldea de San Nicolás, vom dem sich tatsächlich wie von einem Balkon die schroffe Küstenszenerie aufnehmen lässt. Nach einer ausgedehnten Kurverei kommt dann Puerto de las Nieves wie gerufen. Nahe der Mole des Fährhafens hat sich eine vor allem am Wochenende viel frequentierte Restaurantzeile etabliert und mit der Ermita de la Virgen de las Nieves gibt es auch eine berühmte Wallfahrtskapelle zu besichtigen, das Altarbild wird dem flämischen Maler Joos van Cleve (1485–1540) zugeschrieben. Schade ist nur, dass das ehemalige Wahrzeichen von dem Hafenort, die wie ein »Finger Gottes« aus dem Meer ragende Felsnadel Dedo de Dios, 2005 dem Tropensturm Delta zum Opfer fiel. Immerhin gibt es über dem dunklen Kieselstrand noch das Fischlokal gleichen Namens.

Das andere Gran Canaria

Weitab von den Strandrevieren im Süden zeigt Gran Canaria im Norden ein ganz anderes Gesicht. Kaum hat man die alte Königsstadt Gáldar hinter sich gelassen, wird es merklich grüner. An die zur Nordküste abflachenden Berge schmiegen sich kleine Landstädtchen, die sichtlich vom relativen Wasserreichtum profitieren. Anders als auf Fuerteventura ist das bis fast 2000 Meter aufstrebende Gebirge hoch genug, um die Passatwolken zu stauen und zum Abregnen zu bringen. Selbst der bewässerungsintensive Bananenanbau ist hier möglich. Sozusagen die Hauptstadt der »krummen Früchtchen« ist Arucas, das sich mit seiner neogotischen Kathedrale (1907) ein monumentales Denkmal setzte. Etwas außerhalb der hübschen Altstadt wird in einer Destille seit 125 Jahren hochprozentiger Rum gebrannt, der auch nach Europa ausgeführt wird. Während einer Fabrikbesichtigung kann man an riesigen Fässern vorbeispazieren und auch ein oder zwei Gläschen Rum verkosten.

Abstecher in die Berge

Von Arucas führen kurvige Straßen ins Bergland hinauf. Das Landstädtchen Firgas ist für sein dort abgefülltes Mineralwasser bekannt, in dem kleinen Ortskern plätschert eine von gekachelten Bänken gesäumte hübsche Wassertreppe durch die Gassen. Noch ein Stück weiter nördlich überrascht in Teror die Calle Real mit einer Straßenzeile, in der sich vom Jugendstil beeinflusste Bürgerhäuser aneinanderreihen. Auf der Königstraße kommt man zur Basílica de Nuestra Señora del Pino. Nach einer Legende soll dort im Jahr 1481 einem Hirten die Mutter Gottes in einer Kiefer erschienen sein, worauf das bald neben dem Nadelbaum gebaute und 1767 zu einer Basilika erweiterte Gotteshaus zum bedeutendsten Wallfahrtsort Gran Canarias avancierte. Das Ereignis wird jeden September mit einer großen Fiesta gefeiert, jeden Sonntag gibt es auf dem Kirchplatz und den angrenzenden Gassen zudem einen bunten Wochenmarkt. In Tejeda schließlich ist das Herz der Insel erreicht, das 1400 Meter hoch gelegene Bergdorf ist für seine Mandelblüte, die im Februar zu sehen ist, berühmt und ganz nebenbei ergibt sich von der Dorfstraße ein zauberhaftes Bergpanorama auf die Vulkanschlote des Roque Nublo und Roque Bentaiga.

AUTORENTIPP!

ABSTECHER NACH ARTENARA

Die höchstgelegene Siedlung Gran Canarias, die Pfarrkirche auf dem hübschen Dorfplatz von Artenara steht 1281 Meter ü. d. M., ist auch als das Höhlendorf der Insel bekannt. Fast alle der teils schon von den Ureinwohnern in den weichen Tuff gegrabenen Grotten sind mittlerweile komfortabel ausgebaut und neben der Eingangstür kündet ganz selbstverständlich eine Satellitenschüssel von dem Anschluss an die Moderne. Auch gibt es eine kleine Höhlenkapelle, auf dem Weg dorthin kommt man an einem Standbild des Philosophen Miguel de Unamuno vorbei, von dem sich ein spektakuläres Panorama in die von Tälern und felsigen Rücken gegliederte Bergwelt öffnet. Unamuno nannte sie voll Begeisterung »steinernes Gewitter«.

Anfahrt: Artenara wird wahlweise von Cruz de Tejeda oder von Tejeda aus auf schmalen Nebenstraßen angefahren.

Infos und Adressen

SEHENSWÜRDIGKEITEN

Destilería Arehucas. Wer mehr über Rum erfahren will, kann sich durch die Rumfabrik führen lassen. Mo–Fr 9–14 Uhr, Calle Era de San Pedro 2, Arucas, www.arehucas.es

Museo de Historia de Agüimes. Das ethnografische Museum widmet sich fünf Jahrhunderten Inselgeschichte, u.a. auch dem früher auf den Kanaren weit verbreiteten Glauben an die Hexerei. Di–So 8–17 Uhr, Calle Juan Alvarado y Saz 42, Agüimes, Tel. 928 78 54 53.

Guanchen-Kunst

Parque Arqueológico Cueva Pintada. Die Höhlenmalereien gelten als die wichtigste künstlerische Hinterlassenschaft der kanarischen Ureinwohner. Der Museumskomplex kann auf eigene Faust erkundet werden, der Zutritt in die Höhle selbst ist nur im Rahmen einer Führung möglich. Di–Sa 9.30–19 Uhr (letzte Führung um 17.30 Uhr), So 11–18.30 Uhr, Calle Audencia 2, Gáldar, Tel. 928 89 57 46, www.cuevapintada.com

Parque Botánico de Maspalomas. Junger botanischer Garten mit vielen Palmenarten. Mo–Fr 10–18 Uhr, Eintritt frei, Avenida del Touroperador Neckermann, Maspalomas.

ÜBERNACHTEN

Casas Carmen. Die Anlage aus den 1970er-Jahren ist gut in Schuss und mit nur 14 Apartments sehr überschaubar. Stammgäste schätzen vor allem die strandnahe Lage, es muss allerdings für mindestens fünf Tage gebucht werden. Calle Madrid 31, Playa del Inglés, Tel. 928 7629 06, www.casascarmen.com

Hotel Cordial Mogán Playa. Das Viersterneresort liegt ein paar Gehminuten ab vom Strand in der zweiten Reihe und überzeugt durch ansprechende Architektur und schönem Poolbereich. Avenida Los Marrero 2, Puerto de Mogán, Tel. 928 72 41 00, www.cordialcanarias.com

Parador Cruz de Tejeda. Das staatlich geführte Viersternehaus empfiehlt sich vornehmlich im Sommerhalbjahr, im Winter kann es in dem 1560 m hoch gelegenen Berghotel mitunter empfindlich kühl sein. Obwohl es nur ein paar Schritte vom Cruz de Tejeda entfernt liegt, bekommt man von dem dortigen Trubel so gut wie nichts mit. Mit aussichtsreicher Sonnenterrasse, kanarisch-spanischer Küche, Fitnessraum und gepflegter Wellness-Oase. Der Clou ist das kleine Hallenbad, von dem man in den Kiefernwald raus schwimmen kann. Cruz de Tejeda, Tel. 928 01 25 00, www.parador.es

Villa del Conde. Die 561 Zimmer und Suiten des Luxushotels verteilen sich auf mehrere Gebäude im kanarischen Stil. Im Spa-Bereich mit Hallenbad und Beauty-Zentrum kann man sich sofort wohlfühlen. Mar Mediterraneo 7, Meloneras, Tel. 928 56 32 00, www.lopesan.com

ESSEN UND TRINKEN

Amadores Beach Club. Das Lokal über dem Strand von Amadores wird als Dependance der auf Wellness spezialisierten Hotelgruppe Gloria Palace betrieben – Wohlfühlen ist auch in der trendigen Lounge-Atmosphäre des Beach Club angesagt: bequeme Sessel, fantasievolle Küche und professionell gemixte Cocktails. Tgl. 13–23 Uhr, Playa de los Amadores, Tel. 928 56 00 56, www.amadoresbeachclub.com

Café de Mogán. In dem Café belagern tagsüber Ausflügler die Terrasse, abends kommen die Einheimischen sowie die Stammgäste. Das Kuchenangebot lehnt sich ganz an von zu Hause Gewohntem an, auch die Eiscreme ist lecker und richtig essen kann man auch ganz gut. Urbanización Puerto de Mogán s/n, Playa de Mogán, Tel. 928 56 55 58.

Café El Parque. Nettes Jugendstilcafé mit ruhiger Terrasse auf dem Platz unmittelbar hinter der Kathedrale. Plaza de San Juan 2, Arucas, Tel. 928 60 25 90.

Dedo de Dios. In dem Lokal über dem Kieselstrand isst man am besten Fisch oder die viel gelobte Fischsuppe. Mi–Mo 12–22 Uhr, Sa 23 Uhr, Ctra. Puerto las Nieves 10, Agaete, Tel. 928 89 85 81.

Déjate Llevar. Szene-Lokal an der Dorfstraße, das mit seinem tollen Angebot an Salaten, Suppen, Snacks und Kuchen nicht nur Gays anzieht. Mi–So 13–16 und 18–20 Uhr, Calle Dr. Domingo Hernández Guerra 25, Tejeda, Tel. 928 66 62 81, www.letmetakeu.com

Maximilians. Das populäre Café-Bistro an der Meerespromenade ist ein Platz zum Sehen und Gesehen werden, mitunter ist es allerdings nicht leicht einen freien Tisch zu ergattern. Direkt neben dem Café wird im gleichnamigen Restaurant feine mediterrane Küche serviert. Tgl. 12–23 Uhr, Shopping Center Boulevard Faro s/n, Meloneras, Tel. 928 14 70 34, www.grupomaximilians.com

Tagoror. Das idyllisch gelegene Höhlenlokal ist groß genug um mehrere Busladungen gleichzeitig aufzunehmen und bietet trotz Massenabfertigung annehmbare kanarische Küche. So–Do 10–1 Uhr, Fr–Sa 10–2 Uhr, Montaña Las Tierras, Guayadeque, Tel. 928 17 20 13.

SCHIFFSAUSFLUG

Líneas Salmón. Ausflug mit dem Linienschiff von Arguineguín über Puerto Rico nach Puerto de Mogán inklusive Essen an Bord. Abfahrten stündlich, Tel. 649 91 93 83-649, www.lineassalmon.es

INFORMATION

Centro Insular de Turismo. Playa del Inglés, Yumbo Center, Mo–Fr 9–18 Uhr, Sa/So 9.30–13.30 Uhr, Tel. 928 77 15 50, www.grancanaria.com

In der Rumdestille von Arucas reift Hochprozentiges in schweren Eichenholzfässern.

50 Teneriffa

Rundreise zu den Welterbestätten der UNESCO

Teneriffa ist nicht nur die größte und bevölkerungsreichste Kanareninsel, für viele Besucher ist sie zugleich auch die vielfältigste. Die UNESCO hat gleich zwei herausragende Stätten als Welterbe anerkannt: Das Zentrum der Insel wird von der Silhouette eines 3718 Meter hohen Vulkans geprägt, im Norden will die ehemalige Hauptstadt La Laguna mit ihrer vorbildlich restaurierten historischen Altstadt entdeckt werden.

Sofern man es darauf anlegt, ist nach Teneriffa sogar ein Tagesausflug möglich. Die Flugzeit von Fuerteventura zum Flughafen Los Rodeos, auf dem praktisch alle innerkanarischen Flüge landen, beträgt nur 50 Minuten, selbst die anschließende Umrundung der Insel im Mietwagen wäre theoretisch machbar, das würde allerdings nur in Hektik ausarten. Doch wer nur mal eine der Topattraktionen besuchen möchte, etwa den Loro Parque oder die Welterbestadt La Laguna, hat dazu mit einem Tag reichlich Zeit zur Verfügung, zumal von Los Rodeos aus beide Orte in nur wenigen Fahrminuten erreichbar sind, dank der hervorragenden Busanbindung braucht es dazu nicht einmal einen Mietwagen. Besser ist es natürlich mindestens zwei oder drei Tage einzuplanen, für die im Folgenden vorgestellte Rundreise sind mindestens zwei Übernachtungen erforderlich.

Mitte: Die Playa Jardín von Puerto de la Cruz vor dem Gipfel des Pico del Teide
Unten: Alte Adelspaläste im Weltkulturerbe La Laguna

Puerto de la Cruz

Hauptverkehrsader in Teneriffas Norden ist die vierspurig ausgebaute Autopista del Norte (TF-5), auf der man vom Nordflughafen Los Rodeos in 25 Minuten die traditionsreiche Ferienstadt Puerto de la Cruz erreicht. Mit Unterkünften in allen Preisklassen eignet sie sich hervorragend als Stützpunkt, in der heimeligen Altstadt rund um die Plaza del Charco und dem angrenzenden Fischerviertel gibt es zudem eine große Auswahl an Restaurants. Hauptanlaufpunkt ist der Loro Parque, in dem man spielend einen halben Tag verbringen kann. Neben einem Pinguinhaus, Gorillas und der größten Papageiensammlung der Welt sind vor allem die Tiershows mit Killerwalen, Delfinen und Seelöwen sehenswert. Wer sich mehr für subtropische Flora interessiert, ist bestens in dem bereits 1788 gegründeten weltberühmten Jardín Botánico aufgehoben. Nach dem Besichtigungsprogramm kann man sich wunderbar in der von César Manrique gestalteten Badelandschaft Lago Martiánez entspannen.

Weltkulturerbe La Laguna

Viel koloniales Flair garantiert ein Bummel durch die Altstadt des UNESCO-Welterbes La Laguna (153 000 Einwohner). Die 1496 gegründete Stadt fungierte für mehr als 200 Jahre als das politische und religiöse Zentrum des Archipels, bis sie 1723 ihre führende Rolle an Santa Cruz verlor. Mit der 1817 gegründeten Universität ist sie der wichtigste Bildungsstandort der Kanaren, die rund 25 000 Studenten machen La Laguna zugleich zu einer jungen Stadt mit einem lebhaften Szeneviertel. Ein Rundgang durch die weitgehend autofreie Altstadt beginnt am besten an der Plaza del Adelantado, an der sich mit dem Kloster Santa Catalina und dem repräsentativen Adelspalast der Nava zugleich zwei der interessantesten Bauten befinden. Auf der von dem Platz abgehenden Calle Obispo Rey Redondo kommt man zur Kathedrale, in der sich unter anderem das Grab von Alonso

AUTORENTIPP!

BEQUEM DURCH DIE METROPOLREGION

Im Großraum von Santa Cruz leben fast eine halbe Million Menschen und trotz teils sechsspurig ausgebauter Autobahnen sind während der Rushhour morgens und abends regelmäßig die Straßen verstopft. Parkplätze sind sowohl in Santa Cruz als auch in der mit der Metropole so gut wie zusammengewachsenen Welterbestadt La Laguna extrem knapp. Was liegt da näher als die neue Straßenbahn (*tranvía*) zu nehmen, welche die beiden Städte im Fünf- bis Zehn-Minutentakt miteinander verbindet. Autofahrer parken am besten in Santa Cruz im großen Parkhaus neben dem Bahnhof (*Intercambiador*) und können so völlig stressfrei zwischen den beiden Städten pendeln, sofern man in die Altstadt von La Laguna möchte, fährt man mit der Tranvía bis zur Endstation La Trinidad.

Tranvía. Tel. 922 02 48 00, www.tranviatenerife.com

Oben: Pico del Teide – mit 3718 m Spaniens höchster Berg
Mitte: Alle wollen hoch hinaus – eine Seilbahn bringt die Besucher bis kurz unterhalb des Gipfels.
Unten: Straßencafe in Santa Cruz de Teneriffa

Fernández de Lugo (1456–1525) befindet, der als Eroberer der Inseln La Palma, Teneriffa und Gran Canaria in die Geschichte einging. Lohnend ist ein Blick in die zum nationalen Kulturdenkmal erklärte Iglesia de Nuestra Señora de la Concepción, neben der kunstvoll gearbeiteten Mudéjardecke und einer Zedernholzkanzel gehört zur Ausstattung ein glasiertes Taufbecken, in dem vor einem halben Jahrtausend die überlebenden Ureinwohner ihre Taufe empfingen. Von dem Ausguck auf dem Glockenturm zeigt sich die Welterbestadt aus der Vogelschau. Als Rückweg bietet sich die Calle Herradores an, dort gibt es neben etlichen interessanten Geschäften auch einige Bars zum Einkehren.

Aufstrebende Metropole

Santa Cruz (222 000 Einwohner) ist nicht nur Teneriffas Hauptstadt, von der Hafenstadt an der Ostküste werden auch die kleineren Westkanaren La Palma, La Gomera und El Hierro verwaltet. Bis noch vor wenigen Jahren lief der Tourismus an der Inselmetropole vorbei, mit Museen, Galerien und außergewöhnlicher Architektur wie dem Auditorio de Tenerife von Santiago Calatrava und dem TEA (Tenerife Espacio de las Artes) von Herzog & de Meuron gehört die Hauptstadt mittlerweile zum festen Ausflugsprogramm der vor-

Rundfahrt Teneriffa

A Puerto de la Cruz – Ausgangspunkt für eine Inselrundfahrt mit netter Altstadt, dem Botanischen Garten und Meeresschwimmbad.

B La Laguna – Die ehemalige Hauptstadt der Kanaren und heute Weltkulturerbe glänzt mit einer konservierten kolonialen Altstadt, sofern man nicht öffentlich anreist, stellt man den Wagen in der Tiefgarage an der Plaza San Francisco ab.

C Santa Cruz de Tenerife – Die aufgehübschte Metropole wartet mit moderner Architektur auf, Museen, und Theater sorgen für Kultur.

D Nationalpark Teide – Spaniens höchster Berg ist durch eine Seilbahn erschlossen, zu Füßen des UNESCO-Welterbes breitet sich eine spektakuläre Vulkanlandschaft aus. Anlaufpunkte sind das Besucherzentrum El Portillo (siehe S. 268) sowie das 2100 m hoch gelegene Hotel Parador de Cañadas del Teide, Las Cañadas del Teide, Tel. 922 38 64 15, www.paradores-spain.com

E Los Gigantes – Bei dem Ferienzentrum fällt das Land steil zum Meer ab, in Puerto de Santiago gehört die dunkelsandige Playa de la Arena zu den schönsten Stränden der Insel.

F Masca – Viel besuchtes Bergdorf im Teno-Massiv; im Ort beginnt eine Schluchtwanderung.

G Icod de los Vinos – In dem Weinstädtchen steht der älteste Drachenbaum der Kanaren.

AUTORENTIPP!

ANAGA-GEBIRGE

Teneriffa hat an Bergen weitaus mehr als nur den Pico del Teide. Im äußersten Nordwesten füllt das zerklüftete Anaga-Gebirge mit Höhen von bis zu 1000 Metern eine Halbinsel aus, deren bewaldete Flanken steil zum Meer abfallen. Von La Laguna führt eine kurvige Bergstraße zum Besucherzentrum am Cruz del Carmen hinauf, in dem man sich über das sehr gut ausgebaute Wanderwegenetz informieren kann. Von dort kann auf einem wirklich schmalen Sträßchen weiter bis zu dem weltabgeschiedenen Weiler Chamorga gefahren werden, von dem ein markierter Wanderweg zum Leuchtturm an der Punta de Anaga hinab führt. Die oft nebelverhangenen Kammlagen sind noch von urtümlichem Lorbeerwald bedeckt, in dem viele endemische Pflanzen entdeckt werden können.

Centro de Visitantes Cruz del Carmen. Juli–Sept. Mi–So 9.30–15 Uhr, Okt.–Juni tgl. 9.30–16 Uhr, Carretera Las Mercedes km 6 (TF-12), Tel. 922 63 35 76.

Die Klippen von Los Gigantes fallen abrupt zum Meer ab.

nehmlich im Inselsüden wohnenden Strandurlauber. Der Hafen avancierte zu einem der größten Drehpunkte der Kreuzfahrtschifffahrt, mitunter machen am Passagierkai an einem Tag bis zu fünf der schwimmenden Hotelriesen fest. Alter und neuer Mittelpunkt der Stadt ist die ebenfalls von Herzog & de Meuron umgestaltete Plaza de España, zur der nun auch ein kleiner See gehört, in dem sich die umliegenden Monumentalbauten aus der Franco-Ära spiegeln. Jüngste Attraktion ist das Palmetum, mit rund 470 Arten Europas größter Palmengarten – er entstand auf dem Gelände der ehemaligen städtischen Mülldeponie.

Nationalpark Pico del Teide

Als größter Superlativ Teneriffas muss natürlich der ebenmäßig geformte Vulkankegel des Pico del Teide genannt werden, mit seinen 3718 Metern ist er zugleich der höchste Berg Spaniens. Die bizarre Vulkanlandschaft um den Berg ist bereits seit 1954 als Nationalpark geschützt und seit 2007 auch als Weltnaturerbe der UNESCO anerkannt. Jährlich bestaunen rund zweieinhalb Millionen Besucher die von dem Vulkan geschaffene bizarre Landschaft. Von allen Himmelsrichtungen führen gut ausgebaute Panoramastraßen in die mehr als 2300 Meter hoch gelegenen Cañadas del Teide am Fuß des konischen Gipfelaufbaus hinauf. Von dort schwebt eine Seilbahn in acht Minuten zur Rambleta (3555 Meter), wer von dort die letzten Meter zum Gipfel aufsteigen will, braucht ein spezielles Permit. Von dem Parkplatz am Berghotel des Parador sollte man nicht versäumen, Los Roques zu besuchen. Die markanten Vulkanfelsen dienen täglich tausendfach als Vordergrund für das ultimative Teide-Foto.

Ausflug in den Inselwesten

Sofern für den Westen Teneriffas nicht ein eigener Tag reserviert sein sollte, kann vom Nationalpark aus die Westabfahrt über Chío nach Puerto de Santiago genommen werden. In dem dortigen großen Ferienzentrum ist das Fischlokal Pancho Villa an der Playa de la Arena einer der besten Plätze für ein spätes Mittagessen. Bereits bei der Anfahrt zeigt sich Los Gigantes: Die senkrecht abfallende Steilküste macht ihrem Namen alle Ehre. Nördlich von Los Gigantes versteckt sich in einem Hochtal des Tenomassivs das Bergdorf Masca, seine wildromantische Lage beschert dem Ort einen regen Ausflugsverkehr, die Stimmung ist nachmittags, wenn es auch wieder Parkplätze gibt, am entspanntesten. Je nach Gusto kann man ein Stück weit in die berühmte Masca-Schlucht absteigen, schon nach einer halben Stunde stellt sich das typische Canyon-Gefühl ein. Oder man fährt nach Icod weiter; dessen monumentaler Drachenbaum gehört zum Pflichtprogramm einer jeden Teneriffa-Reise. Der Baumriese ist 20 Meter hoch und hat einen Stammdurchmesser von zehn Metern. Sein Alter wird auf etwa 400 Jahre geschätzt. Um den Methusalem hat man einen botanischen Garten mit ausschließlich kanarischer Flora angelegt. Oberhalb des Drachenbaumparks kann in der Pfarrkirche San Marcos ein aus massivem Silber hergestelltes 48 Kilo schweres Kruzifix bestaunt werden.

AUTORENTIPP!

WO KEIN AUGE TROCKEN BLEIBT

Seit seiner Eröffnung 2008 hat der größte Wasserpark Europas in vielerlei Hinsicht neue Maßstäbe gesetzt. Kaum ein anderer Park kann es mit dem vielfältigen Angebot an Wasserrutschen, Kamikazebahnen und Fahr-attraktionen aufnehmen. Der Clou auf dem 185 000 Quadratmeter großen Gelände ist ein Wellenbad, in dem bis zu drei Meter hohe Wellen produziert werden können. Ästhetisch besonders reizvoll: Der ganze Komplex ist im thailändischen Stil gehalten, riesige Drachenfiguren, Tempel und Pagodendächer so weit das Auge reicht, ein echtes Thai-Lokal sorgt für fernöstliche Spezialitäten.

Siam Park. Der Park unterhält von den Ferienorten im Süden einen eigenen Zubringerbus. Autopista del Sur, Abfahrt 29, Mai–Okt. tgl. 10–18 Uhr, Nov.–April 10–17 Uhr, Tageskarte 33 €, Costa Adeje, www.siampark.net

Infos und Adressen

ANFAHRT

Flug. Binter Canarias fliegt von Fuerteventura mehrmals täglich Teneriffa Nord direkt an. Die erste Maschine startet gegen 8 Uhr, der letzte Rückflug ab Teneriffa gegen 20 Uhr, Tel. 902 391 39, www.bintercanarias.com

SEHENSWÜRDIGKEITEN

Jardín Botánico. Von den rund 2000 verschiedenen Arten sollte man vor allem die monumentale Würgerfeige gesehen haben. Tgl. 9–19 Uhr, im Winter bis 18 Uhr, Calle Retama 2 (im Ortsteil La Paz), Puerto de la Cruz, Tel. 922 92 29 81, www.icia.es

Spaß für die ganze Familie im Loro Parque

Lago Martiánez. Das wie ein natürlicher See angelegte Meeresschwimmbad ist eine Arbeit des Künstlers César Manrique. Tgl. Mai–Sept. 9–19 Uhr, Okt.–April 10–18 Uhr, Avenida de Cristobal Colón 1, Puerto del la Cruz, www.puerto-tenerife.es

Loro Parque. Für den beliebtesten Zoo der Kanarischen Inseln sollte mindestens ein halber Tag eingeplant werden. Tgl. 8.30–18.45 Uhr, Eintritt 33 €, Puerto de la Cruz, www.loroparque.com

Parque del Drago. Im Drachenbaumpark steht der Drago Milenario, der älteste Drachenbaum seiner Art auf den Kanaren. Tgl. 9.30–18.30 Uhr, im Sommer bis 20 Uhr, Plaza de la Constitución, Icod de los Vinos.

Parque Nacional del Teide. An der Nordauffahrt informiert das Besucherzentrum El Portillo am Straßendreieck der TF 21 und der TF 24 (siehe Rundgang) über die geologischen und botanischen Besonderheiten des Nationalparks. Tgl. 9–16 Uhr außer 25. 12. und Neujahr, Eintritt frei, Tel. 922 35 60 00. Die Seilbahn auf den Teide verkehrt bei gutem Wetter täglich 9–17 Uhr, letzte Auffahrt um 16 Uhr, Tel. 922 01 04 40, www.telefericoteide.com

TEA. Der von Herzog & de Meuron entworfene Kulturtempel zeigt wechselnde Ausstellungen zeitgenössischer Kunst, außerdem ist darin das Centro de Fotografía untergebracht. Di–So 10–20 Uhr, Tel. 922 84 90 57, www.teatenerife.es

ÜBERNACHTEN

Gran Hotel Bahía del Duque. Im ganz auf Badeurlaub eingestellten Playa de las Américas ist das Luxusresort an der Playa del Duque die beste Adresse. Der auch architektonisch interessante Komplex wirkt mit im Kolonialstil nachempfundenen rund 20 Gebäuden wie ein kleiner Stadtteil für sich. Avenida Bruselas s/n, Costa Adeje, Tel. 922 74 69 32, www.bahia-duque.com

Luz de Mar. Das dem deutschen Outdoor-Veranstalter Wikinger gehörende Hotel liegt am Ortsrand von Los Silos nahe der touristisch nur wenig frequentierten Nordwestküste. Es ist ein Nichtraucherhotel mit Viersternekomfort. Nicht nur Wanderrouten ins Tenomassiv liegen fast vor der Haustür, auch der schöne Golfplatz von Buenavista ist nur 5 km entfernt. Avenida Sibora 10, Los Silos, Tel. 922 84 16 23, www.luzdelmar.de

Hotel Tigaiga. Das mehrfach als eines der besten Hotels der Kanaren ausgezeichnete Viersternehaus liegt ruhig im Ortsteil Parque Taoro und wartet mit eigenem botanischen Garten und guter Gastronomie auf. Umweltfreundliches Hotelmanagement. Parque Taoro, Puerto de La Cruz, Tel. 922 38 35 00, www.tigaiga.com

ESSEN UND TRINKEN

Casa del Vino. In dem Weinmuseum können die besten Tropfen Teneriffas verkostet werden, das angeschlossene Lokal atmet noch ganz die rustikale Atmosphäre eines ehemaligen Gutshofs, tagsüber sitzt man allerdings meist draußen auf der großen Panoramaterrasse. Anfahrt: Autopista general del Norte, km 21, Ausfahrt El Sauzal, La Baranda. Di–Sa 9.30–23.30 Uhr, So 9.30–18 Uhr, Calle San Simón 49, El Sauzal, Tel. 922 57 27 44, www.casadelvinotenerife.com

Mesón El Monasterio. In dem Gastronomiekomplex rund um ein ehemaliges Kloster stehen fünf im Ambiente unterschiedliche, doch vom Speisenangebot relativ ähnliche Lokale zur Wahl. Eine tolle Aussicht auf Puerto de la Cruz erlaubt das El Mirador mit Kaffeeterrasse. Kinder fühlen sich von dem Ponygehege angezogen. Los Realejos, La Montañeta, Mesón El Monasterio: tgl. 12–23 Uhr, Tel. 922 34 07 07, www.mesonelmonasterio.com

Pancho Villa. Die Lage an der dunkelsandigen Playa de la Arena könnte besser nicht sein und die mittlerweile siebensprachige Speisekarte hält, was sie verspricht: frische Fischküche, gute Paella und jenseits von Dorade und Zackenbarsch auch Ente an Orangensauce. Tgl. 11–23 Uhr, Playa de la Arena, Puerto de Santiago, Tel. 922 86 13 23.

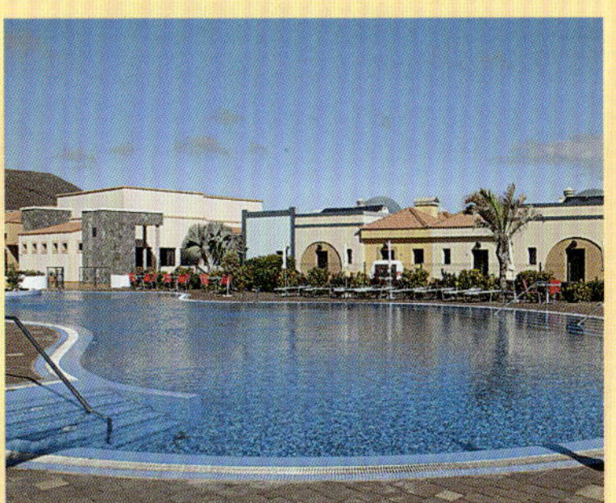

Bürgt für ruhige Tage – das Hotel Luz del Mar.

In der Casa del Vino kann man auch gut essen.

Regulo. Egal ob Fisch, Lamm, Kaninchen oder Geflügel, in den rustikalen Gasträumen des alten Bürgerhauses wird man immer bestens bedient, ein Beleg dafür sind die im Flur aushängenden Gastronomiepreise. Außer im Parterre und dem überdachten Patio gibt es in den beiden Obergeschossen weitere kleine Gasträume. Mo Mittag geschl., Mo–Sa 12.30–15:30 und 18.30–23 Uhr, Calle Pérez Zamora 16, Regulo, Tel. 922 38 45 06, www.restauranteregulo.com

EINKAUFEN

Casa de los Balcones. In dem prächtigen Kolonialhaus aus dem 17. Jh. wird eine große Auswahl an traditionellen Hohlsaumstickereien angeboten. Tgl. 8.30–18.30 Uhr, Calle San Francisco, La Orotava, www.casa-balcones.com

BUS

Titsa. Teneriffa verfügt über ein hervorragend ausgebautes Busnetz, Fahrplanauskunft unter Tel. 922 53 13 00, www.titsa.com

INFORMATION

Oficina de Turismo. Casa de la Aduana, Calle Las Lonjas s/n, Puerto de la Cruz, Mo–Fr 9–20 Uhr, Sa/So 9–17 Uhr, Tel. 922 38 60 00, www.puertodelacruz.es

Oficina de Información. Plaza de España, Santa Cruz, Mo–Fr 9–18 Uhr, Sa/So 9.30–13.30 Uhr, Tel. 928 28 12 87, www.todotenerife.es

REISEINFOS

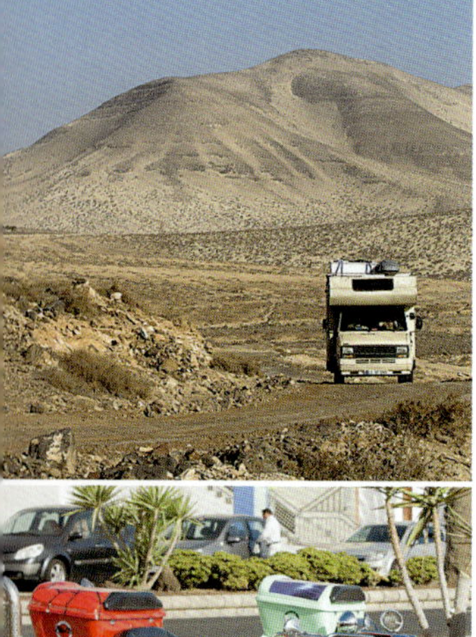

Anreise

Der internationale Airport von Fuerteventura wird von alle großen deutschen Flughäfen aus von mehreren Airlines (u.a. Air Berlin, Condor, German Wings, Ryan Air, Tuifly) ganzjährig angeflogen, die Flugzeit beträgt etwa 4,5 Stunden. Der Flughafen befindet sich fünf Kilometer südlich von der Hauptstadt Puerto del Rosario. Wer pauschal gebucht hat, wird von dort im Transferbus in die jeweiligen Badeorte gebracht. Individualreisende kommen mit dem Taxi oder Linienbus weiter: Linie 10 verbindet mit Costa Calma / Jandía / Morro Jable; Linie 3 mit Puerto del Rosario (von dort weiter mit Linie 6 nach Corralejo); Caleta de Fuste wird ebenfalls mit der Linie 3 erreicht.

Sofern man ohne Pauschalarrangement unterwegs ist und noch andere Kanareninseln besuchen möchte, kann beispielsweise nur ein Hinflug nach Fuerteventura gebucht werden. Von dort aus erreicht man mit einem interinsularen Flug der Iberia-Tochter Binter Canarias schnell die übrigen Inseln, zurück in die Heimat geht es dann von einem der internationalen Flughäfen in Gran Canaria, Teneriffa oder La Palma.

Autofahren

Mietwagen sind auf Fuerteventura günstig, auch das Benzin ist billiger als in Mitteleuropa. Das Straßennetz ist gut ausgebaut, sozusagen die Lebensader der Insel ist die Schnellstraße FV-2 von Puerto del Rosario nach Morro Jable. Beim Empfang des Mietautos sollte darauf geachtet werden, dass im Fahrzeug eine reflektierende Warnweste vorhanden ist, diese muss bei einer Panne beim Verlassen des Fahrzeuges getragen werden. Gefahrenstellen werden dem nachfolgenden Fahrzeug mit dem Setzen des linken Blinkers signalisiert.

Vorangehende Doppelseite: Die Playa de Cofete
Oben: Fuerteventura wird von allen Ferienfliegern angeflogen.
Mitte: Wohnmobile sind auf der Insel eher die Ausnahme.
Unten: Neben Leihwagen können auch Motorräder gemietet werden.

Gewöhnungsbedürftig sind die vielen Verkehrskreisel: Vorfahrt hat, wer als erster drin ist. Die Höchstgeschwindigkeit innerhalb geschlossener Ortschaften beträgt 50 km/h, auf Landstraßen 90 km/h und auf Schnellstraßen 100 km/h. Regelverstöße, auch beim Parken, werden mit empfindlichen Geldbußen geahndet. Mittlerweile werden die Strafbescheide ins Heimatland zugestellt. Maximal zulässiger Alkoholgehalt im Blut: 0,5 Promille.

Barrierefreiheit

Der Flughafen in Puerto del Rosaria ist rollstuhlgerecht und auch verschiedene Unterkünfte sind mit breiten Türen und entsprechenden Toiletten auf Rollstuhlfahrer eingestellt. Der deutsche Veranstalter Runa Reisen (Tel. 05204/92 27 80, www.runa-reisen.de) hat Pauschalangebote in behindertengerecht ausgebauten Hotels im Programm, z.B. im Barceló Fuerteventura Spa in Caleta de Fuste (siehe S. 47) und im deutschsprachigen Hotel El Palacete in Morro Jable (S. 206).

Bezahlen und Trinkgeld

In allen spanischen Restaurants und Bars gibt es ums Bezahlen ein eingespieltes Prozedere. Nach dem man die Rechnung angefordert hat, wird diese vom Kellner auf einem Tellerchen auf den Tisch gestellt. Während sich die Bedienung anderen Aufgaben zuwendet, legt man einen Betrag auf das Tellerchen. Der Kellner holt es wieder ab und bringt darauf das Wechselgeld zurück. Je nach Gusto lässt man dann ein paar Münzen als Trinkgeld zurück, maximal fünf Prozent. Der Kellner nimmt das Trinkgeld erst an sich, wenn der Gast aufgestanden ist und sich zum Ausgang bewegt. Getrennt zu bezahlen ist übrigens nicht üblich und kann, sofern man bereits bei der Bestellung nicht darauf hinweist, dem Kellner einiges an

Oben: In der Hotelzone von Caleta de Fuste verbindet ein Minizug mit dem Strand.
Mitte: Wochenmärkte werden in allen großen Ferienstädten abgehalten.
Unten: Mittagsrast im La Paella in Caleta de Fuste

Oben: Bus fahren ist auf Fuerteventura sehr preiswert.
Mitte: Einladende Cafés und Eisdielen gibt es auf jeder Uferpromenade.
Unten: Frischer Atlantikfisch hat es bis in die Fischlokale nicht weit.

Kopfzerbrechen bereiten. Soll der Rechnungsbetrag durch mehrere Personen geteilt werden, macht man das bereits vorher aus, indem jeder seinen Beitrag auf das Tellerchen legt, oder, sofern man es gerade nicht passend hat, wird das eben hinterher (oder in der nächsten Bar) geregelt.

Bus fahren

Das Busnetz zwischen den großen Küstenorten ist gut ausgebaut, und die Fahrpreise sind relativ günstig (siehe S. 41, Autorentipp).

Essen und Trinken

Das Angebot an Restaurants und Cafeterias ist in den Touristenzentren riesig, im dünn besiedelten Landesinneren gibt es allerdings viele kleinere Dörfer, die weder eine Bar noch einen Tante-Emma-Laden haben. Von den Hotelküchen wird vornehmlich der internationale Geschmack bedient, dazu werden oft Themenabende mit spanischer, mediterraner und fernöstlicher Küche angeboten. Typisch kanarische Küche gibt es hauptsächlich in Landgasthöfen und Ausflugslokalen. Für den kleinen Hunger bieten sich Tapas-Bars an, in denen man aus der Thekenvitrine u.a. zwischen Tintenfischsalat, Tortilla und Goulasch (*carne en salsa*) wählen kann, man verzehrt die auf Schälchen präsentierten Appetithappen stehend an der Bar. Frischen Fisch isst man am besten irgendwo möglichst nahe am Wasser, etwa auf der Promenade in Morro Jable oder im alten Hafen von El Cotillo.

Zum Essen trinken die Majoreros bevorzugt Wein, entweder von der Nachbarinsel Lanzarote oder vom spanischen Festland. Mindestens genauso populär ist mittlerweile Bier, neben lokalen Brauereien auf Gran Canaria (*Tropical*) und Teneriffa (*Do-*

rada) gibt es auch deutsche und holländische Importbiere. Beim Kaffee scheiden sich die Geister: während die Einheimischen bevorzugt *café solo* (schwarzer Kaffe) oder *cortado* (mit gesüßter Kondensmilch) trinken, wählen die Touristen eher *café con leche* (Milchkaffee). Bei uns weit verbreitete Kaffeespezialitäten wie *Cappuccino* und *Latte macchiato* konnten sich auf Fuerteventura bislang nicht durchsetzen und werden lediglich in Lokalitäten mit ausschließlich touristischem Publikum angeboten, meist sind sie jedoch nicht das, was man von zu Hause gewohnt ist.

Fähren

Corralejo verbinden mehrmals täglich Autofähren mit Playa Blanca auf Lanzarote (www.fredolsen.es und www.navieraarmas.com), die Überfahrt dauert eine halbe Stunde. Beide Fährgesellschaften verkehren zudem täglich von Morro Jable nach Las Palmas de Gran Canaria. Fahrzeit: zwei Stunden.

Feiertage

An gesetzlichen Feiertagen hat alles geschlossen.
1. Januar: Neujahr (*Año Nuevo*)
5./6. Januar: Dreikönigstag (*Los Reyes Magos)*
In Puerto del Rosario mit großen Einzug der Drei Könige und Bescherung der Kinder.
März/April: Karfreitag (*Viernes Santa*)
1. Mai: Tag der Arbeit (*Día del Trabajo*)
Mai/Juni: Fronleichnam (*Corpus Christi*)
30. Mai: Tag der Kanaren (*Día de las Islas Canarias*)
12. Oktober: Nationalfeiertag anlässlich der Entdeckung Amerikas durch Kolumbus (*Día de la Hispanidad*)
1. November: Allerheiligen (*Todos los Santos*)
8. Dezember: Mariä Empfängnis (*Imaculada Concepción*)
25. Dezember: Weihnachten (*Navidad*)

Oben: Fisch wird auf den Kanaren mit in der Schale gekochten Kartoffeln serviert.
Mitte: Schnellfähren verkehren mehrmals täglich nach Lanzarote.
Unten: In Vega de Rio Palmas wird jeden September die Fiesta de la Virgen de la Peña gefeiert.

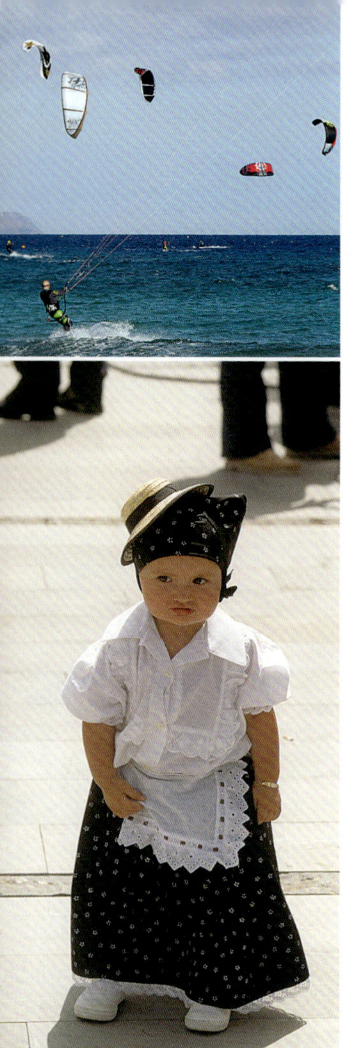

Oben: Der Weltcup der Wind- und Kitesurfer ist der wichtigste Sportevent auf der Insel.
Unten: Für die Fiesta wird auch der Nachwuchs schmuck herausgeputzt.

Feste und Events

Februar/März: Karneval in Puerto del Rosario (siehe Autorentipp S. 125 Highlight 21)
April: FEAGA in Pozo Negro Landwirtschaftsmesse mit folkloristischem Begleitprogramm (siehe Autorentipp S. 67 Highlight 9); Internationaler Triathlon im Playitas Resort. www.challengefuerteventura.com
Mai: Feria Insular de Antigua (siehe Autorentipp S. 131 Highlight 23)
Juli/August: Weltcup im Wind- und Kitesurfen an der Playa Blanca
Novemer: 2. Wochenende des Monats: Festival Internacional de Cometas in Corralejo; Drachenfest am Strand der Playa de Burro (S. 71 Highlight 10)

Fremdenverkehrsämter

Deutschland: 60323 Frankfurt a. M., Myliusstr. 14, Tel. 069/72 50 38
Österreich: 1010 Wien, Walfischgasse 8, Tel. 01/512 95 80
Schweiz: 8008 Zürich, Seefeldstr. 19, Tel. 044/253 60 50
Fuerteventura: Patronato de Turismo, Calle Almirante Lallermand 1, Puerto del Rosario, Tel. 928 53 08 44
Touristeninformation auf der Insel: siehe Infoseiten der jeweiligen Highlights.
Offizielle Tourismus-Website der Inselregierung: www.visitfuerteventura.es

Geld

Fuerteventura gehört zur Eurozone, Geldautomaten gibt es in größeren Orten. Banken haben nur vormittags offen, samstags und sonntags geschlossen. Kredit- und EC-Karten werden in großen Hotels und vielen Restaurants und Geschäften akzeptiert.

Gesundheit

Notruf (Ärzte): 112
Apotheken: Erkennbar am grünen Malteserkreuz. Über Notdienste informiert ein Aushang.
Krankenhäuser: Hospital Insular de Fuerteventura. Carretera del Aeropuerto, km 1, Puerto del Rosario, Tel. 928 86 20 00
Centro Medico Jandía. Avenida del Saladar s/n (im Centro Comercial Cosmo), Jandía, Tel. 928 54 15 43
Deutschsprechende Ärzte: Dr. Karola Simoni. Calle Entresalas 4 (beim Club Ancora), Costa Calma, Tel. 928 87 62 27 und 616 23 51 21 (24-Stunden-Notruf), Praxis u.a. für Allgemeinmedizin, Kinderheilkunde und Tauchmedizin, www.kinderarzt-fuerteventura.de
Dr. med. H.-B. Bludau. Praxis für Innere Medizin. Calle La Galera 1 (Urbanicación Pueblo de los Pescadores), Caleta de Fuste, Tel. 928 16 37 32, www.fuerteventura-arzt.eu
Dr. Kerstin Werner. Praxis für Allgemeinmedizin und Tauchmedizin. Calle Acorazado de España 2 (gegenüber vom Hotel Corralejo Beach), Corralejo, Tel. 928 53 74 74, www.doctora-werner.eu
Zahnärzte: Deutsche Zahnarztpraxis. Avenida Nuestra Señora del Carmen 46, Corralejo, Tel. 928 53 51 74
Deutsche Zahnarztpraxis. Avenida del Saladar s/n (beim Hotel Faro), Jandía, Tel. 928 54 17 99

Inselhüpfen

Die sieben Kanarischen Inseln sind per Fähre und Flugzeug miteinander vernetzt. Von Fuerteventura aus verbindet die Iberia-Tochter Binter (www.bintercanarias.com) mehrmals täglich mit Gran Canaria und Teneriffa, von dort können Anschlussflüge nach La Palma, La Gomera und El Hierro gebucht werden. Von den Hauptinseln aus gibt es Flüge nach Madeira, Marrakesch (Marokko), Dakar (Senegal) und Banjul (Gambia).

Oben: Der Festkalender wird auf Fuerteventura wesentlich vom katholischen Kirchenjahr bestimmt.
Unten: Ausflügler und Wanderer auf dem Boot nach Lobos

Oben: Trotz des wüstenhaften Klimas blüht auf Fuerteventura zu jeder Jahreszeit etwas.
Mitte: Seemöwen an der Costa Calma
Unten: Für Mountainbiker gibt es Touren von leicht bis anspruchsvoll.

Direkte Fährverbindungen bestehen von Fuerteventura aus nach Playa Blanca (Lanzarote) und Las Palmas de Gran Canaria (siehe Kapitel 46 und 48). Sofern man den Mietwagen auf eine andere Insel mitnehmen möchte, sollte beachtet werden, dass dies nur bei einigen wenigen Verleihfirmen möglich ist (z.B. bei www.cicar.com).

Klima und Reisezeit

Die Kanarischen Inseln rühmen sich das »beste Klima der Welt« zu haben. Im Sommer ist es mit mittleren Tagestemperaturen von knapp unter 30 Grad lange nicht so heiß wie etwa am Mittelmeer, die Winter sind angenehm mild und werden angesichts von Tagestemperaturen von um die 20 Grad von Mitteleuropäern als frühlingshaft empfunden. Nachts sinkt auch im kühlsten Monat, dem Februar, das Thermometer selten unter 14 Grad. Regen fällt auf Fuerteventura sehr wenig, wenn, dann vornehmlich im Winterhalbjahr während der Sommermonate bleibt die Insel so gut wie trocken. Auch die Temperaturschwankungen des Wassers sind relativ gering, im Sommer hat der Atlantik angenehme 22 Grad, im Winter immerhin noch erträgliche 18 Grad. Die Sonne scheint im Jahresmittel jeden Tag etwa acht Stunden.

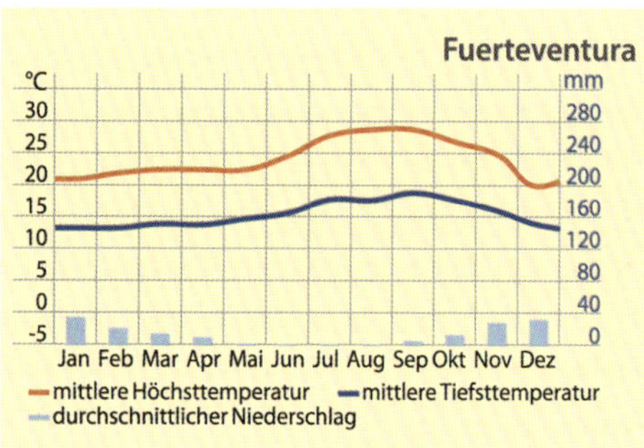

Dank des ausgeglichenen Klimas hat Fuerteventura ganzjährig Saison. Absolute Hochsaison sind die Weihnachts- und Osterferien, auch der Sommer ist gut gebucht, vor allem Windsurfer finden zwischen Juni und September ideale Bedingungen vor.

Kriminalität

Fuerteventura ist eine sichere Insel, dennoch sollte man keine Wertsachen im Mietwagen liegen lassen. Gewaltverbrechen sind weitgehend unbekannt.

Literatur

Ein gutes botanisches Bestimmungsbuch ist *Die Kosmos-Kanarenflora* von Peter und Ingrid Schönfelder, 2005.
Zur literarischen Einstimmung empfiehlt sich *Kanarische Inseln*, herausgegeben von Gerta Neuroth, erschienen im Wagenbach Verlag, SALTO, 2010

Museen

Der Museumsführer informiert u.a. in Deutsch über die aktuellen Öffnungszeiten, www.artesaniaymuseosdefuerteventura.org

Öffnungszeiten

Die meisten Geschäfte haben wochentags von 9.30 bis 13.30 und 17 bis 20 Uhr geöffnet, große Supermärkte und Einkaufszentren in den Urlaubszentren meist durchgehend und bis 21 oder 22 Uhr. Viele kleinere Läden öffnen auch sonntags. Samstags sind die Geschäfte von 9 bis 14 Uhr geöffnet. In größeren Orten öffnen einige Geschäfte auch sonn- und feiertags.

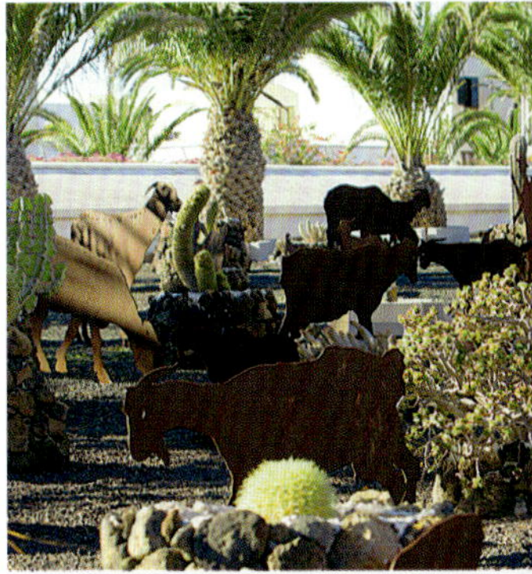

Oben: Die Playas Grandes in Corralejo
Mitte: Zeitgenössische Kunst im Garten des Centro de Arte in La Oliva
Unten: Ein gern gesehener Gast – der Wiedehopf

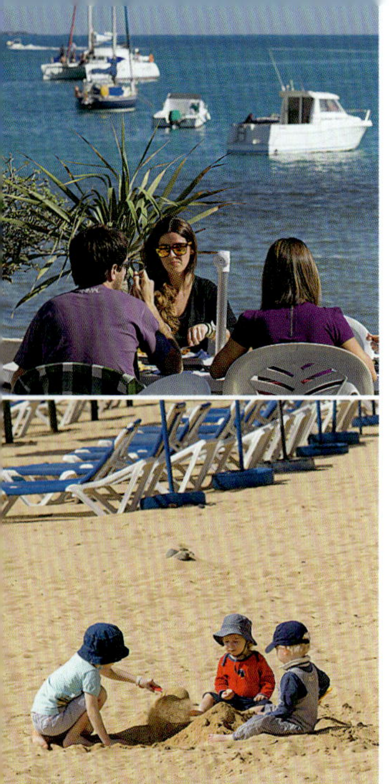

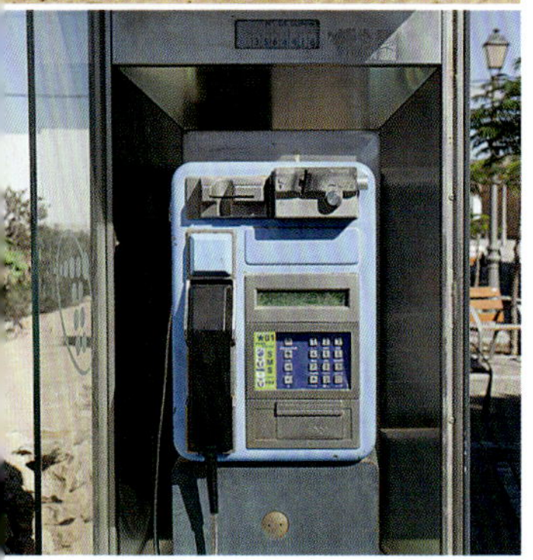

Oben: Terrassencafé am Hafen von Corralejo
Mitte: Für Kids gehört ein Sonnenhut zur Grundausstattung.
Unten: Telefoniert wird in erster Linie mobil, Telefonzellen sterben dagegen aus.

Rauchen

Außer in Flughäfen, Krankenhäusern und auf Spielplätzen darf auch in Restaurants und Bars nicht geraucht werden.

Sonnenschutz

Die Sonneneinstrahlung auf Fuerteventura ist am Strand intensiv. Ins Reisegepäck gehören Sonnenbrille, Sonnenhut und eine Sonnenlotion mit hohem Lichtschutzfaktor. In den ersten Urlaubstagen empfiehlt es sich, das Sonnenbaden nicht zu übertreiben. An abseits liegenden Stränden gibt es so gut wie keinen Schatten, ein Sonnensegel oder Zelt kann dort nützlich sein.

Sprache

Amtssprache ist spanisch, in den Ferienzentren kommt man mit englisch weiter. Auf der überwiegend von deutschen Touristen besuchten Halbinsel Jandía wird deutsch gesprochen.

Telefonieren

Das Mobilfunknetz ist gut ausgebaut, für Vieltelefonierer kann sich eine spanische Prepaid-Karte lohnen. Übers Festnetz telefoniert man am billigsten aus der Telefonzelle mit Münzen oder Telefonkarten (*tarjeta telefónica*), die es an Kiosken und in manchen Supermärkten gibt. Vorwahl für Deutschland: 0049, Ö: 0043, CH: 0041; anschließend werden die Ortsnetzkennzahl ohne die 0 und die Teilnehmernummer gewählt. Vorwahl für Fuerteventura (Spanien): 0034.

Wasser

Auf einer Wüsteninsel wie Fuerteventura ist Wasser ein kostbares Gut. Vor dem Touristenboom kam man mit dem Grundwasser und in Zisternen aufgefangenem Regenwasser über die Runden, heute wird das meiste Trinkwassers in Meerwasserentsalzungsanlagen gewonnen. Das Leitungswasser ist hygienisch einwandfrei, schmeckt allerdings nicht besonders. Es empfiehlt sich, Trinkwasser im Supermarkt zu kaufen. Von hervorragender Qualität sind die Mineralwässer von Teneriffa und La Palma.

Wind und Wetter

www.fuerteventura.ws

Zeitungen und Zeitschriften

Treffen in der Regel am Tag des Erscheinens am Nachmittag auf der Insel ein. Der Vertrieb läuft vornehmlich über Supermärkte, am besten sortiert ist die Deutsche Buchhandlung in Costa Calma (siehe S. 190). Lokale Zeitschriften sind die 14-tägig erscheinende deutschsprachige *Fuerteventura Zeitung*, die auch eine gute Online-Seite betreibt (www.fuerteventurazeitung.de) und das dreisprachige Monatsmagazin *Fuerteventura Magazine Hoy* (www.fuerteventuramagazinehoy.com).

Zollbestimmungen

Bei der Ein- und Ausreise gibt es in der Regel keine Zollkontrolle. Die Kanarischen Inseln gehören zwar zur EU, sind aber nicht der Zollunion angeschlossen. Bei der Wiedereinreise nach Deutschland gelten für bestimmte Waren Höchstmengen, wie sie auch nach der Rückkehr aus einem Nicht-EU-Staat vorgeschrieben sind. Jede Person über 17 Jahre darf einführen: 200 Zigaretten oder 50 Zigarren oder 250 g Tabak, 50 g Parfüm oder 0,25 l Eau de Cologne, 1 l Spirituosen oder 2 l Wein; Souvenirs sind zollfrei bis 300 Euro.

Oben: Dünen im Naturpark Corralejo
Mitte: Wochenmarkt in Costa Calma
Unten: Ein schönes Mitbringsel sind aus Palmblättern geflochtene Korbwaren.

Fuerteventura mit Kindern

Fuerteventura ist eine kinderfreundliche Insel. Das fängt schon bei der Unterkunft an, in der oft Planschbecken und Spielplatz vorhanden sind. In den großen Hotels und Ferienclubs sorgt Kinderanimation mit Gleichaltrigen für gute Laune und gibt so den Eltern auch ein paar Stunden Zeit für sich.

BADEN AM STRAND

Ferien am Wasser kommen bei Kindern in jedem Alter gut an. Für die Kleinen sind die Strände Fuerteventuras ein riesiger Sandkasten, in dem man nach Herzenslust buddeln und Kleckerburgen bauen kann. Doch nicht alle Inselstrände sind kinderfreundlich, praktisch die ganze Westküste ist

Für Kids sind die weitläufigen Sandstrände ein riesiger Buddelkasten.

angesichts der ungestümen Brandung und nicht kalkulierbaren Unterströmungen tabu; dies gilt im Übrigen auch für Erwachsene. Bestens für Familienferien geeignet ist dagegen die Playa del Castillo in Caleta de Fuste, der Sandstrand fällt dort sanft ins flache Wasser ab, und ganz wichtig: es gibt kaum Brandungswellen. Ebenfalls gut sind die tollen Strandreviere in Costa Calma und die kleinen Badebuchten nördlich von El Cotillo (Playa de los Lagos). Dennoch nicht vergessen: Schwimmflügel, viel Sonnenschutzcreme und für den mitunter heißen Sand Badeschuhe!

SPORT UND SPASS

Fast alle Windsurfzentren bieten Kurse für Kinder an, für die Größeren ist auch das Wellenreiten interessant.

Acuarios Jandía. Bei dieser Tauchbasis können Kinder ab acht Jahren den Bubblemaker machen. Sotavento Beach Club, Tel. 928 87 60 69, www.acuarios-jandia.de

Las Playitas Resort. In diesem Sporthotel gibt es die Kids Sport Academy, mit Programmen extra für Kinder. Eingeteilt in zwei Altergruppen (6–8 sowie 9–12 Jahre) werden diverse Ballsportarten, Rad fahren, schwimmen und Golfunterricht angeboten. Las Playitas, Tel. 928 86 04 00, www.playitas.info (siehe Highlight 7, S. 63)

RUND UMS WASSER

Baku. Der Wasserpark in Corralejo ist nur bedingt zu empfehlen, das Preis-Leistungs-Verhältnis stimmt nicht mehr ganz. Die etwas in die Jahre gekommene Anlage bietet neben einigen Riesenrutschen auch ein Wellenbad. Tgl. 10–18 Uhr (Hochsaison), 10–17 Uhr (Nebensaison), Kinder unter 4 Jahren: Eintritt frei, Kinder von 4 bis 11 Jahre: 19 €.

Bahía La Pared (siehe S. 153). Der Clou an diesem Ausflugslokal ist die Wasserrutsche für die Kleinen, und das auch noch gratis! Die Großen genießen derweil bei einem kühlen Drink die phänomenale Aussicht.

Barco. Windjammer Pedro Sartaña darf man sich wie auf einem Piratenschiff fühlen. Winter: 10.30–15.30 Uhr, Sommer: 10.30–14.30 und 14.30–19.30 Uhr, Tel. 670 74 51 91, www.excursiones-barco-fuerteventura.com

GET WET. Schnorcheltouren entweder auf eigene Faust oder von einem Profi von Get Wet Snorkeling angeleitet. C/ Pulpo 2, Local 4, Corralejo, Tel. 660 77 80 53, Tel. 679 90 98 04, www.getwet-snorkelling-fuerteventura.com

Subcat. Mit dem U-Boot Subcat kann man in Morro Jable unter Wasser abtauchen. Avda. del Saladar, Local 36, Palmgarden, Jandía, Tel. 900 50 70 06, www.subcat-fuerteventura.com

WANDERN

Das Wegenetz auf der Insel ist auch für Kinder bestens geeignet, wirklich schweißtreibende Anstiege gibt es relativ wenige und die meisten Touren sind kurz genug, damit keine Langeweile aufkommt.

Meereshöhlen von Ajuy. (siehe S. 172, Highlight 31): Die Attraktion schlechthin ist der Spaziergang zu den Meereshöhlen, gerade für die Kleinen mit Entdeckerlust.

Calderón Hondo. (siehe S. 93, Highlight 14). Der Vulkanpfad zum Kraterrand verspricht Nervenkitzel und Abwechslung.

TIERE BEOBACHTEN

Oasis Park. (siehe S. 184, Highlight 35) Der Park ist eine Attraktion für groß und klein. Dafür sollte man sich einen ganzen Tag Zeit nehmen, nicht zuletzt um den saftigen Eintrittspreis voll auszunutzen. Allein um die verschiedenen Shows mit Seelöwen, Papageien und Greifvögeln mitzunehmen ist schnell ein halber Tag vorbei, und vom Streichelzoo werden die Kleinen sich auch nur schweren Herzens wieder trennen können. Auf dem weitläufigen Gelände gibt es auch einen Spielplatz, auf dem man Trampolin springen kann. Will man noch einige Euros zusätzlich investieren, kann an einer Dromedarsafari teilgenommen werden. Im Eintrittspreis von knapp 30 Euro pro Person sind Zoobesuch, Tiershows und botanischer Garten eingeschlossen, nicht jedoch die Dromedarsafari. Die Tiershows finden über den ganzen Tag verteilt statt: Papageien um 10, 11, 16 und 17 Uhr, Reptilien um 10.30, 11.30, 15.30 und 16.30 Uhr, Seelöwen um 12 und 15.30 Uhr und Greifvögel um 13 und 14.30 Uhr, La Lajita (an der FV-2), tgl. 9.30 bis 18 Uhr, Tel. 928 16 11 02, www.fuerteventuraoasispark.com

Ecomuseo de la Alcogida. (siehe S. 127, Highlight 21). Hier sind Begegnungen mit Haustieren möglich, neben Ziegen, Eseln und dem Kanarischen Jagdhund (*Podenco*) steht meist auch ein Dromedar herum. Das Freilichtmuseum liegt an der FV-207 am südlichen Ortsausgang von Tefia. Di–Sa 10–18 Uhr, Eintritt 5 €, Tel. 928 17 54 34.

Wasserrutschen stehen immer hoch im Kurs.

Kleiner Sprachführer

IM RESTAURANT EN EL RESTAURANTE

Bar/Kneipe bar
Taverne/Kneipe taberna
Bierlokal cervecería
Kellner/in camarero/a
Hallo hola
guten Tag (bis 12 Uhr) buenos días
guten Nachmittag/Abend (ab 12 Uhr) buenas tardes
Getränke bebidas
Bier cerveza
Glas (Bier) caña
Glas (Wein) copa
Sherry fino
Rotwein vino tinto
Weißwein Vino blanco tinto de verano
trocken secco
halbtrocken medio secco suss dulce
stilles Wasser agua sin gas
Mineralwasser agua con gas
auf deutsch en alemán
die Karte la carta
Vorspeise entrada
Olive aceituna
Tintenfisch calamar
Salat ensalada
Suppe sopa
Brot pan
Butter mantequilla
als erste Speise de primero
außerdem además
frittierte Kartoffel patata frita
bestellen/bitten pedir
du bestellst pides
bald pronto
als zweite Speise de segundo
Portion ración
Fleisch carne
Fisch pescado
Krabbe gamba
Lamm cordero
Rippe costilla
Filet solomillo
Gemüse verduras
Reis arroz
Kuskus couscous
Nachtisch postre
Karamellpudding flan
Erdbeere fresa
(Schlag-)Sahne nata
Keks galleta
dick gordo
Kaffee mit Milch café con leche
Zucker azúcar

ZEITEN TIEMPOS

Jahr año
Monat mes
Tag día
Stunde hora
Minute minuto
Sekunde segundo
früher Morgen madrugada
morgen/der Morgen mañana
Mittag mediodía
Mittagsruhe siesta
nachmittags/abends por la tarde
die Nacht la noche
Montag lunes
Dienstag martes
Mittwoch miércoles
Donnerstag jueves
Freitag viernes
Samstag sabado
Sonntag domingo
Feiertag fiesta
Urlaub vacaciones
Frühling primavera
Sommer verano
Herbst ótoño
Winter invierno

ZAHLEN NUMEROS

eins uno
zwei dos
drei tres
vier cuatro
fünf cinco
sechs seis
sieben siete
acht ocho
neun nueve
zehn diez
elf onze
zwölf doce
dreizehn trece
vierzehn catorce
fünfzehn quince
sechzehn dieciséis
siebzehn diesisiete
achtzehn diesiocho
neunzehn diesinueve
zwanzig veinte
einundzwanzig veintiuno
zweiundzwanzig ... veintidos ...
dreißig treinta
vierzig cuarenta
fünfzig cincuenta
sechzig sesenta
siebzig setenta
achtzig ochenta
neunzig noventa
hundert cien

GEBRÄUCHLICHES USADOS

ok! ¡vale!
Entschuldigung perdón
ja sí
nein no
Wie gehts? ¿Qué tal?
seit desde hace
Kollege compañero
wo dónde
hübsch guapo/a
später luego
als que
wer quién
Kunde cliente
großartig estupendo
Chef jefe
weiter, mehr más
bitte por favor
Wie schade! ¡Qué lástima!
mit mir conmigo
halb medio
aber klar claro que sí
einverstanden de acuerdo
müde sein tener sueño
ich möchte quiero
ich liebe dich te quiero
romantisch romántico
offen abierto
geschlossen cerrado

TOURISMUS TUSRISMO

Tagesanbruch amanecer
Tagesende anochecer
Ticket billete
Cafeteria cafetería
Ausflug excursión
Hinweg ida
Rückweg vuelta
laufen caminar
Karte mapa
Museum museo
Büro oficina
Haltestelle parada
Entschuldigen Sie perdone
Kunst arte
Ruine ruina
Bus autobús
Bahn train
Auto coche
Fahrrad bicicleta
Pool piscina
Waschraum/Toiletten servicio/servicios
Damen señoras
Herren caballeros

Verantwortlich: Ulrich Jahn, Marianne Rösler
Redaktion: Karin Weidlich
Korrektorat: Doris Fischl
Layout: graphitecture book & edition
Umschlaggestaltung: Ulrike Huber, www.uhu-design.de
Repro: Repro Ludwig
Kartografie: Kartographie Huber, Heike Block
Herstellung: Bettina Schippel
Printed in Slovenia by Korotan

Sind Sie mit diesem Titel zufrieden? Dann würden wir uns über Ihre Weiterempfehlung freuen.

Erzählen Sie es im Freundeskreis, berichten Sie Ihrem Buchhändler, oder bewerten Sie bei Onlinekauf.

Und wenn Sie Kritik, Korrekturen Aktualisierungen haben, freuen wir uns über Ihre Nachricht an
Bruckmann Verlag,
Postfach 40 02 09,
D-80702 München oder per
E-Mail an lektorat@verlagshaus.de.

Unser komplettes Programm finden Sie unter:

 www.bruckmann.de 

Alle Angaben dieses Werkes wurden vom Autor sorgfältig recherchiert und auf den aktuellen Stand gebracht sowie vom Verlag geprüft. Für die Richtigkeit der Angaben kann jedoch keine Haftung übernommen werden.

Bildnachweis: Alle Bilder des Umschlags und des Innenteils stammen von Hans Zaglitsch, außer:

Rolf Goetz: Umschlag oben; 4m.; 7o.; 14o.; 21m.; 62u.; 64m.; 80o.; 83; 84u.; 87; 98; 110u.; 113 (2); 116m.; 126u.; 133o.; 150u.; 154u.; 156m.; 168u.; 170u.; 172 (2); 174m.; 182m.; 197o.; 201o.; 216o.; 218m.; 226u.; 242u.; 252; 253; 258; 268; 269 (2); 274m.; 283; Shutterstock (www.shutterstock.com): Umschlag unten (nito); 105, 193o. (Philip Lange); 123o. (Patty Orly); 210m. (Natursports); 210u. (scubaluna); 212u. (Roberto Zilli); 238u. (Lovethief); 254m. (Tilo G); Buho07 (Own work) [Public domain or Public domain], via Wikimedia Commons: 9 (Flagge); Subcat - Gran Azul Fuerteventura S.L.: 209u.; Michael Ferk, Vienna: 263.

Umschlag:
Vorderseite:
Oben: Hibiskus (Rolf Goetz)
Mitte links: Porträt einer jungen Frau aus Fuerteventura.
Mitte rechts: Ecomuseo de la Alcogida, Tefia, Fuerteventura.
Unten: Die Playa Esmeralda auf Fuerteventura (Shutterstock/nito).

Rückseite:
Links: Centro de Molina, Antigua
Rechts: Alter Hafen in El Cotillo

Die Deutsche Nationalbibliothek verzeichnet diese Publikation in der Deutschen Nationalbibliografie; detaillierte bibliografische Daten sind im Internet über http://dnb.d-nb.de abrufbar.

ISBN 978-3-7654-6192-7